开源情报
——互联网情报实用指南

[美] 尼哈德·哈桑（Nihad A.Hassan） 著
拉米·希贾兹（Rami Hijazi）

王奕结 译

清华大学出版社
北京

北京市版权局著作权合同登记号 图字：01-2019-8091

First published in English under the title
Open Source Intelligence Methods and Tools: A Practical Guide to Online Intelligence
by Nihad A. Hassan, Rami Hijazi, edition: 1
Copyright © 2018 by Nihad A. Hassan, Rami Hijazi
This edition has been translated and published under licence from
APress Media, LLC, part of Springer Nature.

本书封面贴有清华大学出版社防伪标签，无标签者不得销售。
版权所有，侵权必究。举报：010-62782989，beiqinquan@tup.tsinghua.edu.cn。

图书在版编目(CIP)数据

开源情报：互联网情报实用指南/(美)尼哈德·哈桑(Nihad A. Hassan)，(美)拉米·希贾兹(Rami Hijazi)著；王奕结译. —北京：清华大学出版社，2021.9(2023.12重印)
书名原文：Open Source Intelligence Methods and Tools: A Practical Guide to Online Intelligence
ISBN 978-7-302-58211-3

Ⅰ.①开… Ⅱ.①尼… ②拉… ③王… Ⅲ.①互联网络—情报处理 Ⅳ.①G254.97

中国版本图书馆 CIP 数据核字(2021)第 201096 号

责任编辑：王　芳
封面设计：刘　键
责任校对：胡伟民
责任印制：杨　艳

出版发行：清华大学出版社
网　　址：https://www.tup.com.cn, https://www.wqxuetang.com
地　　址：北京清华大学学研大厦 A 座　　　　邮　编：100084
社 总 机：010-83470000　　　　　　　　　　邮　购：010-62786544
投稿与读者服务：010-62776969, c-service@tup.tsinghua.edu.cn
质量反馈：010-62772015, zhiliang@tup.tsinghua.edu.cn
课件下载：https://www.tup.com.cn, 010-83470236

印 装 者：三河市天利华印刷装订有限公司
经　　销：全国新华书店
开　　本：186mm×240mm　　印　张：14.5　　字　数：345 千字
版　　次：2021 年 11 月第 1 版　　　　　　印　次：2023 年 12 月第 2 次印刷
印　　数：3201～4700
定　　价：79.00 元

产品编号：085895-01

译者序

开源信息是指各种媒体如出版机构、网络、广播电视、政府等公开渠道提供的信息。针对特定问题,通过搜集、处理、分析、研判之后所形成的指导行动和辅助决策的关键性知识,就是开源情报(Open Source Intelligence,OSINT)。而随着互联网特别是移动互联网的迅猛发展,来自互联网的开源网络情报已成为开源情报中最主要的部分。

随着互联网特别是移动互联网的广泛普及,人们在日常生活中日益依赖互联网提供的各种服务。在使用这些服务的同时,人们也有意无意地提供或传播各种信息,并在网络空间留下活动痕迹,从而使每个人都成为了一个"社会传感器"。例如,当你外出偶然碰到一件有趣的事,你可能会拍摄一张照片并在网上分享;当你看了一场演出,你可能会有感而发写篇观后感发在朋友圈中;当你准备乘机旅行却由于航班晚点而滞留机场,你可能会在微博中发点牢骚;当你在网上看到一些文章,你也有可能会在评论区发表你的观点。另外,政府会在互联网上公布一些与政府管理有关的信息;媒体会发表一些有关社会公众关注问题的文章;企业会发布一些市场宣传和产品促销的信息。所有这些"社会传感器"每时每刻把现实社会方方面面的信息实时地传播到网络空间,也就是说,这些发布在网络空间的信息都反映了现实社会中某些人、企业、机构、政府的活动,而开源网络情报正是通过采集、处理、分析这些网络空间中的信息来解答现实社会中的特定问题。

开源情报有价值吗?有些人认为,开源情报是通过搜集、处理、分析公开信息获取的,既然都是公开信息,那就没有什么价值。关于这个问题,国际上的情报机构有自己专业的评估。有资料显示,在专业情报机构的情报构成中,人力情报(HUMINT)、信号情报(SIGINT)、图像情报(IMINT)和测量情报(MASINT)花费了约95%的经费获得了20%的情报价值,而开源情报仅花费了5%的经费却获得了80%的情报价值。开源情报的价值已经得到了情报界一致认可,成为全源情报的重要组成部分。除了在国防军事、国家安全、公共安全等领域发挥至关重要的作用外,开源情报也逐渐应用在商业、科技竞争乃至个人生活、工作中。所以说开源网络情报能力将成为上至国家下至企业甚至个人的核心竞争力,而这本书正是告诉你如何获取或提高这种核心竞争力。

也有些人认为,开源情报虽然有价值,但似乎任何人只要点点鼠标,上网用搜索引擎找些信息就可以完成,不需要专业的开源情报知识就可以从事开源情报工作。其实这也是对开源网络情报认识的一个误区。开源情报所利用的网络空间信息是由不同的发布者在不同的网络应用平台上为了各种不同目的而发布的，这些数据源分布在网络空间的表网、深网以及暗网的各个角落，数量巨大且数据类型多样，有文本，有图片，有视频，大部分是非结构化的。特别需要注意的是，互联网搜索引擎只能搜索到表网的数据，而根据国际上公认的估计，表网的数据占互联网数据总量还不到5%，大量深网和暗网中的数据未被搜索引擎索引。因此，想要在这样的信息海洋中找到可以解答特定问题的有价值信息，并通过分析研判进而产出情报，并不是轻而易举的事情，还需要具备情报意识、情报思维的开源情报分析师，在专业的技术和工具的帮助下，遵循专业的情报工作方法才可以达到的。而本书正是介绍开源情报技术、方法和工具方面的专业书籍。

国际上对开源网络情报的研究十分重视并已经在国家安全、公共安全、商业调查等领域发挥着重要作用，开源网络情报能力已经是一个国家软实力的重要组成部分。对于企业而言，开源网络情报能力也是企业竞争力的体现。对于个人来说，掌握开源网络情报方法和工具更是系统化、专业化提升自己信息获取及分析能力的最有效途径。目前国内在这方面相应的书籍还比较匮乏，而这本书对开源情报（特别是开源网络情报）的方法、技术和工具都作了比较系统的介绍，是从事情报工作的分析师及技术工作者极好的学习参考资料。

译 者

2021年4月

前言

本书侧重于深入理解如何利用开源情报的技术、方法和工具从公开网络资源中获取信息以支持情报分析。通过开源情报获取的数据可用于不同的场景，如金融调查、犯罪调查和反恐调查；也可用于比较常规的任务，如分析业务竞争对手，进行背景核查以及获取有关个人和其他机构的情报。本书还有助于提高从表网、深网、暗网获取网络信息的技能。

许多评估显示，情报部门获得的有用信息中有90%来自公开信息源（即开源情报信息源）。由于社交媒体网站汇集了大量有用的信息，所以这种网站为情报调查提供了很多机会。例如，只需查看Facebook个人页面，就可以获得大量个人信息。本书将介绍如何通过深入的社交媒体调查，访问打上"私密"标签的内容；使用高级搜索引擎查询、搜索网站已删除的历史版本；使用公开记录数据库和人物搜索工具跟踪个人的在线活动，找到藏在深网中的信息，访问和探查暗网并从暗网收集情报；查看卫星图像以及任何位置街景的不同历史记录；搜索流行社交媒体网站内的地理位置信息等。简而言之，本书提供如何使用多种技术、工具和免费在线服务等收集有关任何在线目标的情报。

网络情报收集活动应秘密进行，以免泄露收集者的身份。因此，本书将告诉读者如何隐藏数字身份并且在网络上保持匿名；学习如何在诸如Internet这样不安全的环境中秘密交换数据以及如何私密和匿名地与他人进行通信；学习如何查看数字足迹，并发现留下了什么样的数字痕迹，以及如何删除它们。

本书对那些负责从公开数据收集在线内容的专业人员来说是不可缺少的指南，对于那些偶尔想要深挖网上信息的普通Internet用户也是一本必备的参考书。

1. 目标读者

下列几种人员和组织将会从本书中有所收获：渗透测试人员、数字取证调查人员、情报服务人员、军事人员、执法人员、联合国机构及非营利组织、营利性企业、风险管理专业人员、新闻记者、学术研究者、大学生、希望学习如何有效地利用Internet资源的最终用户。

2. 本书不是什么？

本书不是关于开源情报历史的书籍，也没有花费篇幅讨论通过网络进行个人侦察的法律问题。本书没有涉及适用于不同国家或商业机构的政策和规定，主要目的还是为支持所有类型的网络调查提供一本实用指南。因为每一章都被设计成一个独立的单元，在单元内对其主题内容进行了全面的综合讨论，所以可以以任何顺序阅读本书。

3．内容概要

以下是每一章内容的简介。

第1章介绍开源情报这一术语，并解释它如何随着时间推移而发展。本章介绍了对利用公开数据并从中受益感兴趣的不同群体；也介绍了一些技术信息，涉及网络数据采集技术及所面临的挑战；还谈论了从公开可得的数据源中收集数据时涉及的法律内容。

第2章介绍应该知道的上网保证安全的各种知识，以避免在线高级搜索时被追踪。因为，在使用高级搜索操作符和其他搜索技术时，有可能会在网上引起注意，所使用的连接可能会成为各种外部群体拦截的目标。

第3章致力于揭开暗网和深网这两种隐蔽网络的秘密。这些知识至关重要，因为这些地下网络包含了大量宝贵的信息，所以每个网络安全专业人士都应该知道如何访问这些信息。

第4章展示如何使用典型的搜索引擎（如 Google 和 Bing）中的高级搜索技术，上网查找各种内容，本章还介绍了其他专用于图像、视频、新闻、网页目录、文件和 FTP 的搜索引擎。

第5章介绍如何使用各种工具和技术从社交媒体网站收集针对个人或实体单位的情报，例如使用 Facebook 收集世界各地人们的信息。Google 和 Bing 等也拥有庞大的用户信息数据库，大量的信息在这些网站中是公开的。

第6章列出了特定的搜索引擎和其他公共资源，通过搜索人们的名字就可以获取他们的详细信息。本章介绍使用不同的逆向搜索条件在网上找到目标人物。逆向搜索条件包括出生记录、邮件地址、个人简历、约会网站上的信息、电子邮件地址、电话号码、之前使用的用户名等。本章还介绍政府数据源，如重要记录、税务记录、犯罪信息等，通过这些数据源可以获取有关个人和实体的情报。

第7章介绍了如何使用 Google maps 等免费地理位置服务，调查目标人物的地理位置信息。

第8章介绍如何在被动模式下收集目标网站和网络系统的信息，以支持情报工作。

第9章介绍开源情报的工作流程及其未来发展趋势。

目录

第 1 章 开源情报的发展 ... 1
1.1 开源信息的类别 ... 2
1.2 开源情报的类型 ... 3
1.3 数据体量 ... 4
1.4 开源情报组织 ... 4
1.4.1 政府机构 ... 4
1.4.2 私营部门 ... 5
1.4.3 灰色文献供应商 ... 5
1.5 对开源情报信息感兴趣的群体 ... 6
1.5.1 政府 ... 6
1.5.2 国际组织 ... 7
1.5.3 执法机构 ... 7
1.5.4 商业公司 ... 7
1.5.5 渗透测试人员和黑帽黑客/犯罪组织 ... 8
1.5.6 注重隐私的人群 ... 8
1.5.7 恐怖组织 ... 9
1.6 信息收集类型 ... 9
1.6.1 被动收集 ... 9
1.6.2 半被动收集 ... 9
1.6.3 主动收集 ... 9
1.7 开源情报的益处 ... 10
1.8 开源情报的挑战 ... 10
1.9 法律和道德约束 ... 11
1.10 总结 ... 12
1.11 参考文献 ... 12

第 2 章　在线威胁及其对策 · 13

2.1　网络威胁 · 13

- 2.1.1　恶意软件 · 14
- 2.1.2　黑帽黑客 · 14
- 2.1.3　域欺骗 · 14
- 2.1.4　网络钓鱼 · 15
- 2.1.5　勒索软件 · 17
- 2.1.6　广告软件和间谍软件 · 18
- 2.1.7　特洛伊木马 · 18
- 2.1.8　病毒 · 18
- 2.1.9　蠕虫 · 18
- 2.1.10　恐吓软件 · 18
- 2.1.11　分布式拒绝服务 · 19
- 2.1.12　提权软件 · 19
- 2.1.13　充电座盗取数据 · 19
- 2.1.14　Wi-Fi 窃听 · 19

2.2　安全软件 · 19

- 2.2.1　杀毒软件 · 20
- 2.2.2　防火墙 · 20
- 2.2.3　反恶意程序 · 21

2.3　保护操作系统 · 21

- 2.3.1　加固 Windows 操作系统 · 21
- 2.3.2　在 Windows 10 中保持私密 · 25
- 2.3.3　销毁数字痕迹 · 26

2.4　一般的隐私设置 · 28

- 2.4.1　覆盖计算机的摄像头 · 28
- 2.4.2　避免使用盗版软件 · 29
- 2.4.3　处理数字文件的元数据 · 29
- 2.4.4　物理上保证计算机的安全 · 32

2.5　在线跟踪技术 · 33

- 2.5.1　IP 地址跟踪 · 33
- 2.5.2　Cookie · 35
- 2.5.3　数字指纹跟踪 · 36
- 2.5.4　HTML5 · 37
- 2.5.5　检查数字足迹 · 37

2.6 在线安全浏览 38
    2.6.1 开启私密浏览 38
    2.6.2 将 Firefox 配置得更加私密 38
    2.6.3 Firefox 隐私扩展 41
    2.6.4 对抗数字指纹跟踪和浏览器泄露 42
2.7 保证网络通信安全 42
    2.7.1 VPN 42
    2.7.2 代理 43
    2.7.3 DNS 泄露测试 44
2.8 匿名上网 45
    2.8.1 使用 Tor 网络 45
    2.8.2 使用 Tails OS 和其他安全操作系统 49
    2.8.3 安全地共享文件 50
    2.8.4 设置匿名支付 51
2.9 加密技术 52
    2.9.1 保护密码 52
    2.9.2 加密硬盘/USB 移动存储设备 53
    2.9.3 云存储安全 53
    2.9.4 保护电子邮件通信安全 53
2.10 虚拟化技术 55
2.11 基本支撑软件和方法 57
    2.11.1 思维导图生成工具 57
    2.11.2 绘图软件 57
    2.11.3 笔记管理 58
    2.11.4 数据可视化 58
    2.11.5 书签 58
    2.11.6 免费的翻译服务 58
2.12 最后提示 59
2.13 总结 60

第 3 章 地下 Internet 61

3.1 Internet 的分层 61
    3.1.1 表网 61
    3.1.2 深网 62
    3.1.3 暗网 64
3.2 暗网用户 66

3.3 访问暗网 ··· 66
   3.3.1 访问暗网时进行安全检查 ·· 67
   3.3.2 从表网内部进入暗网 ··· 67
3.4 使用 Tor 网络 ·· 68
3.5 使用 Tails OS ·· 69
   3.5.1 以只读模式安装 Tails OS ·· 70
   3.5.2 以持久存储模式安装 Tails OS ······································ 72
   3.5.3 使用 Tails OS 时的警告 ·· 73
3.6 搜索 Tor 网络 ·· 74
3.7 其他匿名网络 ·· 74
   3.7.1 I2P 网络 ··· 74
   3.7.2 Freenet ·· 79
3.8 展望未来 ··· 79
3.9 总结 ··· 79
3.10 参考文献 ·· 80

第 4 章 搜索引擎技术 ·· 81

4.1 关键词的发现与研究 ·· 82
4.2 使用搜索引擎查找信息 ·· 83
   4.2.1 Google ··· 83
   4.2.2 Bing ·· 89
   4.2.3 注重隐私的搜索引擎 ··· 89
   4.2.4 其他搜索引擎 ·· 90
   4.2.5 企业搜索网站 ·· 91
   4.2.6 元数据搜索引擎 ··· 94
   4.2.7 代码搜索 ·· 96
   4.2.8 FTP 搜索引擎 ·· 96
   4.2.9 自动搜索工具 ·· 97
   4.2.10 物联网设备搜索引擎 ··· 97
4.3 Web 目录 ·· 98
4.4 翻译服务 ··· 100
4.5 网站历史和网站抓取 ·· 101
4.6 网站监控服务 ·· 102
4.7 新闻搜索 ··· 104
   4.7.1 定制 Google 新闻 ·· 105
   4.7.2 新闻网站 ·· 105

  4.7.3 假新闻检测 ································ 106
 4.8 搜索数字文件 ······································ 108
  4.8.1 文档搜索 ································ 108
  4.8.2 图像 ····································· 116
  4.8.3 视频 ····································· 121
  4.8.4 文件扩展名和文件签名列表 ······ 123
  4.8.5 其他工具 ································ 123
 4.9 总结 ·· 126
 4.10 参考文献 ·· 126

第 5 章 社交媒体情报 ······································ 127
 5.1 什么是社交媒体情报 ··························· 128
  5.1.1 社交媒体内容的类型 ··············· 129
  5.1.2 社交媒体平台的分类 ··············· 130
  5.1.3 流行的社交网站 ······················ 131
 5.2 社交媒体网站的调查 ··························· 132
  5.2.1 Facebook ······························· 132
  5.2.2 Twitter ··································· 145
  5.2.3 Google+ ································· 151
  5.2.4 LinkedIn ································ 155
 5.3 在社交媒体网站上查找信息的通用资源 ····· 159
 5.4 其他社交媒体平台 ······························ 159
 5.5 Pastebin 网站 ····································· 160
 5.6 社交媒体心理分析 ······························ 161
  5.6.1 Tone Analyzer ························ 161
  5.6.2 Watson Tone Analyzer ············· 161
  5.6.3 Facebook 和 Twitter 的预测 ······ 162
  5.6.4 Fake Spot ······························ 162
  5.6.5 Review Meta ·························· 162
  5.6.6 TweetGenie ···························· 162
 5.7 总结 ·· 162
 5.8 参考文献 ··· 163

第 6 章 人物搜索引擎和公共记录 ······················ 165
 6.1 什么是人物搜索引擎 ··························· 165
 6.2 什么是公共记录 ································· 166

6.3　公共记录样例 ······ 166
　　6.4　搜寻个人资料 ······ 166
　　　　6.4.1　通用人物搜索 ······ 166
　　　　6.4.2　在线登记 ······ 169
　　　　6.4.3　生命记录 ······ 169
　　　　6.4.4　犯罪及法院记录查询 ······ 171
　　　　6.4.5　财产记录 ······ 172
　　　　6.4.6　税务及财务记录 ······ 172
　　　　6.4.7　社会保险号查询 ······ 173
　　　　6.4.8　用户名检查 ······ 173
　　　　6.4.9　电子邮件搜寻调查 ······ 173
　　　　6.4.10　数据泄露网站 ······ 175
　　　　6.4.11　电话号码搜索 ······ 176
　　　　6.4.12　员工资料和求职网站 ······ 176
　　　　6.4.13　交友网站搜索 ······ 177
　　　　6.4.14　其他公共记录 ······ 178
　　6.5　总结 ······ 179
　　6.6　参考文献 ······ 179

第 7 章　在线地图 ······ 180

　　7.1　地理位置跟踪的基础知识 ······ 180
　　　　7.1.1　如何在地图上找到任何位置的 GPS 坐标 ······ 181
　　　　7.1.2　如何根据邮寄地址找到定位坐标 ······ 182
　　7.2　通用的地理空间研究工具 ······ 182
　　7.3　商业卫星 ······ 186
　　7.4　世界各地的日期/时间 ······ 186
　　7.5　基于地理位置的社交媒体 ······ 186
　　　　7.5.1　YouTube ······ 186
　　　　7.5.2　Facebook ······ 187
　　　　7.5.3　Twitter ······ 188
　　　　7.5.4　其他社交媒体平台 ······ 190
　　　　7.5.5　使用自动化工具在社交媒体上进行位置搜索 ······ 191
　　7.6　国家概况信息 ······ 191
　　7.7　运输跟踪 ······ 192
　　　　7.7.1　空中活动 ······ 192
　　　　7.7.2　海运踪迹 ······ 193

- 7.7.3 汽车和铁路 194
- 7.7.4 邮包跟踪 194
- 7.7.5 网络摄像头 195
- 7.7.6 电子文件元数据 195
- 7.8 总结 196

第 8 章 技术踩点 197

- 8.1 调查目标对象的网站 198
  - 8.1.1 研究 Robots.txt 文件 198
  - 8.1.2 镜像目标网站 199
  - 8.1.3 提取链接 199
  - 8.1.4 检查目标网站的反向链接 200
  - 8.1.5 监控网站更新 200
  - 8.1.6 查看网站存档内容 200
  - 8.1.7 识别使用的技术 201
  - 8.1.8 Web 抓取工具 202
  - 8.1.9 调查目标网站的文件元数据 204
  - 8.1.10 网站数字证书搜索 204
  - 8.1.11 网站统计和分析工具 204
  - 8.1.12 网站信誉检查工具 205
- 8.2 被动技术侦察活动 206
  - 8.2.1 WHOIS 查询 206
  - 8.2.2 子域名发现 207
  - 8.2.3 DNS 侦察 208
- 8.3 IP 地址跟踪 212
- 8.4 总结 213

第 9 章 开源情报的未来 214

- 9.1 开源情报将来会走向哪里 214
- 9.2 开源情报工作流程 215
- 9.3 结束语 216

第1章

开源情报的发展

自"冷战"结束以来,全球社会变得更加开放,Internet革命及其广泛使用让整个世界变成了一个"小村庄"。向全世界数十亿人开放Internet来进行通信交流和数字数据交换,已将整个世界转变为当今的信息时代。这种向数字时代的转变给我们的社会带来了巨大的利益;然而,转型的速度和范围也引发了各种各样的风险。例如,网络犯罪分子、恐怖组织、暴虐政权和各种恶意行为者正在有效地利用Internet进行犯罪活动。Juniper研究公司表明,到2019年,网络犯罪将给企业造成超过2万亿美元的损失[1],所以这些风险促使政府投资研发开源情报(Open Source INTelligence,OSINT)技术和工具,以应对当前和未来的安全挑战。

开源情报是指所有公开可得的信息。虽然没有关于开源情报一词首次提出的确切日期,但相关的术语可能已经使用了数百年。

目前,美国仍然在情报领域处于世界领先地位,美国政府为其情报机构提供了大量资源,使其能够建立复杂的监控项目,用来收集和分析覆盖所有主要语言的大量数据信息。目前对开源情报历史的讨论在很大程度上是基于美国在此领域的历史,尽管在"冷战"期间许多国家也开发了通过开源情报获取情报的能力,然而还没有其他国家能够达到美国在情报领域的水平。

美国国防部(DoD)对开源情报的定义如下:

"开源情报是一种从公开可得的信息中产生的情报,它被及时地收集、利用并分发给适当的接收者,以满足特定的情报需求。"[2]

开源情报是在二战期间作为一种情报工具引入的,当时美国成立了对外广播信息局(Foreign Broadcast Information Service,FBIS),以监测那些可以用于支持其部队行动的有关公开信息。而这一切都发生在美国情报机构存在之前。

二战结束后,对外广播信息局继续其在全球范围开发开源情报资源的工作,直到2001年9月11日美国遭受恐怖袭击。随着"9·11"事件的发生,建立一个独立的开源情报机构以加强利用这些资源来保护国家安全的重要性得到了重视。"9·11委员会"呼吁成立一个专门机构来收集开源情报[3]。2005年,大规模杀伤性武器(Weapons of Mass Destruction,

WMD)委员会通过评估情报部门应对大规模杀伤性武器和其他21世纪出现的相关威胁的有效性,建议在中央情报局(Central Intelligence Agency,CIA)内部设立一个开源情报指挥部(Open Source Directorate)[4]。

基于这些建议,并经过大量辩论后,美国国家情报总监(Director of National Intelligence,DNI)宣布成立国家情报开源中心(OSC)。OSC的主要任务是收集在线和离线公共来源的可用信息,这些任务之前是由FBI来完成的。后来,旨在改革美国政府情报活动的《情报改革与反恐法》(Intelligence Reform and Terrorism Prevention Act)将FBIS和其他相关研究机构合并为一个机构。这个机构现在被称为开源事业部(Open Source Enterprise),并由CIA管理。

开源情报资源不同于其他形式的情报来源,因为开源情报必须在不违反任何版权或隐私法律的情况下,合法地公开获取,这也是为什么它们被认为是"公开的"。这个特性使得开源情报收集能力不仅仅用于安全服务。例如,企业可以利用这些开源资源获取其竞争对手的情报,并从中获益。

⚠ **注意!** 在搜索开源信息时,可能会发现某些未适当保护的机密信息,包括泄露的文件,如维基解密公布的文件。这种类型的信息称为非开源情报(Non-OSINT,NOSINT),而不是开源情报。情报部门通常会考虑所有的情报来源,而不管它们是否合法获得。

除了对情报界显著的重要性之外,开源情报的收集比传统的间谍活动成本更低、风险更小。与其他可能需要依赖间谍卫星图像或特工收集信息的情报来源不同,收集在线的开源情报所需要的只是一台计算机以及与Internet的连接,当然还要求搜集人员有必要的搜索技能。

随着技术的扩散和可用数据体量的增加,政府部门、非政府组织(Non-Governmental Organizations,NGO)和企业开始逐渐依赖开源情报,而不是私密和机密信息。本章将介绍开源情报,讨论开源情报的类型,并讨论可以从开源情报使用中获益的不同群体及其使用开源情报的动机,以及开源情报未来的趋势和挑战。在后面的章节中将会介绍如何使用丰富的工具和技术从公共可得资源中获取数据。

1.1 开源信息的类别

在进行开源情报分析时,可能会遇到各种不同的信息。根据2001年出版的《北约开源情报手册》1.2版,公开信息和情报分为4类。

(1)开源数据(Open Source Data,OSD)是来自初级数据源的一般数据,包括卫星图像、电话呼叫数据和元数据、资料组、调查数据、照片以及某些事件的音视频录制记录等。

(2)开源信息(Open Source INFormation,OSINF)是一种通用数据,它首先经过一些过滤来满足特定的标准或需求；这些数据也可以称为二级源。例如关于特定主题的书籍、文章、论文、艺术品和采访记录。

> ⚠️ **注意！** 使公众可以通过特定渠道合法获得的资源合称为灰色文献。这些来源包括书籍、期刊、学位论文、技术报告、商业企业内部文件、广告图像以及由制作者控制的任何信息。灰色文献是开源信息的一个重要部分，可以通过获得版权所有者的许可或付费（例如，通过订阅机构、商业书店等）而合法获得。

（3）开源情报包括所有已被发现、过滤并指定用于满足特定需求或目的的信息。这些信息可以作为情报内容直接使用，开源情报可以概括地定义为开源资料经处理后的输出。

（4）经过验证的开源情报（OSINT-V）是具有高度确定性的开源情报，其数据应该经过非开源情报信息源或来自声誉良好的开源情报信息源进行确认（验证）。因为一些外部对手可能传播不准确的开源情报信息，目的是误导开源情报分析，所以开源情报经过验证是相当重要的。例如，一家电视台直播一位总统抵达另一个国家，这样的信息虽然是开源情报，但它有很高的确定性。

开源数据和开源信息构成开源情报产出的主要（初级源和二级源）信息来源。在开源情报语境中需要理解的另一个问题是数据、信息和知识之间的差异。这3个术语通常互换使用，虽然这3个词确实相关，但每个词都有不同的含义。

（1）数据：这是一组表述某些事实的数据，不包括进一步的解释或分析描述。例如，"每盎司黄金的价格是1212美元。"

（2）信息：这是一种经过适当解释的数据，这种数据在特定的语境中赋予了其有用的意义。例如，"每盎司黄金的价格在一周内从1212美元跌至1196美元。"

（3）知识：这是通过一些实验后，学习或推断出来的信息、经验以及洞察力的综合。知识描述了大脑过去所记录的内容，将来面对类似的情景时，有助于做出更好的决策。例如，"当黄金价格下跌超过5%时，意味着石油价格也会下跌。"

1.2　开源情报的类型

开源情报包括所有可公开访问的信息来源。这些资料可通过以下场景在网上或线下找到。

（1）Internet，包括但不限于论坛、博客、社交网站、YouTube.com等视频共享网站、Wiki、Whois域名注册记录、元数据和数字文件、暗网资源、地理位置数据、IP地址、人物搜索引擎以及任何可以在网上找到的内容。

（2）传统大众媒体（如电视、广播、报纸、书籍、杂志）。

（3）专业期刊、学术出版物、学位论文、会议记录、公司介绍资料、年度报告、公司新闻、员工档案以及简历。

(4) 包含元数据的照片和视频。

(5) 地理空间信息(如地图和商业广告影像产品)。

1.3 数据体量

在线资源构成了开源情报最大的部分,但开源情报不仅包含在线资源,作为开源情报收集过程的一部分,也需要对公共资源的纸质版本进行细致调查。

在信息时代,出版商、公司、大学以及构成开源情报资源的其他供应商都在将他们的业务流程转向数字化。社交媒体网站的用户数量也将继续增加,物联网(Internet of Thing, IoT)设备在未来将会更加普遍,来自全球数十亿计的传感器和机器的数字化数据将导致数据体量急剧增长。换句话说,未来大多数开源情报资源将会是在线资源。

> ⚠ **注意!** 据 Gartner 估计,到 2020 年,将有 204 亿部物联网设备投入使用。[5]

数字数据的体量正在迅速增长。根据 IDC 研究[6],到 2020 年,全球生成的数字数据总量将达到 44 泽字节(ZettaByte, ZB)。这一数字将在五年内加速增长,到 2025 年,达到 180 泽字节。

Gartner 研究小组估计,到 2020 年,普通人与自动化机器人互动的时间将超过与其配偶互动的时间,当然,所有这些互动都将是数字化的。另一项估计表明,在 2021 年,一个人所有活动的 20%都将涉及使用至少一家大型 IT 公司(Google、Apple、Facebook、Amazon Video)的服务。

这些数字应该会让你对数字时代的近期未来有一个概念。由于越来越多的人使用 Internet 来完成他们的工作,数字数据体量也随着增长,所以政府和企业未来将把这些在线资源作为开源情报的主要来源。

1.4 开源情报组织

开源情报组织专门提供开源情报服务,其中一些是政府机构,另一些是私营公司,它们以订阅方式向政府部门和商业公司等不同群体提供服务。本节将介绍全球主要的开源情报组织。

1.4.1 政府机构

目前,从事开源情报分析工作的政府机构仍然被认为是业界最好的,因为来自政府的资源使调查员能够更好地完成其工作。在全球范围内做开源情报的两个最著名的政府机构分别是美国的开源中心和英国的 BBC 监控中心(BBC Monitoring)。

1. 开源中心

前面已经谈到过开源中心是最大的开源情报机构,拥有大量的资源来完成其工作。开源中心与美国其他的本地情报机构密切合作,为美国政府情报机关提供服务。

2. BBC 监控中心

BBC 监控中心(https://monitoring.bbc.co.uk/login)是英国广播公司(BBC)的一个部门,负责监控全球范围内的外国媒体。它与美国的开源中心有着类似的作用,主要区别在于它并不属于英国情报机关。BBC 监控中心成立于 1939 年,其资金来自其股东以及世界各地的许多商业实体和政府,在全球多个国家设有办事处。它主动监测来自 150 个国家 70 多种语言的电视、广播、平面媒体、Internet 和新兴媒体。BBC 监控中心由英国广播公司指导,并向商业组织和英国官方机构等提供订阅服务。

1.4.2 私营部门

在考虑开源情报信息的提供者时,不应低估私营部门。许多私营公司开发了先进的程序和技术来收集公开数据以便获取商业利益。其实大部分私营开源情报公司也与政府机构合作并向他们提供这类信息。下面将介绍全球主要的几家私营情报部门。

1. 简氏信息集团

简氏信息集团(http://www.janes.com)是一家成立于 1898 年的英国公司。该集团是一家领先的情报供应商,专注于军事、反恐、国情稳定、打击有组织的严重犯罪活动、情报经营和采购、航空航天和运输等领域。它提供的开源情报曾跟踪并预测了 190 个国家和 30 个地区的安全事件,除此之外,它还出版了许多有关安全方面的期刊和书籍。

2.《经济学人》智库

《经济学人》智库(https://www.eiu.com/home.aspx)是英国《经济学人》集团的商业情报、研究和分析部门。《经济学人》智库的主要领域是商业和财务预测,它除了提供一份关于国家未来五年经济预测的月刊外,还提供一份月度报告,全方位解析当前经济趋势和政治问题。

3. 牛津分析

与前两家公司相比,牛津分析(http://www.oxan.com)是一家规模较小的开源情报公司。牛津分析公司专门研究地缘政治和宏观经济。它拥有一个全球宏观经济专家网络,为客户进入复杂市场提供战略以及提升业绩方面的实践建议。它的专家网络包括 1400 多名专家,其中大多数都是专业学者、顶级学府教授以及行业知名专家。

1.4.3 灰色文献供应商

在前面开源信息部分中已经讨论过灰色文献数据。由于它具有很高的情报价值,在考虑开源情报数据收集时,这类数据是值得参考的。

灰色文献主要由世界各地的出版公司制作,包括书籍、期刊、报纸和其他所有公开出版物。另一种灰色文献叫作灰色信息，它的获取途径略有不同。灰色文献和灰色信息这两个术语通常可以互换使用，但在情报领域它们含义略有不同。灰色文献涉及所有从一般书店可获得的出版物，灰色信息是指不能通过一般传统途径获取的其他出版物。因此，灰色信息有自己专门的渠道。灰色信息包括以下所列或更多类别：学术论文、预印本、会议论文集、会议和研讨会论文、研究报告、市场报告、技术规范和标准、学位论文、论文、贸易出版物、备忘录、政府报告和非商业出版的文件、译稿、时事资讯、市场调查、旅行报告和节日议程等。

灰色文献可以分为 3 类。

（1）第一类也称"白色文献"，是指任何通过传统书店渠道公开售卖的书籍。这类出版物应具有国际标准图书编号（ISBN）或国际标准期刊编号（ISSN），并可直接从卖方获得。书籍、期刊和报纸都属于这一类。

（2）第二类也称"短暂文献"，其信息是短期有效的。比如航班时刻表、草稿、发票复印件、广告、海报、机票、名片以及任何自行出版的东西。

（3）第三类则包含了前面提到的两种类型的混合。

一般来说，灰色文献可以通过付费订阅获得，或者直接从书店购买书籍、期刊、杂志和其他出版物来获得。想获得更多隐藏的灰色信息，必须使用其他的专门服务。

1. 道琼斯路透商业资讯（Factiva）

道琼斯路透商业资讯（http://new.dowjones.com/products/factiva）是一个具有授权内容的全球新闻数据库。它从 33 000 多个优质数据源中收集数据，这些资源中很多（近 74%）需要经过许可且无法在网上免费找到。Factiva 提供了覆盖 28 种语言的独特服务，提供对创建者尚未发布的资源的访问。

2. 律商联讯（LexisNexis）

律商联讯（https://www.lexisnexis.com/en-us/gateway.page）目前由 RELX Group（以前是 Reed Elsevier）所有。它最初专注于提供高质量的法律和新闻文档，不过现在其覆盖面已扩大到更多的服务，如媒体监控工具、供应管理工具、销售情报解决方案、市场情报工具以及通过分析公开和特定行业的信息来预测风险并改善决策的风险解决方案。

除上述情报机构外，其他从公开和私人渠道收集网络情报的公司还包括 InsideView（https://www.insideview.com）、NewsEdge（www.newsedge.com）、Semantic Visions（www.semanvisions.com）、DigitalGlobe（www.digitalglobe.com）。

1.5 对开源情报信息感兴趣的群体

开源情报可以为不同的参与者带来好处。本节将列出这些参与者并解释他们搜索开源情报的动机。

1.5.1 政府

政府机构特别是军事部门被认为是开源情报最大的消费者。快速的技术发展和全球范围 Internet 的广泛应用使各国政府成为开源情报最大的消费者。政府需要利用开源情报实现不同目的，如国家安全、反恐、恐怖分子的网上追踪、了解国内外公众对各种事务的意见、为决策者提供必要的信息来影响其内外政策以及利用外国媒体(如电视)即时了解发生在境外的事件。

情报机关结合合法获取的信息与秘密获取的情报(例如，使用间谍卫星图像、电子监听站、地面间谍)可以回答某个特定问题或对未来进行预测。这些人拥有必要的资源(金钱和设备)来抓取和分析 Internet 上大量的数据。随着我们稳步迈向数字时代，预计政府将加强挖掘开源情报数据。

1.5.2 国际组织

诸如联合国这样的国际组织利用开源情报来支持其全球范围的维和行动。联合国在制定政策时要平衡超级大国和新兴国家所关注的问题，因此其政策制定过程要尽可能透明。为了实现这一目标，联合国发现利用开源情报资源(包括商业卫星图像)来满足情报需求比依赖其成员国的报告更可靠，因为不同成员国的政策可能会相互冲突。

像国际红十字会这样的人道主义组织，可以利用开源情报资源在危机或灾难发生时帮助开展救援工作。通过分析社交媒体网站和 Internet 即时消息程序对未来的恐怖行动进行预测，以保护其供应链免受恐怖组织的攻击。

北约在情报和维和行动计划方面严重依赖开源情报资源。由于不是所有的北约成员国都有开源情报设施，所以它也依赖商业卫星图像。北约已经公开发表了 3 篇关于如何利用开源情报的标准参考文献：北约开源情报手册(https://archive.org/details/NATOOSINTHandbookV1.2)；北约开源情报读物(http://www.au.af.mil/au/awc/awcgate/nato/osint_reader.pdf)；北约对 Internet 情报的利用(http://nsarchive2.gwu.edu//nsaebb/nsaebb436/docs/EBB-005.pdf)。

1.5.3 执法机构

警方使用开源情报资源保护公民免受虐待、性暴力、证件盗窃和其他犯罪行为的侵害。这可以通过监控社交媒体上需要关注的关键词和图片来实现，从而在犯罪加剧之前帮助预防犯罪。

执法部门使用开源情报监视和跟踪跨国的犯罪网络。例如，使用开源情报战术来汇集目标人物的信息并创建每个嫌疑人的人物画像，还可以使用开源情报资源打击在线伪造和版权侵犯。

1.5.4 商业公司

信息就是力量。企业使用开源情报调查新市场，监测消费者行为，计划市场活动，并对影响其当下行动及未来增长的各种情况进行预测。以往开源情报仅限于那些拥有充足情报预算的大型公司所使用。如今随着 Internet 的广泛使用，预算有限的小公司也可以有效地利用开源情报资源,并将获得的信息整合到商业计划中。

企业还将开源情报应用于其他一些非财务目的的场合。

(1) 打击数据泄露。目前绝大多数企业已认识到网络安全漏洞是未来商业机密泄露的主要原因。

(2) 通过分析组织内外的开源情报资源,创建自己的威胁情报战略,然后将这些信息与其他信息结合,形成有效的网络风险管理策略,用以帮助保护其财务利益、企业声誉和客户数据。

开源情报特别适用于国防行业的公司,因为这些公司需要充分关注客户的周边情况,以便开发和提供适用于他们装备。

1.5.5 渗透测试人员和黑帽黑客/犯罪组织

开源情报被黑客和渗透测试人员广泛用于收集特定在线目标的情报。它也被认为是一个帮助实施社会工程学攻击时的有价值的工具。任何渗透测试方法学的第一阶段都从侦察开始(换句话说,通过使用开源情报开始)。图1-1详细说明了渗透测试的几个主要阶段。

图1-1 渗透测试方法学(来源:http://www.DarknessGate.com)

企业付费请渗透测试人员入侵内部网络以找出其弱点所在,并告知如何才能将入侵者拒之门外。虽然渗透测试人员和黑帽黑客都使用相同的侦察技术和工具来完成工作,但是渗透测试人员不会像黑帽黑客那样利用这些漏洞来获取未经授权访问的机密数据。

1.5.6 注重隐私的人群

注重隐私的基本都是普通人,他们可能想了解入侵者会如何侵入他们的计算机,还想知道网络服务供应商(Internet service provider,ISP)对他们的了解程度。他们还需要了解自己上网时个人信息暴露的程度,以便消除各种安全漏洞并删除可能已经无意中发布了的各种个人数据。开源情报是一个很好的工具,通过它普通人就可以查看自己的数字身份对外界的暴露情况,从而可以保护自己的隐私。

Internet用户还可以使用开源情报来打击身份盗窃,例如,防止有人冒充。本书后面会介绍使用各种技术来搜索文本、图像、视频以及数字文件的元数据。

事实上,所有的Internet用户都在以这样或那样的方式使用开源情报技术,例如在网上搜索一些东西等。无论是寻找公司、学校、大学还是寻找某个人,都是在收集某种形式的开源情报。

1.5.7 恐怖组织

恐怖分子使用开源情报资源来策划恐怖袭击、收集目标的信息(如使用Google地图卫星图像调查目标位置)、通过社交媒体设法招募更多的战士、获取政府意外透露的军事情报(比如如何制造炸弹)、并且通过各种媒体渠道向世界各地宣传他们自己。

1.6 信息收集类型

开源情报数据可以通过3种主要方法采集：被动、半主动和主动。使用哪种数据采集方法与采集流程的操作场景有关，另外也要考虑所采集的数据的类型。这3种收集技术通常用于描述数据采集中踩点工作的不同类型。所谓踩点就是获取关于目标网络基础设施技术方面的信息(操作系统的类型、网络拓扑结构、服务器名称等)。记住，本书是介绍如何使用不同的技术收集开源情报，而技术踩点也被认为是一种收集信息的技术。

1.6.1 被动收集

这是收集开源情报时最常用的类型。事实上，所有的开源情报方法都应该使用被动收集，因为开源情报收集的主要目的是只通过公开可得的资源收集关于目标对象的信息。在这种情况下，目标对象应该对情报收集活动无所察觉。所以这种搜索是高度匿名的，应该秘密进行。从技术角度看，这种类型的采集仅能得到目标对象的有限信息，因为收集者不会直接或间接地向目标对象的服务器发送任何网络流量(数据包)，所以能够收集到的信息仅限于存档信息(主要是过时的信息)、在目标对象的服务器里不受保护的文件以及在目标对象的网站中呈现的内容。

1.6.2 半被动收集

从技术角度看，此类型的收集通过向目标服务器发送有限的流量，以此来获取它们的基础信息。发送的流量类似于常见的Internet流量以避免对方注意到侦察活动。采用这种方式，只是在不引起任何警觉的前提下进行浅层次调查，并没有对目标对象的在线资源进行深入调查。虽然此类型的收集具有一定的匿名性，但如果对方进行一些针对性调查(通过检查服务器或网络设备的日志)就可以知道自己被侦察。然而，目标对象应该无法追踪发现侦察者所使用的设备。

1.6.3 主动收集

在此类型中，可以通过直接与目标对象的系统交互来收集信息。在做数据采集时目标对象可能会察觉到这种侦察行为，因为收集信息的人或实体会使用高级技术来获取关于目标对象的IT基础设施的技术数据，例如访问开放的端口、扫描漏洞(未打补丁的Windows系统)、扫描Web服务器应用程序等。这些流量看起来像是可疑或恶意的行为，会在目标对象的入侵检测系统(Intrusion Detection System，IDS)或入侵防护系统(Intrusion Prevention System，IPS)中留下痕迹。用社会工程学方法对目标进行攻击也被认为是一种主动收集。

如前所述，虽然主动收集和半主动收集是信息收集的类型，但开源情报收集时通常不会使用它们。被动收集是首选的方法，因为它可以秘密地从公开数据源中获取信息，而这是开源情报的本质。

1.7 开源情报的益处

在当今信息时代，无人会低估开源情报在不同情报场景中的重要作用。开源情报的益处体现在当今世界的许多领域。

（1）风险较小。与其他形式的情报尤其是在敌对国家使用间谍卫星或派出人力收集信息相比，使用公开可用信息收集情报没有风险。

（2）成本效益较低。与其他情报来源相比，收集开源情报通常更便宜。例如，使用人力资源或间谍卫星收集数据是很昂贵的。预算有限的小型企业可以以最低的成本利用开源情报资源。

（3）易访问性好。无论是在哪里，开源情报资源总是可得的，而且总是最新的。只要能够拥有并正确地使用开源情报的获取和分析技能与工具，开源情报数据源可以被不同的人在各种情报场景中使用。例如，军事部门可以通过分析社交网站活动来预测未来可能发生的攻击，而企业可以利用它来建立新的市场战略。

（4）不存在法律问题。开源情报资源可以在不同的使用者之间共享，而不用担心违反任何版权许可，因为这些资源已经公开发布。当然，在共享灰色文献时也存在一些限制，在1.4节已经讨论过这个问题。

（5）可以协助金融调查人员。例如，专门的政府机构可以利用开源情报发现逃税者。许多名人和一些大公司都涉及逃税，监控他们的社交媒体账户、假期和生活方式对政府监察人员来说很有价值，因为他们可能在追查这些名人的未申报收入。

（6）打击网上造假。开源情报技术可用于发现虚假产品和服务，执法部门可以直接关闭此类网站或向用户发出警报，警告他们停止与这些网站交易。这是开源情报的一大优势，尤其是在打击假冒药品和天然保健品的场合。

（7）维护国家安全和政治稳定。这可能是开源情报最重要的作用。它有助于各国政府了解其人民的立场，并及时采取行动，避免今后可能发生的冲突。明智的政府会在未来的战略中使用开源情报，特别是在国内政策制定方面。

1.8 开源情报的挑战

所有的情报收集方法都有一定的局限性，开源情报也不例外，下面指出开源情报收集所面临的一些挑战。

（1）快速增长的数据量。收集开源情报将产生大量的数据，这些数据必须经过分析才能被认为是有价值的。当然，现在已经有许多应对这些问题的自动化工具，许多政府和公司都开发了自己的人工智能工具和技术来过滤所获取的数据。但是对于开源情报数据的采集者来说，庞大的数据量仍然是一个挑战。

（2）来源的可靠性。请记住，开源情报数据源，特别是在情报场景里使用时，需要经过机密数据源的仔细验证才可以信任。许多政府会广播不准确的信息来误导开源情报的收集。

（3）人工成本。之前曾提到，巨大的数据量是开源情报收集所面临的最大挑战。为了检查收集的数据是否可靠并值得信赖，需要人工去查看自动化工具的输出结果。也需要人工将开源情报与一些机密数据进行比较（这适用于一些军事和商业信息），以确保其可靠性和相关性。这些都会大量消耗时间和宝贵的人力资源。

1.9 法律和道德约束

尽管开源情报非常重要，其收集和分析在许多情况下仍然存在法律问题。例如，如果有人通过非法手段获取开源情报资源来为一个案件中诚实的一方进行辩护，现行法律体系下应该如何处理？另一个窘境是，在什么情况下开源情报应该最小化采集或只根据采集者的需要选择采集内容。因为人们可以有意丢弃重要的资料来源，以便有利于产生特定的结果。

另一个需要考虑的情况是，某些隐藏的公共信息是作为丑闻的一部分而被收集并被广而告之。正如将在本书中看到的，许多公共信息不能被普通的 Internet 用户看到，需要特定的技术和方法来获取。这种事情的后果是什么？当披露某些团体或个人的这类信息时，将会对他们产生什么影响？会有什么道德后果？

过去几年中，有许多泄密者从戒备森严的机构窃取机密信息并在网上公布（爱德华·斯诺登就是一个明显的例子）。是否应该认为这些信息属于公开数据源？当然，世界各地的军事部门都渴望得到这样的信息。但是作为个人或公司，应该把它作为自己的开源情报来源吗？

许多公司（例如 Facebook 和 Google）都获取了大量用户数据用于商业情报，这些数据大多是用户的在线操作和行为，不能用于识别用户的真实身份。例如，以下两种类型的数据都可以在线收集。

（1）个人敏感信息（Sensitive Personal Information，SPI），如姓名、社会保险号、出生地、父母姓名、护照或身份证号码。

（2）匿名信息，如操作系统类型和版本、浏览器版本、IP 地址、连接的设备位置等技术信息，以及多个用户共享的任何信息。

为了证明这些收集是正当的，这些公司声称只获取匿名数据，但是如果这些匿名信息与其他数据源结合会不会成为个人敏感信息？开源情报分析人员应该如何处理这些信息？

本节要讨论的最后一个法律问题是设备自动收集和分析开源情报信息的可靠性。我们是否可以像信任人工所采集的数据一样相信机器产出的结果？如果工具中存在软件缺陷，导致不准确输出，从而导致有害的后果，该怎么办？我们如何在自动化（这在处理开源情报过程中是必要的）和保持道德间进行权衡？

由于开源情报的局限性及法律约束，所以应该鼓励开源情报的使用者在使用中遵循个性化的定制方法。

1.10 总结

本章介绍了开源情报的本质、类型和用户，以及不同的使用者在不同的场景中如何使用开源情报方法来获取情报。本章区分了在线收集信息的不同方法（主要是技术踩点的不同），并简要讨论了每种方法的注意事项。

同时，本章讨论了开源情报收集的优点和局限性。没有一种收集信息的方法被认为是百分之百完整的。然而，只要有正确的规划和足够的资源以及专业的知识，利用开源情报将会给出很高程度的精确结果。

开源情报是获取关于未来事件情报的好方法，但是仅仅获取开源情报不足以产生精确的结果。例如，为了从开源情报中获得最佳的结果，在分析阶段必须考虑一些增值任务，例如使用专家分析师、在处理军事信息时将开源情报信息与机密信息结合，以及采用正确的技术获取无偏差的开源情报。

本章是开源情报这个主题的引言。在接下来的章节中将详细介绍各种获取和分析开源情报信息的技术和工具。在开始深入开源情报世界之前，了解如何在进行开源情报收集时保护自己的数字隐私并掩盖自己的在线活动是必不可少的，而这将是第2章的主题。

1.11 参考文献

[1] Juniper research. CYBERCRIME WILL COST BUSINESSES OVER $2 TRILLION BY 2019[EB/OL]. [2017-08-25]. https://www.juniperresearch.com/press/press-releases/cybercrime-cost-businesses-over-2trillion.

[2] Public Law 109-163 109th Congress[EB/OL]. [2017-08-25]. https://www.gpo.gov/fdsys/pkg/PLAW-109publ163/html/PLAW-109publ163.html.

[3] Intelligence in Public Literature[EB/OL]. [2017-08-25]. https://www.cia.gov/library/center-for-the-study-of-intelligence/csi-publications/csi-studies/studies/vol.-56-no.-1/no-more-secrets-open-source-information-and-the-reshaping-of-u.s.-intelligence.html.

[4] Final Report of the Commission on the Intelligence Capabilities of the United States Regarding Weapons of Mass Destruction[EB/OL]. [2017-08-25]. https://fas.org/irp/offdocs/wmdcomm.html.

[5] Gartner Says 8.4 Billion Connected 'Things' Will Be in Use in 2017, Up 31 Percent From 201[EB/OL]. [2017-08-25]. https://www.gartner.com/newsroom/id/3598917.

[6] IDC Directions 2016: IoT(Internet of Things) Outlook vs Current Market Assessment[EB/OL]. [2017-08-25]. http://techblog.comsoc.org/2016/03/09/idc-directions-2016-iot-internet-of-things-outlook-vs-current-market-assessment.

第2章

在线威胁及其对策

进行开源情报调查时,肯定会留给别人可以用来追踪调查员的数字痕迹。例如,当一名调查人员对墨西哥的毒贩进行在线搜索时,如果调查对象发现了他的搜索怎么办?如果毒贩能知道搜索的源头(组织或其背后的人)和搜索者的位置会怎么样?如果你认为犯罪组织没有技术头脑,恐怕是你轻敌了。恐怖分子和犯罪组织有专门的 IT 团队从事在线收集情报的工作,甚至预算有限的小型犯罪组织也会花钱将这些任务外包给专业组织。

正如在第 1 章中看到的,开源情报可以使各种用户群体受益。虽然上面只举了一个调查人员寻找毒贩的例子,但同样的事情也适用于任何进行开源情报搜索的用户群体,例如个人、政府机构、商业公司、非政府组织以及北约这样的全球性组织。在进行开源情报搜索时,暴露搜索者的身份可能会对某些类型的用户产生危险甚至造成法律后果。

本章首先介绍在线威胁以及外部对手如何利用计算机设备和网络窃取机密信息,然后全面介绍应对措施以及维护用户在线安全和隐私的实践操作。随后,本章重点讲述如何隐藏数字身份并在网上保持匿名;如何在诸如 Internet 等不安全环境中秘密交换数据,如何与其他人进行私下和匿名的沟通;如何检查自己的数字足迹并发现自己留下什么样的数字痕迹。

这是本书最长的一章,可以把它当作一本教授如何私密地在网上进行工作的迷你手册。

> ⚠ **注意!** 无法在一章中百分之百地介绍如何成为匿名者。然而,在进行开源情报搜索的开始阶段,本章内容有助于避免使对手注意到所进行的收集活动。

要深入理解所有概念并学习不同的参与者会如何侵犯你的隐私,请阅读作者的另一本书 *Digital Privacy and Security in Windows: A practical Guide*,这是本书的完美伴侣。

2.1 网络威胁

尽管 Internet 给人类带来了巨大的好处,但它仍然是一个充满敌意的环境,坏人总是在外面扰乱你的生活。本章将列出 Internet 用户在上网时所面临的主要风险,并就每一种风险给出简要的建议及对策。

2.1.1 恶意软件

恶意软件(Malicious Software)是一个术语,用来指任何可能损坏计算机或未经同意窃取机密信息的恶意软件/代码。恶意软件有不同种类,如病毒、间谍软件、提权软件、蠕虫、勒索软件、恐吓软件和广告软件等。

⚠ **注意!** 有许多网站为安全研究人员、应急处理人员、取证分析师以及相关人员提供免费的实际恶意代码(恶意软件)样本,如以下网址:https://virusshare.com,https://www.virustotal.com,http://malc0de.com/database,https://virusscan.jotti.org。

2.1.2 黑帽黑客

黑帽黑客(Black hat hacker)是拥有高超计算机技能的人。他们的目标是入侵私密网络、侵入他人计算机、窃取个人信息或进行其他恶意活动。黑帽黑客通常利用操作系统、应用程序或网络设备中的漏洞来获得未经授权的访问。在获得访问权限后,他们可能会安装一个键盘记录程序或特洛伊木马来维护其访问权限、窃取信息或窥探用户活动。

2.1.3 域欺骗

域欺骗(Pharming)是一种网络攻击,其目的是试图在用户不知情的情况下,把用户从合法网站转向欺诈网站。域欺骗可以通过改变受害者计算机上的 hosts 文件或用错误信息污染域名服务器(Domain Name System,DNS)的记录把用户导向到有害的目标网站。Windows 用户可以通过以下步骤防止 hosts 文件被修改,从而防止对其计算机的这种攻击。

(1)进入到%SYSTEMDRIVE%\Windows\System32\drivers\etc 文件夹(SYSTEMDRIVE 是安装 Windows 的地方,通常位于 C:\)。

(2)右击 hosts 文件,选择 Properties,并选择 Read only 属性;最后单击 Apply 按钮,如图 2-1 所示。

⚠ **注意!** 可以使用功能丰富的工具来编辑 Windows 的 hosts 文件。这些工具允许添加条目来阻止恶意软件站点,并启用或禁用 hosts 文件。请查看 HostsMan(www.abelhadigital.com/hostsman)和 SysMate-Hosts File Walker(https://sourceforge.net/projects/sysmate-hosts-file-walker/)。

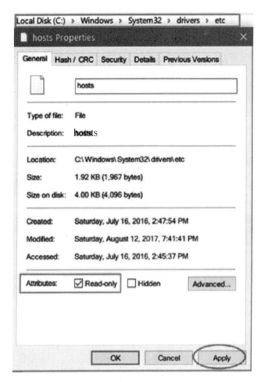

图 2-1　将 hosts 文件属性更改为只读，防止 Windows 机器受到域欺骗攻击

2.1.4　网络钓鱼

网络钓鱼（Phishing）是一种社会工程学攻击，攻击者通过电话或计算机（电子邮件、即时聊天工具），利用心理控制技巧（社交沟通技巧）说服人们交出有关他们自己、组织及其计算机系统的敏感信息。

网络钓鱼邮件看起来就像是由一家合法公司或认识的人（比如通讯录上的一个人）发送的。这些电子邮件通常包含一个链接，用户被诱导去点击该链接以便访问/更新在线账户（例如，银行或社交网站账户）。点击这个链接后，用户会被导向一个看似合法的欺诈网站。当用户提供访问凭证时，攻击者会将访问凭证存储下来以便随后使用，再将用户引导到正确的原始网站。钓鱼邮件有如下易于发现的特征。

（1）在标题行中使用威胁或紧急的词语鼓励用户迅速行动，一般会要求用户更新在线账户或者通过回复邮件发送个人详细信息。

（2）一些网络钓鱼电子邮件提供奖金、超高薪水且无须资质的在家办公职位或高利润的商业投资机会，然后以进一步协商为由询问用户的详细联系方式。

（3）钓鱼邮件看起来不够专业，其中可能包含一些语法错误，邮件发出的域名也与假装代表的公司的域名不同。例如，来自 PayPal 的电子邮件应该来自 PayPal.com 域名，而不是 xyz.PayPal.com。

当怀疑一封电子邮件是钓鱼邮件时,不要回复它。要检查是否是钓鱼邮件,请将鼠标停留在邮件中的链接上(但不要点击),查看地址是否与邮件中的链接或发件人的域名匹配。如果网络钓鱼邮件要求填写表单,请不要提供任何个人信息。如图 2-2 所示为假装来自 Google 的钓鱼邮件。

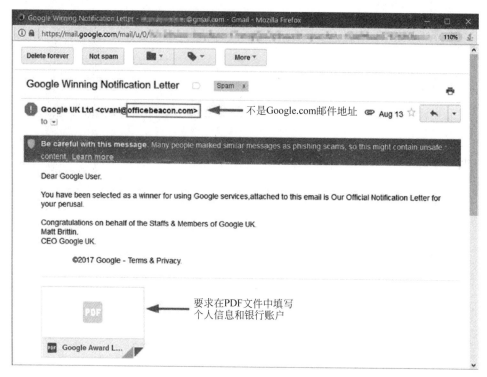

图 2-2　假装来自 Google 的网络钓鱼邮件

一些攻击者使用简短网址服务来掩盖发送给用户的真实钓鱼定位网址。如果怀疑一个简短网址可能是某种诈骗,可以使用下列免费的在线服务把简短地址进行扩展,以查看它真实完整的终点地址:http://checkshorturl.com,www.getlinkinfo.com,http://wheredoesthislinkgo.com,https://linkexpander.com。

⚠ **注意!**　Lehigh university 提供了不同类型的电子钓鱼邮件,并对每类邮件进行了简短的描述(https://lts.lehigh.edu/phishing/examples)。网站 www.phishing.org/phishing-examples 还提供了钓鱼邮件的样本。

如果怀疑自己受到钓鱼邮件的侵害,请通过 https://www.ftc.gov/complaint 与联邦贸易委员会联系,并提出投诉。如果怀疑有人或公司正在滥用你的私人数据,也可以在同一网站上报告身份盗窃情况。

2.1.5 勒索软件

勒索软件(Ransomware)是在用户的计算机或移动设备上悄悄安装的恶意软件。它的工作原理是通过加密本机设备上的用户数据以及本机所连接的存储设备(USB闪存、外部硬盘或SSD)上的所有数据,从而锁定用户对其文件(或屏幕)的访问权限,然后要求支付赎金以解除限制。某些勒索软件会威胁受害者:如果拒绝支付赎金,他们的数据就会被公开。赎金通常需要通过诸如比特币之类的匿名在线支付方式支付,才能获取解密密钥。

勒索软件可以通过多种途径传染。例如,勒索软件可以附在垃圾邮件中,也可以在用户访问恶意网站时安装,或者在安装某合法程序时被安装,因为攻击者修改了该合法程序并将勒索软件隐藏其中。它还可以通过诸如特洛伊木马、攻击工具包等其他恶意软件植入。

勒索软件主要有两种类型:第一种也称为加锁勒索软件,它将计算机屏幕锁定,即使是有经验的计算机用户也无法轻易解锁;第二种也称为加密勒索软件,它加密整个磁盘驱动器(包括所有连接着的可移动存储)或某些类型的文件,然后要求赎金以解除限制。

一种特殊的勒索软件变种会攻击脆弱系统的主引导记录(Master Boot Record,MBR),从而阻止系统启动,除非受害者支付赎金。

要对抗勒索软件攻击,请遵循以下步骤。

(1) 定期备份所有必要的文件。所有类型的操作系统都有特殊的备份功能。在Windows 10中,可以通过Windows操作(Windows+I)→Update & Security→backup来调用备份功能。

(2) 定期为操作系统以及全部已安装的应用程序安装所有安全补丁,并且随时保持更新。

(3) 如果可能,安装防病毒和反恶意软件套件并保持更新。

(4) 当从未知用户接收文件或从Internet下载文件时,不要运行Microsoft Office文档中的宏脚本(Macro)。

如果勒索软件的攻击已危及了操作系统,请遵循以下步骤。

(1) 把计算机从网络及Internet上断开。
(2) 对所有连接的设备/存储介质执行全面扫描。
(3) 向专家咨询,找出勒索软件的类型。因为对某些类型的勒索软件,有专门的移除工具。
(4) 必要时,格式化受感染的设备并重新安装操作系统。
(5) 从以前的干净备份中恢复数据。
(6) 通知执法机关案件情况不要支付赎金。

⚠ **注意!** Crypto Sheriff(https://www.nomoreransom.org/crypto-sheriff.php?lang=en)提供免费服务,通过检查勒索软件的类型帮助用户从攻击中恢复,并可以下载解密方案(如果有的话)。

2.1.6 广告软件和间谍软件

广告软件(Adware)是一种进行商业宣传推广的软件,它通过跟踪用户的在线活动来显示相应的广告,从而为设计它的人带来收入。它通常作为免费 Internet 程序(如系统实用程序、游戏或浏览器工具栏)的一部分安装到用户系统中。并不是所有的广告软件都是恶意的,因为其中有许多是与合法软件一起安装的,并且把安装广告软件作为其最终用户许可协议(End User License Agreement,EULA)的一部分。然而,大多数用户只是简单单击"我同意"按钮,并不知道它们正在自己的计算机上安装此类软件。

间谍软件(Spyware)是另一种跟踪软件,其目的完全是恶意的。间谍软件监视用户在键盘上输入的所有内容,并将其发送给间谍软件的操纵者。有些类型的间谍软件也会在用户计算机上安装其他恶意软件(如勒索软件),以便执行其他恶意操作。

2.1.7 特洛伊木马

特洛伊木马(Trojan)是一种悄悄安装在受害机器上的恶意计算机程序。它让其操纵者能够完全控制受害者的计算机,包括摄像头和麦克风。多数常见的银行系统威胁都来自于诸如 Zeus 和 SpyEye 这样的特洛伊木马系列恶意软件。

2.1.8 病毒

大多数不懂计算机的用户在谈论恶意计算机程序时,实际上说的是病毒(Virus)。从个人计算机出现的早期到现在,病毒都被认为是最古老的传统风险之一。病毒的主要目的是使受害计算机的操作系统无法运行,从而被迫格式化以恢复到原始的初装状态。

2.1.9 蠕虫

Morris 蠕虫,又称 Internet 蠕虫,是最早发现的网络传播蠕虫之一。1988 年 11 月,该蠕虫通过 Internet 分发并对受感染的系统造成重大损害。蠕虫(Worms)是另一种现在仍然被广泛使用的老式攻击类型。蠕虫的主要目的是通过内部网络或 Internet 从一台计算机传播到另一台计算机,从而传播恶意代码。通过复制自身(例如不断通过电子邮件发送文件),蠕虫会消耗大量的网络带宽,从而对企业网络造成极大损害。蠕虫也可以在计算机上安装后门。用户可以通过安装安全软件、防病毒软件以及更新操作系统来减少蠕虫感染。

2.1.10 恐吓软件

恐吓软件(Scareware)是一种恶意软件,也被称为欺骗软件、流氓扫描器软件或欺诈软件,它以清除计算机感染的名义,欺骗受害者购买安全软件(如杀毒软件和反恶意软件)。例如,用户会在其计算机上看到一条弹出消息,说计算机感染了恶意软件并且应该立即采取行动,去购买一个特殊的反恶意软件解决方案以清理你的计算机。其实这一切都是假的,其套路是哄骗用户购买一些不必要的东西以骗取用户的钱。

2.1.11 分布式拒绝服务

分布式拒绝服务（Distributed Denial of Service，DDoS）攻击是通过许多受操纵的计算机同时向目标计算机（例如服务器）发出大量虚假请求致使其无法响应合法用户的请求。这种攻击的目标一般是诸如银行、购物网站和新闻机构这样的实体。与其他旨在窃取机密数据的攻击不同，DDoS攻击的主要目的是让合法用户无法访问网站和服务器。

2.1.12 提权软件

提权软件（Rootkits）是一种危险的恶意软件，它有可能获取系统管理权限并可以防止正常的检测程序（防病毒和反提权程序）注意到它的存在。一些危险的提权软件在硬件层面实施攻击（例如固件提权软件），清除这种提权软件可能需要更换硬件或专门的修复人员介入。

由于没有单一的安全解决方案可以清除所有已知和未知的提权软件，所以对提权软件的检测是困难的。不过本章后面部分将会介绍许多可以用来清除不同类型提权软件的有效程序。

2.1.13 充电座盗取数据

充电座盗取数据（Juice Jacking）是一种网络攻击，当受害者使用USB数据线将一个设备连接到一个被攻击者恶意修改过的公共充电装置时，攻击者便能复制数据或在受害者的智能手机/平板电脑上安装恶意软件。机场、酒店、购物中心和会议场所都有该类公共充电装置。

2.1.14 Wi-Fi窃听

免费Wi-Fi接入点几乎无处不在。攻击者可以利用这些设备中的漏洞来拦截通过这些设备的所有通信，包括电话、即时消息和视频会议。强烈建议不要在公共场所使用免费Wi-Fi服务，除非使用了具有很强安全性的虚拟专用网（Virtual Private Network，VPN）来保护连接。

2.2 安全软件

在计算机未被恶意软件感染之前安装杀毒软件是非常重要的。拥有防病毒程序是抵御网络攻击的第一道防线。几乎每分钟都会产生新的病毒，杀毒软件就是要不断更新以抵御最新的威胁。

请记住，仅仅在计算机上安装防病毒程序不能提供百分之百的保护。随着现代网络攻击复杂性的增加，通常需要不止一种措施来保护计算机和网络，安装防火墙与安装反病毒程序一样重要。许多杀毒软件都配有内置防火墙。

2.2.1 杀毒软件

一般来说,商业版本的杀毒方案总是比表2-1所列的免费杀毒软件要好,所以这类产品应包括以下的必备特征。

(1) 应该配备内置防火墙。

(2) 应该能扫描电子邮件客户端,比如雷鸟(Thunderbird)和Outlook,并检测网络钓鱼攻击。

(3) 必须能够自动更新,并在计算机被攻击前发现恶意软件。

(4) 应该能够检测诸如提权软件和勒索软件之类的高级恶意软件,以及其他各种恶意软件,如广告软件和间谍软件。

(5) 应该能够保护浏览器免受浏览器漏洞攻击,并具有DNS保护。

(6) 运行时不能消耗大量的处理器资源。

表2-1 免费杀毒软件(这些产品的商业版本可以提供增强的防护功能)

工 具	主 要 特 点	网 址
Avast Free Antivirus	检测并阻止病毒、恶意软件、间谍软件、勒索软件和网络钓鱼。保护浏览器免受网络攻击,保护家庭Wi-Fi连接,内置密码管理器	https://www.avast.com/free-antivirus-download
Comodo Internet Security	功能较多,包括个人防火墙和先进的防御恶意软件功能	https://www.comodo.com/home/internet-security/free-internet-security.php
Avira	防御蠕虫、病毒、特洛伊木马和间谍软件。具有云保护功能,可以实时匿名扫描云上的未知文件进行最大程度的检测	https://www.avira.com/en/free-antivirus-windows

Windows 10系统提供了一个免费的杀毒解决方案Windows Defender。此程序有助于保护计算机免受病毒以及其他诸如提权软件之类恶意软件的威胁,但它的主要缺点是缺少个人防火墙。为了弥补这个缺点,还应另外安装一个免费的专用防火墙。

2.2.2 防火墙

防火墙通过监视和控制传入及传出的网络流量来屏蔽试图通过Internet访问计算机的黑客、病毒和蠕虫。并非所有免费的防病毒解决方案都配备了个人防火墙,但有许多免费的专用个人防火墙可以完成这项工作,表2-2列出的是著名的两个免费防火墙。

表2-2 免费的防火墙

防 火 墙	URL
Comodo	https://presonalfirewall.comodo.com
ZoneAlarm Free Firewall	https://www.zonealarm.com/software/free-firewall/

2.2.3 反恶意程序

网络攻击正在不断发展。网络犯罪分子每天都会写出复杂的恶意脚本和程序,因此反恶意软件解决方案就是要帮助检测出以前常规杀毒软件无法发现的威胁。为了获得最大程度的保护,除了已经安装的杀毒软件外,反恶意软件解决方案也是必备的。

Spybot 的免费版本(https://www.safe-networking.org/dl/)具有反恶意软件和反间谍软件的功能,它可以与杀毒软件一起安装。

另一个著名的检测恶意软件的程序是 Malwarebytes(https://www.malwarebytes.com)。其免费版本除了能够删除提权软件并修复受损文件外,还具有基本的抵御恶意软件和间谍软件的保护功能。它也可以与任何已安装的杀毒程序一起运行。

2.3 保护操作系统

不管操作系统上已经安装了什么安全软件,在安装任何程序、访问本地网络或 Internet 之前,确保操作系统本身的安全仍然是第一要务。有两种类型的风险威胁着操作系统的安全。

(1) 逻辑威胁是指来自恶意软件和其他恶意程序的攻击。

(2) 物理威胁是指攻击者获得物理访问权(例如,通过 USB 接口或其他端口)来执行精心设计的恶意操作。

本章前面已经讨论了如何通过安装安全软件来保护操作系统,那是逻辑安全的一部分。本节将继续讨论操作系统逻辑安全的其他部分,它们与操作系统的配置有关。另外,本节还将讨论物理安全方面的内容。

本书不会深入研究操作系统的安全性,因为那本身就可以形成一本书。本章将主要介绍为了增强操作系统安全性和隐私性所应该做的主要安全配置。重点将放在 Windows 操作系统上,因为这是当今世界上最常用的操作系统。

2.3.1 加固 Windows 操作系统

Windows 操作系统并未被刻意设计成一个安全的、匿名的操作系统。当用 Windows 进行开源情报搜索时,需要避免在网上暴露真实身份。可以按照以下简单步骤将 Windows 配置为具有比较好的私密性。除此之外,利用后面将展示的软件和技术,也可以匿名地进行开源情报搜索并隐藏/隐蔽数字足迹。

⚠️ 注意! 目前已有许多不同的操作系统,例如 MacOS、Linux 和 Windows,另外还有 iOS 和 Android 等移动操作系统。无论使用什么操作系统,都不是完全匿名和私密的。有一些基于 Linux 的特殊发行版本,在上网时可以提供最大程度的安全性和匿名性(如 Tails OS),这会在本章后面介绍。

> ⚠ **警告！** 在进行本章中的系统调整前，先创建一个新的系统恢复点，如果出现问题可以恢复到更改以前的状态。

1. 自动更新 Windows

保持 Windows 操作系统自动更新功能打开。Windows 10 的默认设置是自动更新。

2. 更新所有已安装的程序

Windows 通常会自动更新微软公司提供的程序，例如 Microsoft Office 套件和 IE 浏览器等，此外需要确保其他程序（Adobe Reader、VPN 客户机、Firefox 和 Opera 等）也会定期更新。

3. 使用 USB 驱动器锁定计算机

默认的 Windows 登录身份验证无法为用户提供必要的安全性，许多黑帽黑客已经破解了这一功能，获得未经授权的 Windows 访问。为了添加额外的安全保护，除了默认登录之外，还可以用 USB 驱动器锁定计算机，特别是那些不能使用增强的 Windows 10 功能进行保护的较老版本的 Windows 7 系统或者 Windows XP 系统。

USB Raptor 是一个具有许多高级功能的免费程序，它允许使用 USB 闪存卡锁定计算机。可以在 https://sourceforge.net/projects/usbraptor/?source=typ_redirect 找到这个程序。

4. 使用权限较低的用户账户

进行开源情报搜索时，不需要使用管理员账户。建议在日常任务中总是使用权限较低的用户账户。这将有效地保护计算机避免由于疏忽安装上恶意软件，并防止外部黑客入侵你的系统并安装恶意软件。可以通过 Control Panel→User Accounts 配置 Windows（所有版本）账户。

5. 为 Windows 使用强密码

建议使用强密码保护 Windows 登录，并保证每三个月更改一次密码。本章后面还将介绍如何创建强密码并将其存储在密码管理器中的技巧。

要在 Windows 10（所有版本）下设置密码策略，请按以下步骤操作：

（1）选择 Control Panel → Administrative Tools → Local SecurityPolicy → Security Settings→Account Polices→Password Policy。

（2）双击右侧的 Maximum password age。

（3）Windows 10 会要求用户将密码期限设置为 90 天，可以根据需要设置密码可使用的天数。

6. 保持用户账户控制开启

用户账户控制（User Account Control，UAC）监视对计算机进行的更改操作，当执行需要管理权限的操作（如安装/卸载程序）时，UAC 将显示一个弹出窗口予以提醒。打开 UAC

有助于阻止恶意软件对计算机进行更改。可以通过 Control Panel→User Accounts 调整每个用户账户的 UAC,然后单击 Change User Account Control settings,如图 2-3 所示。

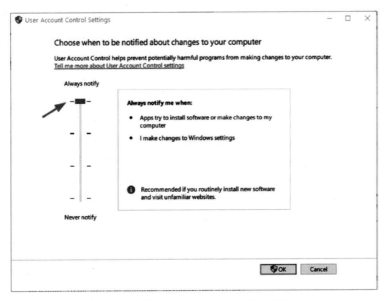

图 2-3　调整 Windows 10 中的 UAC 设置

7．禁用远程协助

远程协助功能允许远程用户通过网络连接访问某一计算机。如果不使用此功能,可以禁用它,以防止黑客利用它未经授权对计算机进行访问。要在 Windows 10 中禁用远程协助,请执行以下步骤,如图 2-4 所示。

(1) 在 Cortana 搜索框中输入 remote settings,并选择 Allow remote access to your computer。

(2) 确保选择了 Don't allow remote connections to this computer 选项。

8．设置隐藏文件可见

一些恶意软件和程序使用与 Windows 隐藏其系统文件相同的方式来隐藏自己。要在 Windows 10 下显示隐藏文件和文件夹,请选择 Control Panel→File Explorer Options 选项,然后转到 View 选项卡,选择 Show hidden files,folders,and drives 选项。此外,请确保取消勾选 Hide Protected operating systems files 选项,并建议取消勾选 Hide extensions for

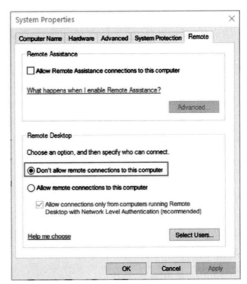

图 2-4　禁用 Windows 10 中的远程连接

known file types 选项来查看文件扩展名。

9. 冻结硬盘

冻结软件允许 Windows 用户在每次计算机重启后几秒内将操作系统恢复到之前的稳定状态。例如，如果已经有一个冻结程序并且被激活，当某个恶意软件攻击了操作系统，这时候只要重启计算机，一切都会回到之前生成冻结程序时的状态。

RollBack Rx 家庭版本（免费个人使用）是一个冻结程序，可以在 http://horizondatasys.com/rollback-rx-time-machine/rollback-rx-home/ 找到它。

10. 设置 BIOS/UEFI 密码

许多针对操作系统和加密软件（全磁盘加密）的网络攻击，是通过使用 USB 或 CD/DVD 启动受害者的计算机来破解加密密钥或者找到窃取受害者敏感数据的方法。通过设置 BIOS/UEFI(Unified Extensible Firmware Interface) 的密码，每次用户引导计算机时，都需要在计算机加载操作系统之前提供某种凭证（即密码）。这个技巧也可以防止攻击者改变 BIOS 设置或者通过清除硬盘数据来破坏计算机。每个主板制造商都有自己的菜单来设置这个密码，通常在 Security 中进行设置。应该首先引导到 BOIS/UEFI，然后激活这个选项。

11. 禁用不必要的端口/协议和服务

每个打开的端口都有可能存在安全隐患。黑客通常会扫描打开的端口以试图进入受害者的计算机。而防火墙的一项任务便是监控通过端口的流量，当正确配置个人防火墙时，它能防止攻击者利用打开的端口进行恶意操作。最好的安全配置是交互模式（在 Comodo 防火墙中，这个规则叫作定制规则集），在这种模式下，防火墙会要求对任何通过 OS 端口的连接进行设置，如果选择授权通过，单击 Allow；否则为拒绝访问，单击 Deny，如图 2-5 所示。

图 2-5 当服务或应用程序试图与远程主机建立连接时，ESET 防火墙发出的警告对话框

与端口一样,应该禁用不必要的服务。Windows 在启动时会加载必要的服务,其他未使用的服务就应该被禁用。

如果要在 Windows 上禁用服务,请执行以下操作。

(1) 选择 Control Panel→Administrative Tools→Services。

(2) 定位要禁用的服务。

(3) 双击打开 Properties 对话框。

(4) 选择 Disabled 作为启动类型。

2.3.2 在 Windows 10 中保持私密

与之前的 Windows 版本相比,Windows 10 配备了针对加密和身份验证的强化安全功能。Windows 10 在防御引导攻击和提权攻击方面也更加健壮了。要使用 Windows 10 提供的最新安全功能,计算机必须配备以下硬件组件。

(1) 可信平台模块(Trusted Platform Module,TPM)2.0 版用于存储 BitLocker 的加密密钥。这是某些 Windows 10 版本提供的一个加密整个磁盘的功能(Windows 10 支持专业版、企业版和教育版的 BitLocker)。

(2) 统一可扩展固件接口(UEFI)是最新认证的,可以替换 Windows 系统中的 BIOS 固件。

(3) 指纹扫描器组件加强了传统 Windows 身份验证模式。

强烈推荐使用视网膜扫描器和 3D 相机面部识别,这样就可以激活 Windows 10 Hello 功能中的高级生物特征身份认证方案。由于这些硬件会大大提高计算机的价格,所以即使在最新的计算机中,这些组件仍然不是常见配置。

Windows 10 通过引入一个名为 Hello 的现代身份验证机制来增强常规的 Windows 身份验证。该应用程序允许用户使用指纹、人脸甚至虹膜登录计算机。根据微软公司的说明,为了使该功能正常工作所需的用户生物特征数据不会存储在任何在线的地方。

强烈建议不要在即将用于开源情报搜索的计算机上使用 Hello 功能。在登录 Windows 时,通常建议使用本地 Windows 账户,因为当通过 Internet 等不安全的媒介发送凭据或其他敏感信息时,无法保证其安全性。

Windows 10 配备了许多新功能以实现个性化的用户体验。例如,Cortana 是一个 Windows 数字助手,允许用户使用语音命令在 Windows 中导航,它还监视用户行为(如用户键盘输入内容以及搜索内容),并据此对以后的事件进行个性化处理。如果要控制 Cortana 对数据的收集和使用,请查看 https://privacy.microsoft.com/en-us/windows-10-cortana-and-privacy,其中包括在不同的 Windows 设备上如何禁止使用 Cortana 的说明。

Windows 10 的多个隐私配置都存储在一个位置,可以通过隐私控制面板对隐私进行设置,按下 Windows key+i 进入 Settings 页面,选择 Privacy,显示如图 2-6 所示,通过隐私控制面板,可以禁用任何不需要的选项。

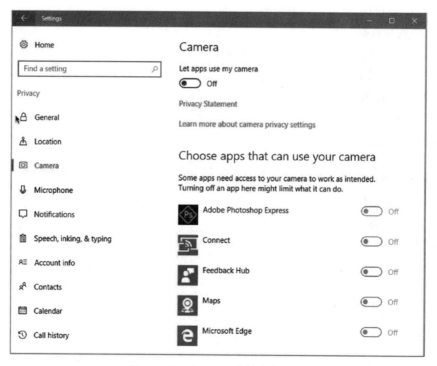

图 2-6　Windows 10 中的隐私配置

建议不要使用 Microsoft Edge 浏览器进行在线搜索，也不推荐用 Skype、Dropbox 和 Microsoft OneDrive 交换重要文件。

2.3.3　销毁数字痕迹

在进行开源情报搜索时，数据销毁是覆盖数字足迹的重要步骤。即使做过多次格式化，数字足迹（先前使用情况）仍然会保留在计算机中。可以使用 3 种方法安全地销毁数据及其残余物：物理销毁、消磁销毁和逻辑销毁。本节将简要地描述每种技术，但在此之前，有必要先介绍一下目前两种用于计算机设备的硬盘驱动器。

（1）硬盘驱动器（HDD）是一种从早期个人计算机以来一直使用的硬盘类型。它是一个机械装置，主要由一个或一组玻璃或铝制成的圆盘片组成，盘片上涂有磁性材料以存储数据。HDD 通常用于大容量存储并且成本比 SSD 要低。

（2）固态驱动器（SSD）是一种更高级的驱动器类型。它不包含任何可移动部件，也没有盘片。相反，它将数据存储在小型微芯片单元上。SSD 比 HDD 更快、更小，但是与 HDD 相比使用寿命要短。

现代计算机（包括所有智能手机和平板电脑）都使用 SSD 作为唯一的存储单元，然而这并不意味着 HDD 将淡出。HDD 是一项成熟的技术，许多研究表明，它将被长期使用。

SSD 和 HDD 在数据恢复方面有很大区别。因为在删除 HDD 上的文件时，该文件并不会被直接删除，而仅仅是删除了磁盘上这个文件的指针，所以任何用户都可以使用适当的工具从 HDD 中恢复数据。系统这样设计有助于加快删除过程，节省宝贵的时间。从 SSD 驱动器中恢复数据是非常困难的，在许多情况下甚至是不可能的。这是因为 SSD 在处理删除文件时使用了不同机制。例如，所有 SSD 都使用了 TRIM 命令，此命令将立即移除已删除的文件数据块，允许另一个文件占用该空间。这可以加快下一次操作系统需要将数据写入驱动器时的写入过程。根据所使用的操作系统的不同，有许多方法可以在 SSD 设备上实现 TRIM。一些操作系统会在每次文件删除后立即执行 TRIM，而另一些操作系统则会定期执行 TRIM。

在使用这两种类型的硬盘驱动器时，使用以下技术可以彻底销毁数据。

（1）物理销毁是情报机构和大型企业在销毁机密和高级数据资产时最安全且是首选的方法。物理破坏存储介质（无论是 HDD、SSD、CD/DVD 还是闪存驱动器）后存储的数据再也不能被使用。

（2）消磁是另一种避免数据恢复的安全技术，它防止从存储介质中恢复数据。其工作原理是将存储介质暴露在具有强磁性的消磁器中，以磁场方式破坏存储的数据。这种技术在 HDD 上工作得很好，但 SSD 设备最好采用物理销毁，以免某些超级机密数据被恢复。

（3）逻辑销毁是最广泛使用的技术，既销毁数据又保持存储介质可以继续使用。该技术通过专用软件生成随机字符数据，并用它们去覆盖需要销毁的数据及其残留数据。目前，已经有许多擦除算法可以用于逻辑销毁数字数据，安全性各有不同。然而，使用逻辑销毁，并不能保证百分之百销毁硬盘上的所有数据。一些基于硬件的高级恢复技术（昂贵又费时）仍然能够捕获所销毁的数据（至少一部分）。因为随机数据逻辑数据销毁技术必须在硬盘的所有可用扇区上多次（重复）写入，其缺点是需要时间来完成这些工作。另外，这种技术要假定硬盘可以工作并且可以将随机数据写入。擦除软件的另一个挑战是如何使用它消除 RAID 技术存储的数据，因为 RAID 技术通过将数据镜像存储到不同物理位置的多个磁盘驱动器上来提供容错能力。在这种情况下，擦除工具需要跟踪并清除存储在服务器上的所有镜像数据。目前已经制定了不同的硬盘数据销毁（逻辑数据销毁）的标准，如表 2-3 所示。

表 2-3 数据擦除算法

擦除技术	安全级别	复写通道
HMG Infosec Standard 5	高	3
DoD 52220.22-M	高	3
Bruce Schneier's 算法	高	7
German standard BSI/VSITR	高	7

清除硬盘数据可以使用不同的程序工具，并且多数程序支持不止一个清除标准。表 2-4 列出了最流行的工具（仅包括免费工具）。

表 2-4 数据销毁工具

编程方式	URL	评价
DBAN	https://dban.org	唯一支持 HDD 的免费版本
Eraser	www.heidi.ie/eraser	开源,支持 SSD
CCleaner	www.piriform.com/ccleaner	驱动清除,Windows 跟踪清理程序
SDelete	https://technet.microsoft.com/en-us/sysinternals/sdelete.aspx	依据 DoD 52220.22-M 标准擦除数据

大多数 SSD 制造商都提供实用程序来安全地删除 SSD 驱动器中的数据,可以在使用的 SSD 驱动器制造商网站上查看这种实用工具,表 2-5 给出了其中一些链接。

表 2-5 SSD 数据擦除工具

工具	URL
Intel Solid State Drive Toolbox	https://downloadcenter.intel.com/download/26574?v=t
Corsair SSD Toolbox	www.corsair.com/en-eu/support.downloads
Samsung Magician	www.samsung.com/semiconductor/minisite/ssd/download/tools.html
SanDisk SSD	https://kb.sandisk.com/app/answers/detail/a_id/16678/~/secure-erase-and-sanitize

在进行开源情报搜索时,销毁数字足迹是非常重要的。浏览器、图像查看软件、Microsoft Office 程序以及其他在计算机上做的任何操作都会留下数字痕迹。如果采用本节给出的建议,可以使数字足迹不容易甚至不可能被追踪到。

警告! 对于那些利用开源情报进行绝密搜索的人员(执法人员和军事人员),如果需要最大可能的匿名化,强烈建议使用匿名操作系统,如 Tails OS,本章后面会进行介绍。

2.4 一般的隐私设置

本节列出了一些上网时可以维护隐私的建议。其中的一些方法虽然很烦琐,但严格遵循这些方法是很重要的。如果不这样做,一旦隐私被外部入侵者利用,将会带来严重损害。

2.4.1 覆盖计算机的摄像头

黑客和情报机构在锁定特定目标时,会设法控制其计算机的摄像头和麦克风。因此,出于安全考虑,建议使用胶带覆盖网络摄像头。

2.4.2 避免使用盗版软件

盗版软件可能含有恶意代码和数据，如木马或键盘记录程序，它们会侵犯用户隐私和监视计算机。这里强烈建议不要访问发布非法内容的盗版网站，如 Torrent 种子网站。

如果喜欢使用从 Internet 下载的免费软件程序，那么在执行安装程序前，最好使用防毒软件进行扫描。为了更有保障，可以使用多种反病毒软件扫描下载的程序。

VirusTotal(https://www.virustotal.com)是一个免费服务，它可以分析可疑文件和网站链接，方便快速检测病毒、蠕虫、木马和各种恶意软件。输入想要检查的网址或者上传需要扫描的文件/程序，便可以清楚地看到是否有恶意软件的威胁。

2.4.3 处理数字文件的元数据

元数据是用来描述数据的数据，它包含存储数据的文件的有关描述性信息（通常是隐藏信息）。数字文件的元数据包括作者姓名、文件大小、位置、创建日期/时间和注释。

从概念上讲，所有数字文件类型都可以包含元数据。从隐私的角度来看，用户主要关心的是存在于数字图像、音频文件和视频文件中的元数据。Microsoft Office 和其他字处理软件所创建的文件也包含丰富的元数据。元数据通常存储在数字文件中，但是有些文件类型则将元数据存储在单独的文件中。

存在于图像文件里的一种元数据是可交换图像文件格式（EXchangeable Image File format，EXIF）。它是一个规范图像、声音及辅助标签的存储格式标准，这些元数据用于描述由数码相机（包括智能手机）、扫描仪和其他处理系统生成的图像文件的一些属性。EXIF 数据一般嵌在图像文件中，并且只能保存在 JPEG 图像中。EXIF 元数据除了包含大量的技术信息外，还可以包含地理位置等数据。

其他类型的元数据包括可扩展元数据平台（eXtensible Metadata Platform，XMP）标准。它不限于图像文件，可以支持不同的数字文件类型。还有一种是国际新闻电信理事会（IPTC）标准，这是一种较老的元数据格式。

在将数码文件上传到 Internet 或与同事共享之前，建议先检查这些文件的元数据，以避免泄露有关自己或设备的隐私信息。有许多免费软件工具可以查看和编辑数字文件的元数据，首先介绍数字图像的元数据。

Exif Pilot(www.colorpilot.com/exif.html)是一个免费的 EXIF 编辑器，允许查看、编辑和删除 EXIF、EXIF GPS、IPTC 和 XMP 数据，此外还可以添加新标签，在文本和 Microsoft Excel 文件中可以导入和导出 EXIF 和 IPTC 数据。

GIMP(https://www.gimp.org)和 XnView(www.xnview.com/en/)也可以用于查看图像文件的元数据，它们在用于私人和教育时是免费的，如图 2-7 所示。

Windows 自带一个内置功能，允许查看和删除一些与文档和数字图像相关的元数据。但是，Windows 可能无法删除所有 EXIF 元数据。因此，如果打算共享重要文件，请始终使用前面建议的第三方工具。

图 2-7 使用 XnView 工具查看 EXIF 标记

要使用 Windows 删除 EXIF 元数据，右键单击图像，选择 Properties，然后转到 Details 选项卡。在底部，单击 Remove Properties and Personal Information 打开 EXIF 删除工具。该工具允许创建删除了所有元数据的图像副本文件，或者从所选文件中选择删除一些属性，如图 2-8 所示。

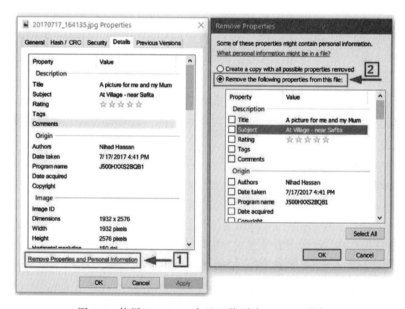

图 2-8 使用 Windows 内置函数删除 EXIF 元数据

如前所述,元数据也存在于 PDF 文件、Microsoft Office 文件以及音频和视频文件中。下面将简要介绍一些有用的工具,帮助清除这些类型文件中的元数据。要清除 PDF 文件中的元数据,Adobe Acrobat Reader 提供了 Sanitize Document 功能。单击该选项后,就可以从待处理的 PDF 文件中删除所有隐藏的元数据,如图 2-9 所示。

图 2-9　清除 PDF 文件元数据

⚠ 注意!　并非所有版本的 Adobe Acrobat Reader 都支持清除元数据功能。如果使用的版本没有提供此功能,可以使用第三方工具来删除 PDF 文件中的元数据,如 BeCyPDFMetaEdit(www.becyhome.de/becypdfmetaedit/description_eng.htm)或 PDF Metadata Editor(http://break-by.me/pdfmetaa-editor)。

要查看、编辑和删除音频文件的元数据,请使用 Mp3tag(www.mp3tag.de/en)。对于视频文件的元数据,可以使用 MediaInfo(https://mediaarea.net/en/MediaInfo)。

要从 Microsoft Office 2010、2013 和 2016 文档中删除元数据,可以选择 File,然后转到 Info 选项卡,就可以检查文档的元数据。如图 2-10(a)所示,单击 Properties 按钮并选择 Advanced Properties 就可以查看如图 2-10(b)所示的属性,并可删除文档的元数据。

在 Microsoft Office 2007 中,单击 Microsoft Office 按钮,然后选择 Prepare→Properties 可以编辑文档的元数据。

向外部发送 Microsoft Office 文档时需要考虑的另一个问题是删除其他隐藏的元数据。

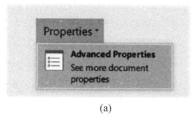

图 2-10 删除 Microsoft Office 文档的元数据

Microsoft Office 提供了删除隐藏元数据的功能。在 Microsoft Word 2010、2013 和 2016 中,选择 File→Info→Check for Issues→Inspect Document 可以调用此功能。在 Microsoft Word 2007 中,单击 Office 按钮并选择 Prepare→Inspect Document 即可调用此功能。

2.4.4 物理上保证计算机的安全

如果计算机或硬件(或便携式设备)被盗或在无人看管的情况下遭到未经授权的物理接触,那么前面讲的维护个人隐私的各种预防措施就都无济于事了。所以为企业或政府服务,收集开源情报信息来调查犯罪和其他官方问题的人应该格外小心,尽量避免由于丢失包含机密信息的硬件设备而泄露正在处理的案件的任何信息。企业和政府机构有专门的政策来量化评估 IT 基础设施的风险及其可能的后果,此外还会制定必要的保护措施来降低风险。如果适用的话,这些单位的用户应该遵循这些保护措施。

个人也会受到物理威胁。盗窃和硬件缺陷会阻止用户访问其存储在设备上的数据,甚至向未经授权的用户泄露这些数据。例如,无人看管的笔记本电脑,如果没有电缆锁保护就可能很快被盗。要保护移动设备,请使用以下方法。

(1) 在公共场所使用笔记本电脑时,使用一个可以连接到重物(例如,花园中的书桌、柱子)的笔记本电脑防盗缆锁进行保护。

（2）便携式设备放在办公室时，离开办公室时要锁门。

（3）未经许可，不要将工作中的敏感文件存储在计算机上，如果要在设备上存储此类数据，请确保对敏感文件进行加密。

（4）在没有适当加密的情况下，不要把个人数据以及其他敏感数据存储在移动设备上。

（5）使用密码保护移动设备以免受遭到未经授权的访问。

（6）不要在公共场所开启蓝牙连接，如果确实要开启，可以短时间内开启蓝牙连接以便接收或发送紧急文件，然后关闭。

（7）不使用 Wi-Fi 时，关掉它。使用公共热点时要小心，在使用不安全的 Internet 连接时要用 VPN 加密连接。

（8）记录便携式设备的制造、型号、序列号、MAC 地址和其他相关信息，以防被盗。

2.5 在线跟踪技术

网络跟踪是对用户上网时的网络浏览行为进行记录。不同群体进行在线跟踪的目的是不同的，例如，社交网站可以在许多网站上跟踪用户，这些信息最后可以与每个用户的社交平台账户（例如 Facebook 账户）相关联，用来推送个性化的广告和服务。

本节将介绍在线跟踪技术的工作原理。这些知识对理解如何隐藏身份以避免在进行开源情报搜索时被跟踪是至关重要的。

2.5.1 IP 地址跟踪

首先需要理解的技术概念是网络协议（IP）。了解这个概念以及设备如何连接到 Internet 是很关键的，大多数匿名技术的工作原理都是通过隐藏真实 IP 地址来避免被跟踪。如果不了解数字世界的 Internet 设备是如何连接的，就无法保护数字隐私。

1. 什么是 IP 地址

IP 地址是一个唯一的地址，计算机使用它来标识自己并连接到网络，从而与 IP 网络中的其他设备进行通信。这个地址对于 IP 网络中的每个设备是唯一的，因此在网络中，两个设备不可以拥有相同的地址。

目前，可以使用的 IP 地址标准有两种。其中，IPv4 标准应用较广泛，它可以容纳最多 43 亿个地址。显然，这个数量是不够的，特别是随着物联网（IoT）设备对 IP 地址的爆炸式使用。这一事实催生了 IPv6 标准，它可以容纳比 IPv4 多 7.9×10^{28} 倍的地址。

当连接到 Internet 时，可以每次使用相同的 IP 地址（称为静态 IP），也可以每次使用不同的地址（称为动态 IP）。

静态 IP 地址是由 Internet 服务供应商（Internet Service Provider，ISP）分配的地址，不会随时间发生改变。这种地址通常被商业公司、公共部门和其他 IT 服务供应商使用（如电子邮件服务供应商）。

而动态 IP 地址是由 ISP 在每次连接到 Internet 时动态分配的。它使用动态主机配置协议(Dynamic Host Configuration Protocol, DHCP)，每次重新与 Internet 连接或重新启动路由器时，DHCP 服务就会分配新的 IP 地址。

⚠ **注意！** 要确定分配的 IP 地址是静态地址还是动态地址，可以使用命令进行查看。在 Windows 10 中，按下 Windows+X 键，单击 Command prompt(admin)，输入 ipconfig/all，然后按 Enter 键。找到当前网络连接下包含 DHCP Enabled 的行，如果 DHCP Enabled 设置为 Yes，如图 2-11 所示，那么使用的是内部动态 IP 地址。

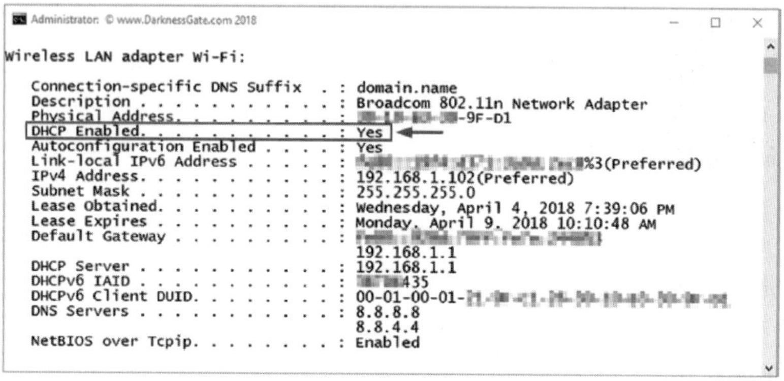

图 2-11 计算机使用的是动态 IP 地址

IP 地址有两种类型：公网 IP 地址和本地 IP 地址。公网 IP 地址允许直接访问 Internet。本地 IP 地址是一个内部网络上使用的非面向 Internet 的 IP 地址，这是给家庭或办公室网络设备分配的私有号码，以免这些设备直接在 Internet 上公开。例如，将拥有的一个公网 IP 地址分配给办公室网络上的路由器，而连接路由器(通过有线连接或 Wi-Fi)的每台计算机、平板电脑、智能手机和外围设备都可以通过 DHCP 从路由器获得一个本地 IP 地址。

⚠ **注意！** DHCP 是一种在 IP 网络上使用的网络协议。它的工作原理是根据预先配置的地址池动态地将 IP 地址分配给一批请求连接的主机。

2．如何使用 IP 地址进行在线跟踪

在访问网站、进行在线搜索或访问社交网站账户时，所连接的网站就可以查看连接者所用的 IP 地址。几乎所有的网站都会记录访问者的 IP 地址，包括访问日期/时间、访问的页面和停留时长、用户在网站上的操作等。根据 IP 地址就可以计算出访问者当前大致的地理位置。

同时，ISP通常会记录用户的浏览历史，并将其与每个用户的真实身份连接起来（ISP通常会要求一个有效的政府颁发的身份ID才能为其客户提供Internet连接）。

像Facebook和Twitter这样的社交网站可以在许多网站上追踪用户的浏览历史。例如，Facebook的Like和Share按钮和Twitter的Tweet按钮可以被用于跟踪用户的在线活动，即使用户并没有点击它们。所有这些信息都存储在一个单独的日志中并关联到每个用户的社交平台（Facebook、Instagram或Twitter）ID上，以便随后更好地针对用户推送定制广告。存储这样的日志是危险的，因为所有的Web搜索和Web行为历史记录都与用户的真实姓名相关联。维基解密披露的许多信息都提到，情报机构拥有不同的手段来访问这些IT巨头的用户信息。大型企业也对这类数据感兴趣，因为可以利用这些数据为其获取商业利益。这意味着所有的详细敏感信息都会以这样或那样的方式暴露出来。

尽管通过IP地址跟踪在线用户仍然是不同参与者使用的最普遍的方法，但还有其他一些高级技术允许追踪者在不知道用户IP地址的情况下跟踪用户的在线活动。

2.5.2 Cookie

Cookie是小型文本文件，通常存储在运行浏览器的客户端计算机上。一个Cookie文件包含与客户端计算机有关的特定信息、访问的网站名称、失效日期以及可以将该客户端的用户与其他访问者区分开来的一个用户ID号。Cookie允许网站所有者在访问者下一次访问时能够识别出该访问者的浏览器，从而允许网站有效地针对不同访问者提供定制化的上网体验。

目前已经在使用的Cookie主要有两种类型：会话性Cookie和持久性Cookie。

会话性Cookie存储在客户机浏览器的临时文件夹中，当用户关闭Web浏览器或退出当前会话时，会话性Cookie将被删除。此类Cookie通常用于记住用户购物车信息或存储多个页面之间交换的数据。

⚠ 注意！ 大多数网站植入会话性Cookie来跟踪网站访问者或记住用户的凭证。这类Cookie比持久性Cookie的风险要小，可以使用标准浏览器功能Remove Cookies将其安全删除。

持久性Cookie主要有两种类型：Flash Cookie和ever Cookie。持久性Cookie比会话性Cookie保持时间更长并且包含来自其他网站的信息，这些信息可以用于跟踪用户在多个网站上的在线活动。Flash Cookie存储在客户机硬盘驱动器的特定文件夹中（而不是像会话性Cookie那样存储在客户机浏览器的临时文件夹中）。换句话说，当使用浏览器中标准的Remove Cookies功能时，这些Cookie无法被删除。出于安全原因，强烈建议禁用这种Cookie并删除当前已经安装的这类Cookie。可以通过Control Panel→Flash Player并选择Block all sites from storing information on this computer选项来实现这一点，如图2-12所示。

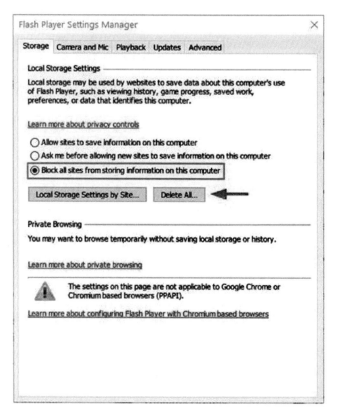

图 2-12　设置 Flash Player 管理器禁用 Flash Cookie

⚠ 注意！　FlashCookiesView（www.nirsoft.net/utils/flash_cookies_view.html）是 NirSoft 公司开发的一个实用程序，可以显示系统中存在的 Flash Cookie 清单并删除。

ever Cookie 是另一种持久性 Cookie。这种类型的 Cookie 是基于 JavaScript 的 Cookie，即使用户从计算机中删除了 Flash Cookie，ever Cookie 仍然可以存活。幸运的是，目前已经有一些浏览器和反恶意软件应用程序能够检测并阻止 ever Cookie。

⚠ 注意！　建议禁用 Java 插件，或者将其设置为最高安全级别。选择 Control panel→Java，然后转到 Security 选项卡，选择 Very high 选项。

2.5.3　数字指纹跟踪

浏览器指纹是一组有关客户端操作系统和浏览器的技术信息集，它可以用于识别客户端的类型。这些技术信息包括浏览器类型、安装的插件、用户代理、安装的字体、语言设置、时区、屏幕大小、操作系统版本和显卡的色彩位数等。

指纹跟踪使得追踪者可以跟踪用户设备(即使其禁用了 Cookie 和 JavaScript),它还允许追踪者在网上数百万连接设备中识别出某个客户端设备。这些技术信息虽然是通用的,但也可用于识别特定的用户设备。当这些信息拼凑在一起时,就可以对每个用户设备绘制一个综合的唯一画像。然后,如果将这些信息与其他敏感个人信息(如姓名、社会保险号或电话号码)组合在一起,就可以关联到一个真实的身份。这将允许追踪者轻松地对人物进行精准画像,而无须使用传统的 IP 地址和 Cookie 跟踪技术。

有两种主要类型的设备指纹跟踪:基于脚本的技术和 Canvas。

1. 基于脚本的指纹跟踪

这种类型指纹跟踪的工作方式是将脚本(通常是 JavaScript,也可以是 Flash、Silverlight 和 Java applet)加载到用户的浏览器中。该脚本将执行并收集有关用户浏览器和计算机的技术参数信息,如屏幕分辨率、CPU 类型和目标系统的其他详细信息。然后对收集到的信息进行散列计算,其散列值可以像 IP 地址一样用于识别和跟踪用户计算机。

针对这种技术的主要防御措施是禁用浏览器中的 JavaScript,然而这种方法是不现实的,因为可能会导致用户无法浏览许多网站(大多数 Web 设计框架都基于 JavaScript 提供功能)。

2. Canvas 指纹跟踪

Canvas 是一个 HTML 元素,用于使用 JavaScript API 在 Web 页面上绘制图形(线条、形状、文本、图像)和动画。这项技术被不同的追踪者使用,尤其是广告公司,可以利用这种指纹跟踪浏览器,进而对上网者进行精准画像并在线跟踪他们。

Canvas 指纹跟踪的工作原理是在用户的客户端浏览器上绘制一个不可见的图像。一旦在客户端浏览器上绘制完成,该图像将收集关于用户浏览器和操作系统的各种技术信息,然后根据收集到的信息创建散列。每个用户客户端的散列值都是唯一的,这使得在线跟踪者能够根据该散列值跟踪用户在不同网站上的在线活动。

浏览器指纹跟踪是一个在许多网站上追踪用户的强大工具。这种类型的追踪(也称为无状态跟踪)引发了严重的隐私问题,因为它很难被检测到,并且不熟悉计算机的用户可能很难对抗这种技术。

2.5.4 HTML5

HTML5 是 HTML 的最新版本,它提供了一些新功能,可以用来在线跟踪用户。例如,HTML5 Web Storage 特性可以在用户设备上存储离线内容,因此可以像 Cookie 那样存储用于跟踪的代码。

2.5.5 检查数字足迹

目前,指纹跟踪被认为是用户上网时的最大风险。在没有完全理解这种风险并努力避免它的情况下，最好不要进行开源情报搜索。使用下面的两项免费服务，可以检测哪些数字足迹已经暴露给公众了。

1. Browserleaks

Browserleaks（https://browserleaks.com）是一个网络安全测试工具，通过这个工具，可以确认上网时哪些个人身份数据在未经许可的情况下可能会被泄露。

2. Panopticlick

Panopticlick（https://panopticlick.eff.org）是由电子前沿基金会（https://www.eff.org/）创建的一个研究项目，它可以分析浏览器以及插件并确保免受在线跟踪技术的攻击。

2.6 在线安全浏览

前面已经介绍了浏览器会怎样泄露有关的个人标识信息。本节将会介绍如何将浏览器配置得更加私密，并且提供建议和工具来隐藏真实的数字指纹。

桌面浏览器有很多，目前市场份额主要被 Microsoft Internet Explorer（IE）、Firefox、Safari、Opera 和 Google Chrome 瓜分。尽管 IE 和它的后继者 Edge 是预装在 Windows 操作系统上的，但我们还是鼓励用户使用开源软件，以确保在线工作时的最高安全性。Firefox 被认为是所有提到的主流浏览器中唯一真正的开源浏览器，因此接下来将讨论如何使 Firefox 更加具有私密性。

⚠️ **注意！** Epic 浏览器是由一个名为 Hidden reflex 的组织开发的，旨在全球推动隐私保护。这个浏览器基于 Chromium 内核（与 Google 的 Chrome 浏览器类似），并提供强化的安全特性来消除在线跟踪隐患。它还提供了一个免费的内置 VPN 来隐藏 IP 地址并保护网络通信。可以通过下列链接来试用：https://epicbrowser.com/index.html。

接下来将给出使用 Firefox 时保证在线浏览安全的基本技巧，可以将 Firefox 配置得更加私密。

2.6.1 开启私密浏览

在 Firefox 中启用私密浏览功能时，浏览器将不会记录访问的页面、Cookie、临时文件以及搜索历史。Firefox 也会启动追踪保护，这能阻止在线追踪者监视跨站浏览历史。要想在 Firefox 中启用私密浏览功能，可以打开 Firefox 浏览器，按组合键 Ctrl＋Shift＋P，这时会出现一个隐私浏览窗口，如图 2-13 所示。

2.6.2 将 Firefox 配置得更加私密

通过微调可以将 Firefox 设置得更加私密。通过单击浏览器右上角的菜单并选择

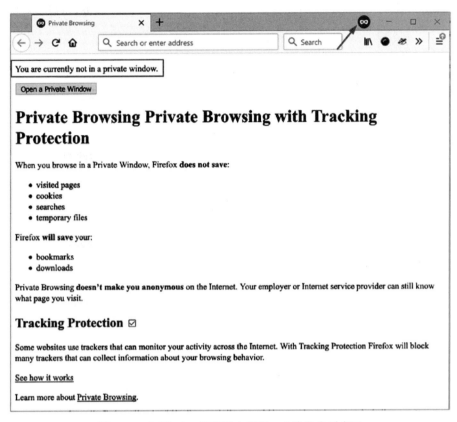

图 2-13　在 Firefox 浏览器中打开一个隐私会话窗口

Search 来访问 Firefox 选项,如图 2-14 所示。

图 2-14　使用匿名安全搜索引擎,不让它追踪用户在线活动

转到 Privacy 选项卡,在隐私窗口中选择 Use Tracking Protection in Private Windows 选项。现在,转到同一页面的 History 部分,选择 Never remember history 选项,这样 Firefox 就会在每次关闭时删除所有的历史记录。最后,转到 Location Bar 部分并禁用搜索栏中的所有提示选项,因为提示过程可能会泄露过多有关的数据。Privacy 选项卡如图 2-15 所示。

移动到 Security 选项卡并进行配置,如图 2-16 所示。

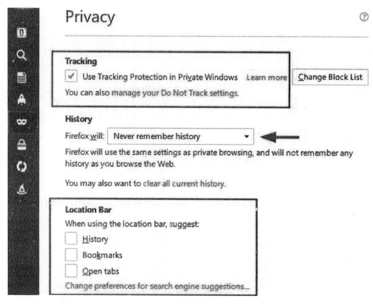

图 2-15　在 Firefox 浏览器中配置 Privacy 选项卡获得更好的隐私保护

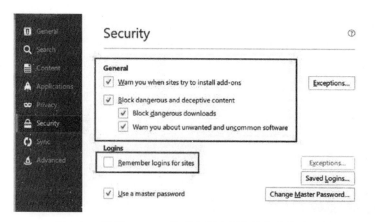

图 2-16　配置 Security 选项卡阻止网络钓鱼和危险网站

打开 Privacy & Security→Firefox Data Collection and Use，禁用以下选项：Allow Firefox to send technical and interaction data to Mozilla，Allow Firefox to send backlogged crash reports on your behalf。这一步使用的 Firefox 版本是 Firefox Quantum edition-version 61。崩溃报告可能包含有关计算机状态的有价值数据，如果这些数据错入他人手中，可能会受到攻击，因此最好禁用它们。

接下来转到 Network 子选项卡，并确保选择了 Tell me when a website asks to store data for offline use 选项。这可以防止网站在计算机中植入追踪代码。

现在已经完成了对 Firefox 的基本参数的设置，使其具备了更好的隐私保护特性，接下来需要转向高级设置来继续工作。请在浏览器的 URL 地址栏中输入 about：config 来访问 Firefox 高级设置页面。这时会出现警告消息，单击按钮 I accept the risk！，进入高级设置面板。

要访问特定的设置，需要在页面顶部的搜索框中输入它的名称。首先，更改第一个名为 browser.formfill.enable 的设置，把它设为 false（双击可更改设置值），这样可以强制 Firefox 忘记以前填过的表单信息，如图 2-17 所示。

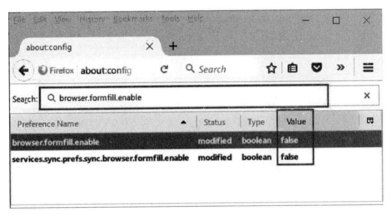

图 2-17　在 Firefox 中访问高级设置页面并禁用表单历史记录

现在以同样的方式，更改以下设置。

（1）将 browser.cache.disk.enable 设置为 false。
（2）将 browser.cache.disk_cache_ssl 设置为 false。
（3）将 browser.cache.offline.enable 设置为 false。
（4）将 dom.event.clipboardevents.enabled 设置为 false。
（5）将 geo.enabled 设置为 false。
（6）将 network.cookie.lifetimePolicys 的值设定为 2。
（7）将 plugin.scan.plid.all 设置为 false。

这些高级配置将"加固"Firefox，使网上追踪者更难以跟踪你的活动。2.6.3 节将讨论增强隐私保护的附加组件，这些附加组件可以进一步保护 Firefox，并对抗在线追踪和用户画像。

2.6.3　Firefox 隐私扩展

表 6-2 给出了一些较好的 Firefox 扩展软件，它们有助于维护在线隐私。请注意，有些附加组件供应商可能会欺骗用户，在未经用户同意的情况下，收集有关浏览习惯甚至个人信息等隐私数据。因此，强烈建议避免安装未在本节中提到的附加组件。如果今后（在出版本书之后）出现了一个新的可靠的附加组件，请确保它来自一个信誉良好的可信开发者，并且仅从 https://addons.mozilla.org 下载安装它。

表 2-6 Firefox 浏览器隐私附加功能

扩展软件	作用	URL
HTTPS Everywhere	加密与大多数主要网址的通信，确保浏览器更安全	https://www.eff.org/HTTPS-EVERYWHERE
Privacy Badger	屏蔽监视广告和不可见追踪	https://www.eff.org/privacybadger
uBlock Origin	根据用户定义规则进行内容屏蔽	https://addons.mozilla.org/en-US/firefox/addon/ublock-origin
Random Agent Spoofer	在用户定义时间间隔内完成完整的浏览器配置文件（从真实的浏览器）	https://addons.mozilla.org/nn-no/firefox/addon/random-agent-spoofer/

2.6.4 对抗数字指纹跟踪和浏览器泄露

前面已经介绍了很多有关如何使 Web 浏览器更好地抵抗指纹跟踪方面的信息。尽管有了这些技术，也不能保证通过技术解决方案可以百分之百阻止这种隐私侵犯。最好的解决方案是使用新安装的 Firefox 浏览器来访问 Internet。如果要想更加隐蔽，请把 Web 浏览器安装在虚拟机中，这同时也可以隐藏当前机器的硬件和软件配置。当然，仍然需要使用 VPN 来加密连接并隐藏 IP 地址。

2.7 保证网络通信安全

本节将展示如何使用不同的技术来隐藏真实的 IP 地址，并对连接进行加密，从而使其难以被拦截。请注意，术语私密/隐私（Privacy）不同于匿名，尽管它们在许多方面是相互关联的。因此，从私密的角度来说，VPN 和代理服务器将有助于屏蔽流量，外部观察者可以看到有来自某计算机的流量，但他们无法看到正在传递什么内容（例如，ISP 和政府无法查看你正在访问哪些网站）。此外，访问的所有网站以及正在使用的应用程序都不会看到使用者真实的 IP 地址。在匿名的情况下，外部观察者不会知道连接的来源，因此，他们不知道在线活动是来自于谁。隐私和匿名对任何开源情报分析人员都是重要的，在开始本书其余部分的开源情报工作之前应该充分地理解它们。

2.7.1 VPN

VPN 允许用户通过 Internet 建立从网络中的一个站点到另一个站点的安全连接，如图 2-18 所示。VPN 被广泛用于企业访问远程站点，同时保证敏感数据的私密性。VPN 还向用户提供匿名 IP 地址，让他们看起来像是在另一个地方，这样他们就可以避免审查并与他人私密地分享文件。如今，VPN 对于在上网时注重隐私的任何人来说都是必备的。

VPN 供应商提供不同的功能。在选择 VPN 供应商时应该关注以下特性。

（1）不要从基于以下国家的 VPN 供应商购买：美国、英国、澳大利亚、新西兰、加拿大、丹麦、法国、荷兰、挪威、比利时、德国、意大利、西班牙、以色列、瑞典、俄罗斯、伊朗等国家。

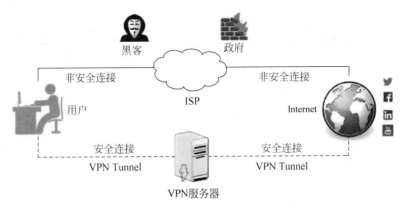

图 2-18　VPN 的工作原理（来源：www.darknessgate.com）

最好的是位于瑞士且遵循其司法管辖的 VPN 供应商。

（2）VPN 供应商必须有自己的域名服务器，它还必须支持域名系统泄露保护（下面将详细介绍）。

（3）VPN 供应商最好支持用 OpenVPN 软件作为连接 VPN 的客户端软件。OpenVPN 软件是一个开放源码程序，任何人都可以对其进行审计，以确保它没有任何后门。

（4）它应该接受比特币、礼品卡、借记卡和现金等匿名支付。

（5）最好同时支持多种设备，这样就可以保护平板电脑和智能手机数据，而不只是笔记本电脑或个人计算机。

（6）不需要很多烦琐的设置，只要设置用户名和密码就足够了。

注释！　如果最终目的是只是匿名以及可以合理地隐藏网上活动，可以使用 Tor 浏览器来替代 VPN。

2.7.2　代理

代理服务器是介于用户计算机和 Internet 之间的中间计算机。企业使用代理过滤内容，并通过代理将企业本地网络与 Internet 分离来提供一定程度的安全性。有不同种类的代理，常用的是 Web 代理，大多数 Internet 用户在使用代理这个术语时指的就是 Web 代理。它的主要功能是从 Internet 上获取在线资源后将它们转发到用户计算机上，无论这个资源是网页还是文件。它们通过将用户计算机的真实 IP 地址更改为代理服务器的 IP 地址来提供匿名性，如图 2-19 所示。

网上有许多免费的代理服务器，但是这里强烈建议不要使用这种服务。免费代理通常会在浏览器中显示广告，这可能会引入恶意软件或其他跟踪脚本，而如果用户单击了广告中

图 2-19　代理服务器工作原理（来源：www.darknessgate.com）

的恶意链接，这些脚本就可能会感染或危害计算机。此外，大多数免费代理都不够安全，无法信任它们来处理和传输关键数据（例如信用卡详细信息和账户密码）。

2.7.3　DNS 泄露测试

使用 VPN 和其他匿名服务并不能确保 Web 浏览历史不被泄露。有时候，即使使用了 VPN 来保护连接，仍然可能会发生连接泄露，并在不知情的情况下泄露真实 IP 地址。如果计算机的部分网络流量（主要是指 DNS 流量）没有通过正在使用的匿名服务器的安全通道路由时，也就是没有通过 VPN 路由时，就会发生这种泄露。因为这些流量被导向到 ISP 的 Internet 服务器，如图 2-20 所示。这样用户即使使用了 VPN，它们也有可能监视和记录用户完整的 Web 浏览历史。

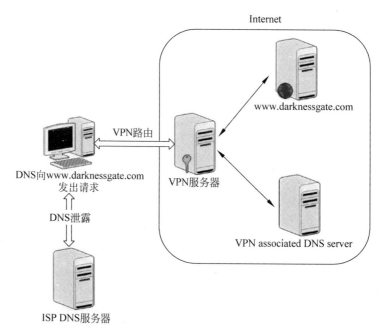

图 2-20　域名系统泄露是如何发生的（来源：www.darknessgate.com）

为确保 VPN 供应商不会受此风险影响，强烈建议在连接到 VPN 供应商后直接测试连接，方法如下。

(1) 访问 https://www.dnsleaktest.com。

(2) 将看到两个按钮和当前的 IP 地址。第一个按钮被标记为 Standard test，第二个按钮是 Extended test。单击第二个按钮查看详细结果。

详细结果页面将显示所有 DNS 服务器（及其位置）的列表，这些服务器用于将输入的网站链接解析为 IP 地址。如果这些服务器中有任何一台与 VPN 供应商无关，就意味着连接正在泄露有关信息。

信誉良好的 VPN 供应商有一个连接泄露预防机制。但是，用户需要确保 VPN 供应商已经自动启用了此功能。

警告！　如前所述，一定要进行 DNS 泄露测试，以确保 DNS 流量通过 VPN 加密通道，而不是通过 ISP。

2.8　匿名上网

在网上收集开源情报资源时，保持完全匿名是至关重要的。VPN 允许屏蔽 IP 地址，并对出入计算机的内容进行加密。然而，VPN 供应商可以直接拦截用户所有的通信。对于关键任务，建议使用匿名网络（例如，Tor、I2P 和 Freenet）。这可以确保在网上冲浪或发布信息时隐藏身份。

2.8.1　使用 Tor 网络

Tor 是目前 Internet 上流行的匿名网络，它主要由以下两部分组成：在用户计算机上运行的匿名上网软件以及构成 Tor 网络的一批志愿者计算机，用户网络流量通过这些志愿者计算机进行中继传输。

Tor 允许用户在网络传送前对数据和目标 IP 地址都进行加密，然后再通过由多个中继节点（在任何给定时间都不少于 3 个节点）组成的虚拟线路进行传输，从而实现高级别的在线匿名性。每个中继节点只解密部分数据到线路的下一个中继节点，并将其余的加密数据传送到下一个中继节点。下一个中继节点执行相同的功能，直到消息到达最后一个节点，称为出口中继节点（exit relay）。出口中继节点仅解密数据而不暴露源 IP 地址，并将其发送到目的地，如图 2-21 所示。

注意！　节点这个术语用于描述作为 Tor 网络中继传输成员的任何服务器。有时人们用不同的术语称谓节点，如服务器、中继或路由器。

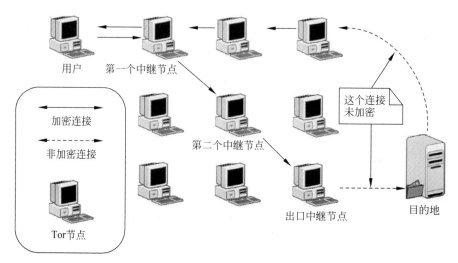

图 2-21 Tor 网络工作原理

当使用 Tor 网络实现位置隐匿时,它使用中继出口节点的 IP 地址,而不是用户的真实 IP 地址作为源 IP 地址,这可以有效地隐藏用户的在线身份。

1．Tor 浏览器

要访问 Tor 网络,请从 https://www.torproject.org/projects/torbrowser.html.en 下载 Tor 浏览器。Tor 浏览器是一个经过安全加固的 Firefox 浏览器,它不需要在客户机上安装,可以直接从 USB 移动存储设备上安全地运行。它附带的 Tor 软件允许用户在启动浏览器时透明地访问 Tor 网络,不需要任何额外的配置,如图 2-22 所示。

请注意,只有使用 Tor 浏览器去访问网站才会经过 Tor 网络路由进行匿名访问,而已经安装在设备上的其他浏览器和应用程序并不使用 Tor 网络。

2．隐藏 Tor 浏览器的使用

使用 Tor 浏览器时需要考虑如何对 ISP 隐藏 Tor 浏览器的使用。这一步很重要,因为在一些国家使用 Tor 浏览器被认为是可疑的,甚至是非法的,一些国家和 ISP 可能会禁止接入 Tor 网络。这会给新手用户使用 Tor 浏览器带来很多困难。

虽然存在多种技术手段可以检测 Tor 浏览器的使用。但本节将介绍一些可以很大程度上隐藏 Tor 浏览器使用的技术,从而使其很难被检测到。

1) 使用 VPN

一般可以使用 VPN 服务向 ISP 隐藏 Tor 网络的使用情况。VPN 将在用户计算机和 VPN 服务器之间创建一个加密通道。VPN 连接建立后,再启动 Tor 浏览器,就可以在很大程度上实现对 ISP 的隐藏。

2) 使用 Tor 网桥

网桥中继节点(或简称网桥)是那些没有列在 Tor 主目录中的中继节点。网桥被认为是 Tor 网络的入口节点。由于不存在包含所有网桥的公开列表,所以即使 ISP 可以过滤掉

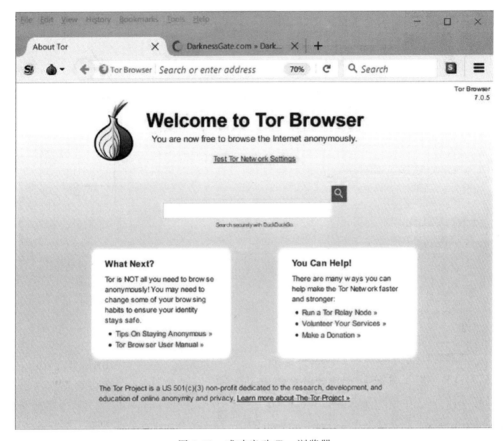

图 2-22　成功启动 Tor 浏览器

对所有已知 Tor 节点的连接，它也可能无法阻塞所有网桥桥接。

使用 Tor 网桥可能无法完全保证 ISP 不会检测到 Tor 浏览器的使用，但是 ISP 需要复杂的技术才能发现 Tor 浏览器的使用。可以用下面两种方法获得 Tor 网桥。

（1）访问 https://bridges.torproject.org/bridges，获取网桥。

（2）发送一封电子邮件到 bridges@torproject.org，邮件正文中有一行 get bridges。必须通过以下电子邮件供应商发送此邮件：Riseup、Gmail 或 Yahoo。

通过以下步骤配置 Tor 浏览器后即可使用 Tor 网桥。

（1）首先启动 Tor 浏览器，在 Tor 浏览器连接之前，单击 Open Settings 按钮，如图 2-23 所示。

（2）在出现的 Tor 网络设置窗口，单击 Configure 按钮。

（3）Tor 会询问 ISP 是否正在阻止或以其他方式审查 Tor 网络的连接，单击 Yes 并单击 Next 按钮。

（4）在出现的向导窗口中，选择 Enter custom bridges 选项，如图 2-24 所示。使用上面介绍的两种获取网桥的方法找到所需的网桥，复制并粘贴到框中，单击 Next 按钮继续。

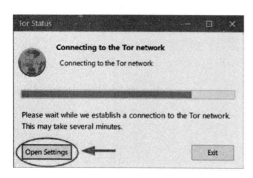

图 2-23 在启动 Tor 浏览器之前访问 Tor 网络设置

图 2-24 在 Tor 浏览器中输入自定义网桥

（5）安装向导会询问计算机是否使用了代理服务器，如果未使用代理服务器（这是最常见的情况），选择 No 并单击 Connect 按钮；如果使用了代理服务器，则选择 Yes，然后输入代理服务器的设置，最后单击 Connect 按钮。

（6）如果一切正常，Tor 浏览器将会使用定制的 Tor 网桥打开。

如前所述，使用定制的 Tor 网桥可能无法完全掩盖用户进入 Tor 网络的行为。一些国家使用深度包检查（Deep Packet Inspection，DPI）技术对 Internet 流量进行协议分析，以检查其中是否包含 Tor 流量。然而，在许多国家，使用定制网桥仍然是规避 Tor 网络审查和隐藏使用的好方法。

3）使用可植入传输

为了绕过 DPI 技术，Tor 引入了可植入传输（Pluggable Transports，PT）。这种技术将计算机和网桥之间的通信转换为典型的 Internet 通信，从而对 ISP 隐藏 Tor 浏览器的使用。要使用可植入传输，请执行以下操作。

（1）启动 Tor 浏览器并在启动 Tor 网络之前单击 Open Settings 按钮。

（2）单击 Configure 按钮，当询问 ISP 是否阻止或审查到 Tor 网络的连接时，选择 Yes 选项，然后单击 Next 按钮继续。

（3）选择 Connect with provided bridges 选项，并从 Transport Type 下拉菜单中选择一个网桥，如图 2-25 所示。

（4）最后一个向导窗口将询问这台计算机是否使用代理服务器。如果没有使用，选择 No 选项并单击 Connect 按钮；如果使用代理服务器，选择 Yes，输入代理服务器的设置，然后单击 Connect 按钮。

如果一切顺利，Tor 浏览器就应该可以成功加载。

图 2-25　使用可植入传输连接到 Tor 网络

> ★ **警告！**　当使用 Tor 浏览器时,应该怎样来保持匿名？

不要在 Tor 浏览器中安装插件,如 Flash Player、Adobe Reader 和 QuickTime Player。这样的扩展往往会打开 Tor 网络之外的独立连接,这将泄露用户真实 IP 地址。

不要在 Tor 浏览器中打开 PDF 文件或播放 Flash 视频。

如果要通过 Tor 网络交换敏感数据,请确保首先对其加密。用于建立与目的地的连接的 Tor 出口中继节点是没有加密的,入侵者可以在该位置拦截数据。

确保在使用 Tor 浏览器时不要使用真实身份注册或在网站上发表评论。当然,作为一个开源情报分析师,保持身份隐秘本就是使用 Tor 网络的主要原因。

2.8.2　使用 Tails OS 和其他安全操作系统

有时,用户可能希望通过使用一个专门的操作系统来实现尽可能高的匿名性,该操作系统通过 Tor 网络传输所有的 Internet 流量。Tor 浏览器足以保证在进行常规开源情报搜索时隐藏用户身份,但是在处理敏感案件或与其他方交换关键信息时,有必要使用匿名操作系统。

Tails OS 是一个进行了安全加固的 Linux 操作系统,它使用 Tor 浏览器作为默认的网络应用程序。它被认为是目前最好的匿名操作系统。而且需要说明的是,它是爱德华·斯诺登（Edward Snowden）在美国国家安全局（NSA）最初的间谍泄露事件中用来帮助保持其匿名的操作系统。在极端恶劣的环境中,用户可以放心地用 Tails OS 进行私下交流。

Tails OS 是便携式系统,可以从 USB 移动存储设备中启动。Tails OS 完全独立于主机,它虽然使用主机的 RAM 运行,但不会将任何文件复制到宿主机的硬盘上。

Tails OS 强制所有网络连接通过 Tor 网络传输来实现匿名性。如果应用程序试图直接连接到 Internet,连接将会自动被阻止。Tails OS 在主机的硬盘上不会留下任何痕迹,关机时 Tails OS 将删除所有用户文件,除非明确要求不删除(持久存储)。Tails OS 附带了许多加密工具,允许用户发送加密的电子邮件并进行安全的即时消息聊天。

第 3 章将介绍如何安装和使用 Tails OS。

2.8.3 安全地共享文件

有时,用户可能希望与位于其他位置的某些人私密地共享文件。对于那些可能需要在同事之间请求与共享信息以支持某个案件协同调查的开源情报分析人员来说,这一点尤其重要。有许多文件共享服务,但大多数都不是作为完全匿名目的而提供的。这些服务通常需要一个账户来共享文件并会保存每次通过该服务进行传输时的一些信息(也称为事务元数据,其中包括上传者和下载者的 IP 地址等),所以这样的服务不适合用来调查敏感的执法案件。本节将介绍一种通过 Tor 网络实现的安全文件共享服务,它被认为是最匿名的在线交换私密文件的解决方案。

OnionShare 是一个开源工具,使用 Tor 网络匿名共享文件。用户可以共享任何类型和不同大小的文件,共享的文件不会被上传到 Internet 上,相反,它们将保留在用户的计算机上,而计算机扮演着托管服务器的角色。如果要共享文件,所需要做的就是将该工具提供的链接共享给对应的需要访问文件的人,而这个人必须使用 Tor 浏览器访问共享文件。

要使用 OnionShare,请遵循以下步骤。

(1)从 https://onionshare.org 下载并安装该程序。

(2)启动该工具并选择要共享的文件/文件夹。确保 Tor 浏览器已启动并连接到 Tor 网络。

(3)选择要共享的文件/文件夹后,单击 Start Sharing 按钮。OnionShare 将为托管在 Tor 网络上的共享文件创建一个隐藏的 Tor 服务,并给用户提供发送给通信方的链接。通过单击 Copy URL 按钮可以获得这个链接,如图 2-26 所示。

通信方必须通过 Tor 浏览器访问共享链接。OnionShare 程序和 Tor 浏览器应该保持打开状态,直到通信方下载完共享文件。当收件人成功接收到共享文件时,OnionShare 将自动停止共享过程。要在收件人收到文件后自动停止共享,必须在进行共享文件之前启用 OnionShare 程序中的 Stop sharing automatically 选项。

图 2-26 OnionShare 为共享文件提供发送给通信方的链接

⚠ **注意！** 对于那些安全意识强且希望共享敏感文件的人，这里建议在通过 OnionShare 程序共享文件时使用 Tails OS。

2.8.4 设置匿名支付

作为一个开源情报分析师，在搜索开源情报数据源时，可能会遇到一些要求付费才允许查看的网络资源（主要是灰色文献）。这种情况经常发生在需要查看学术论文或公司内部文件时。同样的道理也适用于在网上购买匿名服务（例如，匿名为 VPN 供应商付费）。但是，开源情报分析师可能在进行执法调查，并且在调查某些类型的资源时不希望透露真实身份。在这种情况下，有必要采用匿名支付此类服务的费用。

一般情况下，在网上购物时，姓名、信用卡信息以及其他交易细节都将会提供给网上商家，信用卡发卡商和银行也会知道交易细节，没有人能保证这些细节会被保存多久，也没有人能保证是否可能会有第三方（比如广告公司）访问这些信息。要匿名地在线购买数字产品和服务，可以使用预付礼品卡或使用加密货币支付。

1. 预付礼品卡

主要的信用卡供应商都为他们的客户提供预付卡。此类卡不需要设置任何个人信息，它们也不需要关联现有的银行账户。这种卡在杂货店和超市有售，可以专门用它来购买 VPN 等数字产品和其他匿名服务（不过请注意，并非所有网站都接受这种卡）。

预付卡有不同的种类，本书关心的是匿名类型的那种，它是"不可重复充值"的卡片。这种卡预充值了一定数额的现金，通常少于 500 美元。用户可以用现金购买（无法追踪），而不必透露任何个人信息，甚至不需要电子邮件地址。

💣 **警告！** 不要在网上购买预付卡。如果在网上购买预付卡，需要使用某种形式的非匿名支付，如普通信用卡、银行支票或 PayPal。此外，如果是一张实际的塑料卡，用户还需要提供邮政地址来接收预付卡。这些都会使得所购买的预付卡关联到真实身份。

2. 加密货币

加密货币（Cryptocurrency）是一种数字货币，可以用来作为价值交换的媒介，并使用加密技术以保护交易安全并控制货币发行。目前已有数百种加密货币在使用，最著名的仍然是比特币系统。可以在 https://coinmarketcap.com 找到当前可用的加密货币的清单。

比特币（https://bitcoin.org）是一个去中心化的、不受监管的对等支付网络（类似于 Torrent 网络），它由所有用户共同运行维护，没有中央权威机构或中间人。比特币是一个数字货币系统，它不像普通货币（美元和欧元）那样需要印刷，而是由个人和公司使用一种名为比特币钱包(bitcoin wallet)的专业开源软件程序创建的(比特币钱包可以是一种在线服务,因此被称为电子钱包)。比特币不收取交易费用,并且是不可退还的(一旦将比特币发送给收款人,它会永远离你而去,除非收款人将比特币返回)。

本书不会深入探讨比特币的数字货币技术方面的内容,也不讨论如何建立一个账户来使用比特币购买产品。虽然比特币支付极其匿名,但为了购买和交换比特币,还有一些知识需要学习。下面提供一些著名的在线资源来了解这种货币的工作原理。

(1) 开始使用比特币:https://bitcoin.org/en/getting-started。
(2) 比特币钱包:https://blockchain.info/wallet。
(3) 比特币钱包程序:https://en.bitcoin.it/wiki/Clients。
(4) 使用ATM机匿名购买比特币:https://coinatmradar.com。

在网上进行匿名购买时需要注意以下几点。

(1) 在进行匿名支付之前,加密网络连接。在网上匿名支付时,确保使用Tor或I2P等匿名网络进行匿名连接。如果在匿名支付时没有隐藏真实IP,就会把网络连接细节暴露给他人,并可能导致泄露个人身份。

(2) 注册匿名服务(例如VPN)以及使用匿名支付方式进行在线购买交易中都可能需要用户提供自己的电子邮件地址,此时尽量使用一个临时电子邮件地址完成这些任务。

2.9 加密技术

加密使用了一套强大稳定的技术以保证网上数据传输的安全,防止黑客和网络犯罪分子访问敏感内容。即使他们成功地截获了传输的加密数据,当今密码标准中涉及的数学公式也足以防止多数攻击者解密数据。本节将提供一些工具和建议,通过加密帮用户保护私密数据的安全。

2.9.1 保护密码

确保在线账户安全需要使用强大复杂的密码,同时强烈建议每三个月更换一次密码。在密码生成过程中,可以使用许多免费的工具。这些工具将生成包含字母、数字和符号组合的高度安全的密码。常见免费密码生成工具包括:免费密码生成器(https://www.securesafepro.com/pasgen.html)和PWGen(http://pwgen-win.sourceforge.net)。

许多网站提供在线密码生成服务。但是生成好的密码传回到用户计算机时可能会被拦截,所以建议不要使用这种服务。

为了存储密码,建议使用密码管理程序来保证密码的安全,它可以保证所有的密码都处于安全位置。密码管理程序会加密包含数字证书在内的整个密码数据库并用一个主密码保护它,这个主密码是用户必须记住的唯一密码。常用的密码管理程序包括:KeePass密码安全(http://keepass.info)、主密码(https://ssl.masterpasswordapp.com)、密码安全(https://www.pwsafe.org)等。

2.9.2 加密硬盘/USB 移动存储设备

加密数据在数字时代变得至关重要,因为它是当攻击者成功获取了机密数据后的最后一道防线。换句话说,加密将是最后的希望,可以防止敏感信息被非法使用或披露给公众甚至敌人。

使用加密软件可以很容易地保证存储在硬盘上信息的安全。例如,Windows 提供了一个称为 BitLocker 的内置加密工具,大多数版本(Windows 7 和更高版本)都可以使用这个工具。使用这个实用程序很容易,只需右键单击要加密的驱动器并选择 Turn on BitLocker,如图 2-27 所示。然后会出现一个向导,引导用户完成配置驱动器加密的所有步骤(设置密码和存储恢复密钥)。

图 2-27 激活 Windows 框上的 BitLocker

有许多著名的磁盘加密软件应用程序可以实现对磁盘甚至操作系统分区的加密。VeraCrypt(https://www.veracrypt.fr/en/Home.html)支持市面上大部分的操作系统。它可以加密硬盘驱动器(包括操作系统分区和 USB 移动存储设备)。VeraCrypt 还可以创建加密的保险库,用来存储加密后的数据,也可以将数据传输到 USB 移动存储设备或通过 Internet 安全发送。用户查看该软件的文档可以了解如何在不同的场景中使用此工具。

DiskCryptor(https://diskcryptor.net/wiki/Main_Page)提供所有磁盘分区的加密,包括系统分区。但它只支持 Windows 操作系统。

2.9.3 云存储安全

大多数人使用云存储来备份和存储敏感数据(如文件、个人照片、联系人列表、通讯录等)。最近发生在主要云服务供应商身上的许多安全事件表明,仅靠云存储的安全措施不足以阻止此类威胁。为了应对这些风险,不要依赖云服务供应商保护数据。在将数据上传到云上之前,一定要对数据进行加密,并确保在处理敏感数据时将备份副本存储在其他地方。这里有两个程序,可以在上传至云端之前先对数据进行安全保护。

(1) Duplicati(https://www.duplicati.com)在将数据发送到云端之前使用 AES-256 或 GPG 对数据进行加密。

(2) Cryptomator(https://cryptomator.org)使用 AES-256 加密数据,并使用 SCRYPT 保护数据免受暴力攻击。它的工作原理是在本地机器上创建一个加密的保险库——一个虚拟硬盘驱动器,在将保险库上传到云服务供应商之前,对其中的所有内容进行加密。

请注意,像 7-Zip(www.7-zip.org)和 PeaZip(www.peazip.org)这样的压缩程序也提供加密功能,因此可以在将文件上传到云端之前使用密码对文件进行加密压缩和保护。

2.9.4 保护电子邮件通信安全

无论何时发送电子邮件,都应该对其进行加密,以确保其内容的完整性和机密性。在如今的数字时代,电子邮件成为个人和公共/私人组织的主要通信手段,破坏这种通信媒介将会产生严重的后果。每天都在发生电子邮件数据的泄露,为了确保电子邮件的安全,需要使用加密软件。本节会提供资源和工具来学习如何使用加密软件,如果想了解电子邮件加密的复杂细节,可以参考作者的另一本书:*Digital Privacy and Security in Windows*:*A practical Guide*。

Gpg4win(GNU Windows 隐私保护软件)允许用户创建加密密钥(公钥和私钥)、加密文件和文件夹、并在发送的电子邮件中使用数字签名。Gpg4win 是 GnuPG 官方针对 Windows 的发行版,可以在 https://www.gpg4win.org 上找到。可以在 https://www.gnupg.org/download/index.html 上找到针对其他平台的 GnuPG 版本。

通过安装 Enigma 插件,可以在所有主要平台上将 Mozilla Thunderbird 电子邮件配置为使用 GnuPG,该插件将 OpenPGP 消息加密和身份验证功能添加到 Mozilla Thunderbird 电子邮件客户端。它具有自动加密、解密和集成的密钥管理功能。

⚠ **注意!** 使用名为 TorBirdy 的 Mozilla Thunderbird 电子邮件扩展,可以通过 Tor 网络直接发送 Thunderbird 电子邮件。根据从创建者(属于 Tor 项目)那里了解到的情况,TorBirdy 仍处于 beta 版本,尚不适用于在极端敌意的环境中对通信的保护。可以通过下面的网站了解如何安装和使用此扩展的信息:https://trac.torproject.org/projects/tor/wiki/torbirdy。

Firefox 和 Google Chrome 都有一个名为 Mailvelope 的浏览器扩展,可以用于大多数 Web 电子邮件服务。它允许用户使用 OpenPGP 加密模式交换加密的电子邮件。可以生成密钥对,也可以导入现有的密钥对。除了要在浏览器上安装这个扩展之外,使用该扩展可以不安装任何其他工具。Mailvelope 是开源的,其信息可以在 https://www.mailvelope.com/en 上找到。但是,不建议在 Web 浏览器中加密消息,这将造成它们更容易受到网络攻击,因为一般的攻击都是针对浏览器的。

1. 安全的电子邮件供应商

如果你喜欢使用 Web 邮件完成某些任务,建议使用一个安全的端到端电子邮件供应商,它为电子邮件账户提供扩展的安全特性。例如,ProtonMail(https://protonmail.com)在许多方面与其他常规的电子邮件供应商不同,它的总部设在瑞士,并遵循其司法管辖权,被认为是全球保护用户隐私方面做得最好的公司之一。ProtonMail 使用两个密码来保护电子邮件账户。第一个是在服务器上验证身份的账户凭据,第二个是在 Web 浏览器或应用程序中解密收件箱中的邮件,这意味着第二个密码永远不会通过网络传到 ProtonMail 邮件服务器。如果正在与另一个 ProtonMail 用户交换电子邮件,除了向该 ProtonMail 用户加密发送电子邮件外,还可以安全地将电子邮件设置为在一段时间后自动销毁。对通信双方来说,设置自动销毁敏感邮件是特别有用的。

最后，如果只想使用一次性电子邮件（例如，匿名激活某些服务），则可以使用以下两种服务中的任何一种：https://hidester.com/tempor-email，https://www.guerrillamail.com。

2. 安全的即时通信和在线电话服务

即时通信是另一种可能需要保护的通信形式。无人可以保证那些提供免费即时消息、IP 语音和视频会议服务的大型 IT 供应商不会在一段时间内记录用户聊天记录或者对话的元数据（如日期/时间和登录 IP 地址）。本书将重点讨论具有什么样安全特征的应用程序会更安全。例如，大多数 VoIP 和聊天应用程序的工作方式是相同的，它们都对参与对话人员之间交换的消息进行加密，但都不加密消息的元数据。

最安全的 IP 语音和即时通信软件应该具有以下技术特征。

（1）软件应该是开源的，所以它的代码可以由独立安全专家审核。

（2）软件不应该提供/显示任何类型的广告。

（3）供应商和应用程序不应该把解密密钥存储在它们的服务器上，这样才能保证没有人可以获取密钥以解密用户数据。

（4）软件不能存储任何关于用户连接的元数据。

（5）用户联系人清单不应该存储在应用服务器上，如果确实需要存储，应加密保存。

（6）软件应该提供清晰的选项来选择要备份的内容，然后才能将其发送给云服务供应商。

以下是一些常用的安全且有良好支持的消息通信程序。

（1）TorMessenger（https://trac.torproject.org/projects/tor/wiki/doc/TorMessenger）。虽然仍处于 beta 版，但被认为是最好的安全即时聊天软件。其所有流量都通过 Tor 网络传输，可以获得最大的匿名性。

（2）Cryptocat（https://crypto.cat/security.html）是一个开源的消息通信应用程序，默认加密所有通信，并允许在线安全共享文件。

（3）Signal（https://whispersystems.org）是一个安全的消息和 IP 语音通信应用程序。它使用方便，并提供类似 WhatsApp 和 Viber 应用程序的功能。这个程序只能在 Android 和 iPhone 设备上运行。

（4）Ghost Call（https://ghostcall.io）是一个端到端的加密电话语音服务。

（5）ChatSecure（https://chatsecure.org）只能在 iOS 系统上工作，并且要配置成使用 OTR 而不是 XMPP。

2.10 虚拟化技术

使用虚拟化技术可以增强私密性并保护主机免受恶意软件和其他安全威胁。虚拟机允许用户拥有一个像完整独立的计算机一样运行的虚拟操作系统。可以使用虚拟机来执行程序、打开电子邮件附件、测试程序、安全地访问危险的网站，而不必担心恶意软件会影响操作系统，因为虚拟机将运行在一个完全与主机操作系统隔离的沙箱中。在线调查人员可以使用虚拟机安全地进行在线调查,他们可以使用新安装的浏览器屏蔽自己的数字指纹,让它看起来与网上数百万个类似浏览器没有区别。结束上网时可以删除整个虚拟机,清除主机上可能留下的任何数字痕迹。以下是最流行的两种虚拟机。

(1) VMware Player(www.vmware.com/products/player/playerpro-evaluation.htm),如图 2-28 所示。

(2) Virtual Box(https://www.virtualbox.org)。

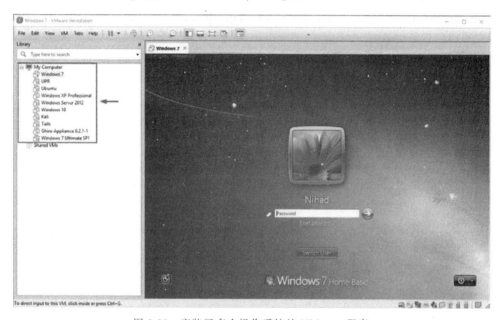

图 2-28 安装了多个操作系统的 VMware 程序

还可以使用不需要安装就可以运行的便携程序。这样的程序通常会在主机上留下一些痕迹,但仍然被认为是一种使在线数字足迹最小化的方法。

在处理敏感文档时,使用可引导的 USB 移动存储设备或可启动的 CD/DVD 也可以隐藏数字痕迹。以离线模式运行 Tails OS(https://tails.boum.org)也是一种很好的实用方法。有许多工具可以帮助用户创建可引导的 USB/CD 驱动器,例如,Windows USB/DVD 下载工具(https://wudt.codeplex.com)、Rufus(https://rufus.akeo.ie)或者 WinBuilder(http://winbuilder.net)。

Windows To Go 是 Windows 10 的一个新功能(仅限于企业版和教育版)。它不需要安装在用户的计算机硬盘上就允许从 USB 移动存储设备运行完整的 Windows 10 Live 功能。可以通过 Control Panel→Windows To Go 访问此功能。Windows To Go 功能允许用户随身携带一个专用的 Windows 系统。但是,使用 Windows To Go 运行操作系统时,Windows 10 的部分功能可能无法工作。

通过使用模拟器,就可以在计算机上运行智能手机常用的 Android 应用程序。在线调查人员希望使用模拟器的原因可能是测试某个特定 App 的功能,或者想使用只能在智能手机运行的应用程序的功能收集一些信息，在计算机上通过使用模拟器运行这些应用程序比直接在智能手机上运行更容易实现匿名保护措施。例如，在有鼠标的计算机上匿名地使用 VPN 和使用 Tor 网络访问资源会更方便。在计算机上的模拟器中运行智能手机 App 可以实现与在手机上运行这个 App 同样的效果。最流行的 Android 系统和 iOS 操作系统的模拟器包括 Andy（https://www.andyroid.net）、Google Chrome 模拟器 ARChon（https://github.com/vladikoff/chromeos-apk/blob/master/archon.md）、Memu（www.memuplay.com）和 Apple App 模拟器 MOBIONE STUDIO（http://download.cnet.com/MobiOne-Design-Center/3001-2247_4-75910775.html）。

2.11 基本支撑软件和方法

一些支撑软件和方法可以帮助调查人员将收集到的开源情报数据转换成可用格式，以便进一步分析。绘图软件（包括思维导图绘制软件）和其他数据可视化工具帮助调查人员把调查结果可视化，制定搜索计划，避免在收集过程中遗漏某些事情，并可以清晰地展示最后的结果。本节重点介绍可以帮助开源情报调查人员完成任务的免费程序/服务。

2.11.1 思维导图生成工具

在进行开源情报收集时，可以使用工具绘制图表、做笔记、创建思维导图，整理所发现的信息，并把结果可视化。

1. FreeMind

FreeMind（http://freemind.sourceforge.net/wiki/index.php/Main_Page）是最流行的免费思维导图软件，使用此工具可以绘制不同的图表，以便可视化地整理信息。

2. 故事叙述工具

利用类似 Story Map（https://storymap.knightlab.com）和 Visual Investigative Scenarios（https://vis.occrp.org）这样的故事叙述工具（storytelling tool）可以将开源情报收集活动和结果展现在时间轴上。

2.11.2 绘图软件

1. Apache OpenOffice Draw

利用 Apache OpenOffice Draw（https://www.openoffice.org/product/draw.html）可以绘制不同类型的技术和业务流程图。

2. Google Drawings

Google drawing（https://docs.google.com/drawings/create）是 Google 开发的一款基于云的免费绘图工具。

2.11.3 笔记管理

1. TagSpaces

TagSpaces(https://www.tagspaces.org)是一个离线的、开放源码的个人数据管理软件。它可以采用标签或对文件/文件夹进行注释等方式帮助用户管理操作系统（Windows、Linux、Android 或 Mac）中的文件。

2. KeepNote

KeepNote(http://keepnote.org)是一个用于管理笔记和待办事项清单的跨平台开源程序。用户可以在笔记中附加不同的媒体（比如视频）资源，使其信息更加丰富。

2.11.4 数据可视化

1. Microsoft Excel

Microsoft Excel 可以汇总大量数据，并将其以图表/表格或其他可视化图形形式呈现。Microsoft Excel 是微软公司拥有知识产权的软件。

2. 商业智能和报告生成工具

商业智能和报告生成工具(https://www.eclipse.org/birt/about)是一种开源软件，可以进行数据可视化，并可以创建基于可视化数据的报告。

3. Dradis CE

Dradis CE(https://dradisframework.com/ce/)是一个开源的面向信息安全专业人士的报告生成和协同工作工具，可以把不同工具（如 Burp、Nessus、Nmap 和 Qualys）输出的结果汇聚起来，创建针对某个案件的独立报告。

2.11.5 书签

在收集来源情报数据源时，可能面临大量有用的在线资源。要处理如此大量的数据，需要一些方法或工具来记录整理最感兴趣的网络页面。所有的网络浏览器都有内置功能来组织收藏夹，例如使用 Firefox 作为首选的开源情报搜索浏览器，与 Firefox 关联的内置书签管理器可以满足整理书签的需求。如图 2-29 所示，更有效的办法是将书签与标签关联起来，并将有关联的书签分组放到一个文件夹中。Firefox 还提供了将书签导出到 HTML 文件的功能，进而可以将导出的 HTML 文件导入另一个浏览器。要在 Firefox 中导出书签，请选择 Bookmarks→Show All Bookmarks→Import and Backup→Export Bookmarks to HTML。

尽管有很多在线书签管理器，但是使用在线服务存储书签不利于开源情报的保密。

2.11.6 免费的翻译服务

在开源情报搜索过程中，如果遇到不懂的其他语言（如阿拉伯语）制作的有用资源，可以使用以下在线即时翻译服务。

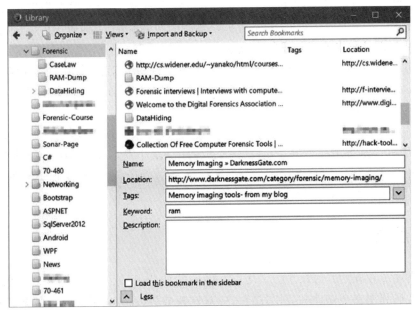

图 2-29　整理 Firefox 的收藏夹

（1）谷歌翻译（Google Translate），网址：https://translate.google.com。

（2）微软翻译（Bing Translate），网址：https://www.bing.com/translator。

（3）巴比龙免费在线翻译（Babylo's Free Online Translation），网址：http://translation.babylon-software.com。

（4）Systranet，网址：www.systranet.com/web。

2.12　最后提示

最后，在开始在线开源情报调查之前，请记住以下提示。

1. 在一些网站上使用虚假身份注册

进行开源情报搜索时，为了使用某些网站的服务或访问某些资源，可能需要注册或创建免费账户。确保不要使用真实的个人信息，为此还应该有一个专门的以虚假信息注册的电子邮件地址（最好是在 Gmail 上）。在 Facebook、Twitter、Instagram 和其他社交网络平台上开设假账户来进行开源情报搜索时也要遵循同样的原则。

警告！　一些社交网站禁止创建虚假账户，在注册前需要先阅读网站规则。

2. 保持匿名

在开始开源情报搜索之前，一定要先启用 VPN 服务或直接使用 Tor 浏览器。如果不使用 Tor 浏览器，请确保使用虚拟机，其中包含新安装的 Web 浏览器来收集在线资源。确保所有安装在机器上的应用程序(包括虚拟机实例的网络流量)都通过 VPN 连接传输。

3．完成开源情报工作后销毁数字痕迹

使用虚拟机并使用 Firefox 虚假身份模式浏览网页。确保使用 BleachBit(https://www.bleachbit.org)等工具清除应用程序的数字痕迹以及硬盘上的所有残留物。

4．使用 Linux 系统

许多强大的开源情报工具都在 Linux 系统上工作。在 Kali Linux(Backtrack 的继承者)上这些工具都是可用的。从 https://www.kali.org 下载 Kali Linux 并将其安装到虚拟机上。掌握 Kali Linux 系统对渗透测试人员和数字取证调查员都是必不可少的，Kali Linux 系统配备了大量开箱即用的安全工具。

2.13 总结

本章讲述了在开始开源情报搜索之前应做好的准备，讨论了不同的在线威胁以及使用计算机时如何利用安全软件和实用技巧来应对这些威胁，还介绍了主要针对 Windows 操作系统的加固技巧。

本章讨论了在线跟踪技术是如何工作的，列出了在线跟踪的类型并给出了防止网上对手跟踪用户在线活动的对策。然后讨论了安全上网浏览，给出了加固 Firefox 浏览器的技巧以及有用的保护隐私插件。使用 VPN 加密在线流量对任何 Internet 用户都很重要，因此简要介绍了 VPN 和代理服务器的概念，然后给出了一些如何安全使用它们的重要提示，以避免即使使用了 VPN 服务仍然在不知情的情况下泄露了真实 IP 地址。在进行开源情报搜索之前，了解如何保持匿名是必不可少的。在未激活匿名服务或 VPN 的情况下，不应该进行任何开源情报搜索。本章讨论了使用 Tor 浏览器来匿名上网，但对处于极端敌意网络环境中的人来说，使用 Tails OS 是非常明智的，因为 Tails OS 会通过 Tor 匿名网络传输所有的 Internet 流量。

当想要测试其他应用程序或只想掩盖主机上的数字痕迹时，虚拟化技术就派上了用场。虚拟机还有助于在网络调查时减少数字足迹。在虚拟机上可以使用一个标准的操作系统和 Web 浏览器进行搜索，并最终一键删除整个操作系统。

本章内容较多，包含了很多关于如何应对当下网络威胁的建议。在开始在线收集开源情报资源之前，了解在线威胁、对策以及如何在网上匿名是重中之重。本书后续章节将专门介绍开源情报搜索技术。在第 3 章将深入到普通 Internet 的表面之下，探索隐藏的地下 Internet，即所谓的深网。

第3章

地下Internet

你对Internet了解多少？作为一个普通的Facebook、Twitter或Instagram用户，知道如何使用Google在Internet上找到东西，并不会让你成为一个超级Internet用户，因为这仅仅是接触了Internet的表层。大多数Web内容都是隐藏的，需要特殊的方法来访问。

据Internet World Stats统计，截至2017年6月30日，全球Internet用户已达3 885 567 619人(世界总人口为7 519 028 970人)[1]，这是一个巨大的数字(截至2020年5月31日，全球Internet用户已达46.48亿人——译者注)。世界上大多数Internet用户使用的只是表网(surface web)，也就是普通的Internet。只有一小部分的Internet用户会每天使用那些隐藏的Internet内容，或者是听说过它们。

截至2017年8月，属于表网的活动网站总数为1 800 566 882个[2]。据估计，2016年3月到2017年3月，暗网上Tor网站的数量为50 000~60 000个。尽管在表网中有大量的网站，但是这些可以被典型的搜索引擎索引的内容只占整个网络内容的4%，而其余部分都属于深网(deep web)和暗网(darknet)。

本章将介绍深网和暗网这两个术语。这两个词都指的是隐藏在普通Internet用户视线之外、无法被典型搜索引擎索引的Internet部分。虽然可以使用常规HTTP/HTTPS协议和典型的Web浏览器访问深网内容，但对于需要特殊软件来访问的暗网来说，情况就不一样了。在开始讨论前，下面先区分一下3个术语：表网、深网、暗网。

3.1 Internet的分层

3.1.1 表网

先从普通的Internet或表网开始，它是Web的一部分，包含了所有对公众开放的内容。表网上的网站可以被常规的搜索引擎(如Google)爬取并索引，这样用户就能很容易地找到这些网站上的内容。

搜索引擎供应商使用被称为Web爬虫的软件来发现公开可得的Web页面。爬虫的工作方式是单击页面中的超链接,然后将链接的页面内容(结果)发送给搜索引擎服务器,后者将结果组织在搜索索引中。搜索索引包含数千亿个经过索引的页面,当用户提交一个搜索查询时,搜索引擎通根据页面内容与用户查询词之间的匹配程度对页面进行排序,并按顺序返回一个页面列表,如图3-1所示。

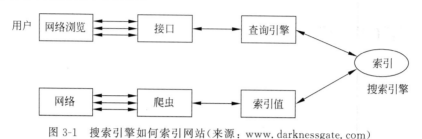

图3-1　搜索引擎如何索引网站(来源:www.darknessgate.com)

> ⚠ **注意!**　如果想了解搜索引擎如何索引网站,Google 提供了一个简单的教程来讲述其原理,可以在 https://www.google.com/search/howsearchworks/ 找到这个内容。截至2017年11月,Google 拥有130万亿网页,并且随着网络的快速增长,这个数字还在不断变化。

3.1.2　深网

如前所述,搜索引擎网络爬虫通过点击链接发现新页面。但是,这种方法并不完美,仍然有大量的数据处于未索引状态,因为搜索引擎爬虫无法通过链接到达这些数据。

例如,如果想知道2000年加拿大元的汇率,有许多网站会提供随时间变化波动的货币汇率信息,可以访问如 www.xe.com 等查看2000年的加拿大元汇率。如果按照普通搜索引擎爬虫的方式进行访问,则只能点击超链接,但是没有超链接可以直接提供想要的结果。此时,如果按照分类的浏览方式访问并进入 www.xe.com/currencytables 的搜索表单,输入特定的搜索日期(2000/01/01),再单击 Submit 按钮,该网站会从其数据库中检索出历史记录并显示结果,如图3-2所示。这个结果不能使用传统的搜索引擎获取,因为需要使用网站的搜索栏并输入搜索查询条件来检索,这样获取的信息就是典型的深网内容。

许多 Internet 用户甚至一些专家把深网和暗网当作相同的术语使用,但它们之间是有区别的。深网这个术语是指所有未被常规搜索引擎(如 Google、Bing 或 Yahoo)索引的在线资源,但是与普通网站一样,并不需要任何特殊的软件,只是通过标准 HTTP 协议和典型的 Web 浏览器就可以访问深网。每一个 Internet 用户在浏览 Internet 时肯定都访问过某种类型的深网内容,只是大多数用户可能不知道这些资源是属于深网的。

深网资源通常隐藏在数据库中,可以在线公开查看,但是用户需要输入查询条件(例如,输入网络搜索表单)或使用下拉菜单设置一些搜索值,以检索这些数据库的内容。这就是隐藏内容的原因:它无法被典型的搜索引擎看到,因为它不能通过超链接直接访问。同样的道

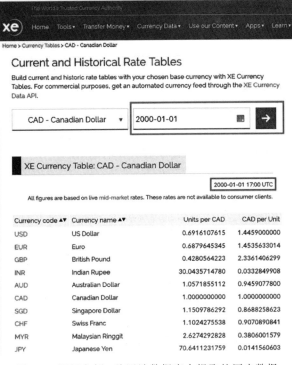

图 3-2 深网实例:从网站数据库中提取的历史数据

理也适用于那些需要注册(用户名和密码)才能访问的网站,以及那些有意将搜索爬虫拒之门外的网站。需要付费才能浏览内容的加密网络平台和网站也属于深网。由于网络内容的不断变化,无人知晓深网的准确数据容量,但许多研究表明它的数据量大约是表网的 500 倍。

以下是一些典型的深网实例。

(1) 国会图书馆(https://www.loc.gov)是世界上最大的国家图书馆,包含了大量不同主题的资源,如书籍、照片、报纸档案、地图和手稿。

(2) 生存记录(www.vitalrec.com)提供美国公民的出生证明、死亡记录和结婚证。

(3) Science.gov(https://www.science.gov)提供超过 2 亿页的权威科学信息。

(4) Alexa(https://www.alexa.com)提供关于各个网站的详细分析信息。

(5) 公开可得期刊目录(https://doaj.org)提供高质量的、公开可得的、经同行评议过的期刊内容。

(6) 在线图书页面(http://onlinebooks.library.upenn.edu)提供可以免费获取的超过 200 万本 Internet 上公开可得(且可读)的电子图书。

对于一个普通用户来说,在深网上查找内容不是一项简单的任务,并且大多数有价值的深网内容都必须手工提取。目前有许多方法可以简化这项任务。

1. 专业搜索引擎

专业搜索引擎就是帮助定位包含一个或多个主题的深网内容的搜索引擎。常见专业搜索引擎如下所述。

（1）https://www.doi.org，帮助解析任何出版物的数字对象标识符（Digital Object Identifier，DOI）。

（2）https://www.100searchengines.com，包含几乎所有在线主题的专业搜索引擎。允许同时利用多个搜索引擎进行搜索（并非所有搜索引擎都使用相同的机制从索引好的记录中获取数据，所以同时搜索多个搜索引擎可能会遗漏一些结果）。

（3）https://books.google.com/?hl=en，是最大的深网数据库之一，包含数百万本图书。当执行常规搜索时，Google 包含来自该数据库的结果。

（4）www.academicindex.ne，是个学术搜索引擎，只访问特定的学术和研究论文网站。

（5）https://www.truthfinder.com，可以搜索社交媒体、照片、警方记录、背景核查、联系信息等，数据从 TruthFinder 的深网数据库中获取。

2. Web 目录

Web 目录显示经过分类的网站列表。用户输入一个搜索查询条件，目录提供与用户查询相关的主题。每个主题可能包含数百甚至数千个属于这一类别的网站。浏览目录时，用户先选择一个主题，然后从该主题最顶层的大类逐级往下一直到最底层的小类。某些 Web 目录是付费的，而有些是免费的，由志愿编辑组成的社区维护。Web 目录比搜索引擎小，因为它们是由人工维护的，而搜索引擎主要由网络爬虫维护。以下是一些常见的 Web 目录。

（1）https://www.hotfrog.com.au，全球最大的在线企业目录，列出了 38 个国家的 1.2 亿家企业。

（2）www.akama.com，一个美国企业目录。

（3）http://vlib.org，万维网虚拟图书馆。

（4）http://dmoztools.net，虽然该网站已经于 2017 年 3 月关闭，但它仍然被认为是最大的在线 Web 目录。

3. 物联网搜索引擎

物联网（Internet on Thing，IoT）是指任何能够连接到 Internet 并且可以收集和交换数据的设备，包括路由器、服务器、交通信号灯、手机、咖啡机、洗衣机、耳机、台灯、手表等可穿戴设备、警报等安全系统、Wi-Fi 摄像头、婴儿监视器、智能冰箱、智能电视机、可远程加热调节的智能空调系统以及几乎任何能想象得到的可以连接到 Internet 并远程控制的东西。Shodan（https://www.shodan.io）是一个复杂的搜索引擎，专门通过查找连接到 Internet 上的设备的位置和使用者来搜索它们。Shodan 主要在这些端口上收集数据：HTTP(80)、FTP(21)、SSH(22)、Telnet(23) 和 SNMP(161)。Shodan 允许个人和企业查询哪个设备容易受到外部攻击或配置错误（例如仍然使用制造商默认的用户名和密码），进而对其物联网设备进行保护。该搜索引擎可以有效地查找全球正在运行的物联网设备的信息。

3.1.3 暗网

本节主要探索网络的第三层，这是 Internet 中最深的一层，叫作暗网。暗网是一种旨在使上网者和内容发布者保持隐藏和匿名的在线资源。暗网与深网不同,它不能使用典型的Web浏览器访问,需要特殊的软件来访问它,例如 Tor 浏览器。

匿名网络是由分布在世界各地的一批计算机通过匿名路由而构成的去中心化的 Web 网络,这些匿名网络共同形成了所谓的暗网。用户可以通过这些网络匿名上网或访问隐藏在这些网络中的匿名网站。

个人进入暗网有各种各样的目的,其中相当一部分是非法的。尽管没有暗网上非法站点(称为 Tor 服务或隐藏服务)数量的精确统计,但 Intelliagg group 在 2015 年审查了 1000 多个 Tor 隐藏服务样本,发现其中 68% 的 Tor 暗网的内容是非法的[3]。不法分子不仅利用暗网寻找违法产品,还利用暗网作为保持网上身份匿名的手段,防止他人像在表网那样跟踪其上网行为。尽管大多数暗网网站都与非法活动有关,但还是有许多人利用它来达到合法的目的,例如使用 Tor 浏览器来隐藏自己的 IP 以及设备在表网上的数字足迹。

以下是最受欢迎的几种匿名网络。

(1) Tor 网络(https://www.torproject.org/index.html.en)。
(2) I2P 网络(https://geti2p.net/en/)。
(3) Freenet(https://freenetproject.org/index.html)。

如前所述,深网资源可以通过在目标网站中搜索内容来找到,或者使用专门的搜索引擎、目录和其他非免费内容(如灰色文献)的付费服务来找到,但这种方法不适用于暗网。一名开源情报分析师需要了解从哪里开始暗网调查,以及如何在暗网中访问和搜索。开源情报调查人员通常使用暗网(尤其是使用 Tor 网络)匿名浏览表网网站,这将有效地帮助他们对外部观察者隐藏在线活动,如图 3-3 所示。

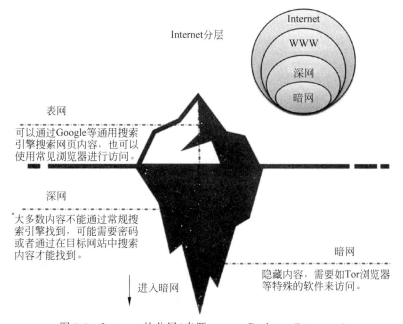

图 3-3　Internet 的分层(来源:www.DarknessGate.com)

3.2 暗网用户

暗网的名声不佳,因为它是有不良动机的人在网上进行犯罪活动的首选场所,以下是一些具有不良动机的人及其不良行为。

(1) 毒贩利用暗网的匿名特性隐蔽地进行非法销售。

(2) 军火经销商利用暗网非法买卖武器。

(3) 人们购买虚假的政府文件(如护照和身份证)。

(4) 黑帽黑客利用暗网下载和分享网络攻击工具;出售随时可以启动的 DDoS 攻击、勒索软件和安全漏洞;并为客户提供间谍服务。

(5) 恐怖分子除了利用暗网隐藏其在表网上的活动外,还直接在暗网上共享信息和交易非法物品。

(6) 赌博和博彩网站也都在暗网上提供服务。

(7) 信息窃取者利用暗网将所窃取的信息出售给感兴趣的买家,这些信息包括公司机密、信用卡号码以及在欺诈活动中获得的个人信息。

尽管许多暗网网站都会涉及犯罪活动,但确实也存在许多对暗网的合法使用。

(1) 人权活动人士、记者和揭发者利用它在不暴露其身份的情况下向公众披露秘密内容。

(2) 隐私倡导者匿名使用暗网,避开某些企业的监视。

(3) 执法部门将暗网用于不同的目的(例如,跟踪犯罪分子并收集他们的信息)。

(4) 个人、政府和公司使用匿名网络作为交换绝密信息的安全渠道。

(5) 情报机构和军事组织利用暗网收集开源情报信息,并打击恐怖主义活动。

(6) 商业公司可以通过监测暗网论坛和博客来发现他们自己泄露的一些内部信息。

交易者如何在暗网上匿名交易?答案很简单,每个暗网站点都接受比特币支付。第 2 章已经讨论了加密货币的概念,比特币(https://www.bitcoin.com)是其中最流行的一种,可用于在线匿名货币转账。

3.3 访问暗网

Tor 网络是世界上最流行的匿名网络,因此本章将会重点通过介绍它来描述暗网。在开始之前,请记住进入暗网时必须采取的预防措施。

⚠ 注意! 虽然在大多数国家访问 Tor 网络被认为是合法的,但它的使用可能会引起法律上的怀疑。一些国家认为,访问 Tor 网络是一种非法行为,可能会引起当局的质疑。美国最高法院的一项规定允许联邦调查局搜查并没收世界上任何使用 Tor 网络甚至 VPN 服务的计算机[5]。请确保阅读第 2 章中关于如何隐藏 Tor 用法的部分。

3.3.1 访问暗网时进行安全检查

虽然整个第 2 章都在介绍个人网络安全,但是在使用暗网之前,还是有必要记住以下要点。

(1) 在启动 Tor 浏览器之前,一定要确保进入 Tor 网络的行为通过传输插件、定制网桥或 VPN 进行了隐藏。

(2) 遮盖摄像头和麦克风。

(3) 准备好匿名电子邮件(比如 Protonmail.com 服务),或者使用免费并可丢弃的电子邮件处理服务。

(4) 生成一个虚假的数字身份,以备某些网站需要注册才能访问某些锁定的内容。确保不要使用任何与自己有关的个人信息。

(5) 确保 Tor 浏览器是最新的,以避免泄露真实 IP 地址。如果浏览器不是最新版本,Tor 浏览器会在启动时提醒用户更新。

(6) 确保操作系统和杀毒软件是最新的,强烈建议使用专门的反恶意软件。

(7) 如图 3-4 所示,选择 Forbid Scripts Globally(advised),通过激活预安装在 Tor 浏览器中的 NoScript 插件来禁用 Tor 浏览器上的 JavaScript。

(8) 建议更改在线身份,从而更改访问暗网上每个站点时的 IP 地址,如图 3-5 所示。选择 New Identity 选项将会重新启动 Tor 浏览器并丢失当前会话。

图 3-4 在访问黑暗网络之前,禁用所有网站上的 JavaScript

图 3-5 在暗网上更改每个已访问站点的 Tor 浏览器标识

(9) 不要从暗网下载任何东西到计算机上,特别是软件和盗版媒体(如歌曲和电影)。

(10) 在点击任何超链接之前都要保持警惕,因为无法获知谁在运营这些暗网站点,也不知道这些链接将把你带到哪里。

3.3.2 从表网内部进入暗网

有些网站提供了一种功能,可以使用普通浏览器(而不使用 Tor 浏览器或 Tor 软件)从表网访问 Tor 隐藏网站(隐藏服务)。

(1) Not Evil(https://hss3uro2hsxfogfq.onion.to)。

(2) Tor2web(https://tor2web.org)。

（3）Torchtorsearch（www.torchtorsearch.com）。

虽然，这些网站可以让普通用户更方便更易于访问暗网中的一些内容，但却无法像使用 Tor 浏览器那样安全。这种方式除了使浏览历史记录容易被拦截之外，还将使用户失去使用 Tor 网络时所追求的匿名性。

💣 警告！　如果想使用代理网站从常规 Web 浏览器中访问暗网（Tor 网络），请确保首先使用 VPN 加密连接。

3.4　使用 Tor 网络

第 2 章已经讨论了 Tor 网络的工作原理，下面简要介绍 Tor 网络中数据流的工作方式。

Tor 跨多个中继节点（也称为服务器或路由器）发送用户请求，通常至少使用 3 个中继节点。这些中继节点之间的所有连接都是加密的。第一个中继节点建立用户到 Tor 网络的连接，这个中继节点知道用户的当前位置，因此建议首先使用 VPN 连接来屏蔽它，或者使用自定义网桥/传输插件来屏蔽进入 Tor 网络的入口，以避免 ISP、政府或任何其他外部对手知晓对 Tor 网络的访问。第二个中继节点知道数据来自第一个中继节点，第三个中继节点知道数据来自第二个中继节点，以此类推。出口中继节点无法知道数据的源头。

Tor 中继节点不记录任何通过其的活动，并且这些中继节点间的所有连接都是完全加密的。最弱的链路位于出口中继节点，如果数据没有加密，出口中继节点可以拦截流经它的数据。在某些情况下，出口中继节点被入侵者攻陷，从而暴露 Tor 用户并探知其未加密的通信流。

为了降低在出口中继节点处被拦截数据的风险，用户应该在通过 Tor 网络发送数据之前对所有数据进行加密。Tor 浏览器附带一个名为 HTTPS Everywhere（https://www.eff.org/https-everywhere）的附加组件，可以强制浏览器在与使用 SSL 协议的网站通信时对用户数据进行加密。

托管在 Tor 网络上的网站以 .onion 扩展名结束。与以 .com 或 .net 结尾的普通 Web 网站不同，Tor 网站只能通过 Tor 浏览器访问。

要访问 Tor 网络，需要从 https://www.torproject.org/download/download 下载最新版本的 Tor 浏览器，然后启动 Tor 浏览器。Tor 浏览器是一个加固了的 Firefox 版本，支持对 Tor 网络的透明访问。Tor 浏览器也可以用来浏览一般的公共 Internet 网站。

如果在启动 Tor 浏览器之后不知道从哪里开始浏览，访问图 3-6 所示的 hidden wiki（http://zqktlwi4fecvo6ri.onion/wiki/index.php/Main_Page），该网站提供了最活跃的暗网站点分类目录。有些网站可能有时无法运行，但这并不意味着暗网连接已经掉线，许多网站每天只运行几小时，所以可以隔一段时间再进行访问。

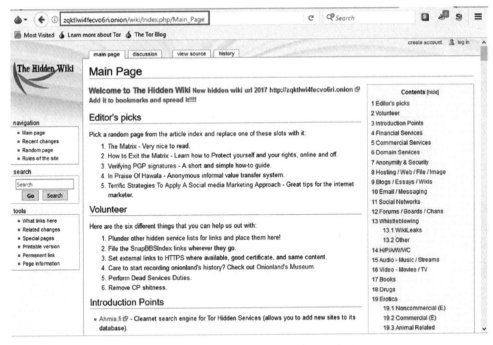

图 3-6　The hidden wiki--初学者进入暗网

Tor 网络最初是为了让用户匿名访问表网而创建的,与其他匿名网络(如 I2P 就是作为普通 Internet 中的一个独立网络创建的)相比,这被认为是 Tor 网络的一个缺点。假设有一个拥有良好资源的全局反向追踪者,如果 Tor 用户的活动已经成功地与 Tor 网络的入口(第一个中继节点)关联起来,那么只要监视 Tor 出口中继节点(数据离开 Tor 网络到表网的地方)就可以暴露 Tor 用户的身份。为了克服这一缺点,Tor 网络允许用户拥有自己专属的任何人都无法跟踪的隐蔽网站。如前所述,托管在 Tor 网络上的网站称为 Tor 服务或隐藏服务,扩展名为.onion,这些站点只能通过 Tor 网络访问。事实上,如果有人利用个人计算机运行隐蔽网站,则必须知道如何避免暴露其真实身份。Tor 网络在 https://www.torproject.org/docs/tor-hidden-service.html.en 上提供了配置隐蔽网站的指导。Tor 隐藏网站的集合就构成了暗网的一部分,实际上暗网中最流行的站点都是属于 Tor 网络的。

最后,Tor 网络的一个主要缺点是速度慢,因为在到达目的地之前,通信流量至少需要经过 3 个中继节点。当大量用户同时使用 Tor 网络时,其运行速度会更慢。

3.5　使用 Tails OS

在存在被外部对手拦截通信这种高风险的极端敌对环境中,强烈建议使用 Tails OS 进行绝密通信和离线工作。本节将详细介绍如何使用 Tails OS,展示如何在联机模式和脱机模式下使用 Tails OS(脱机模式允许使用者在安全的环境中创建和读取文档)。

第 2 章中已提及，Tails OS 是一个经过安全加固的 Debian GNU/Linux 操作系统，它对所有网络的连接都通过 Tor 网络路由。它配备了许多预先配置了安全性的应用程序，如 Tor 浏览器、安全的 IM 聊天、加密的电子邮件客户端和加密软件以及办公套件等应用程序。Tails OS 是一个便携式操作系统，可以从 USB 移动存储设备或 CD/DVD 中运行，并直接加载到主机的内存中，它不会在主机硬盘上留下任何痕迹。关机时，Tails OS 将删除所有用户文件，除非用户明确要求不删除。Tails OS 也可以配置为允许用户存储个人文档和程序（持久性存储）。

3.5.1 以只读模式安装 Tails OS

通过 USB 移动存储设备安装 Tails OS 时，需要遵循以下步骤。
（1）从 https://tails.boum.org 下载 Tails 文件。

> **警告！** 在创建可运行的 DVD/USB/SD 卡之前，应先检查已下载的 ISO 映像文件的完整性，以确保 Tails 文件是未经篡改的。请务必从其官方网站（https：/tails.boum.org/install/index.en.html）下载，不要从任何其他镜像位置下载其 ISO 镜像。

（2）从 https://www.pendrivelinux.com/universal-usb-installer-easy-as-1-2-3 下载通用 USB 安装程序，这个工具用于将 Tails OS 安装到 USB 移动存储设备。
（3）如图 3-7 所示，配置 Universal USB Installer（建议 USB 移动存储设备容量大于 8GB）。最后，单击 Create 按钮。

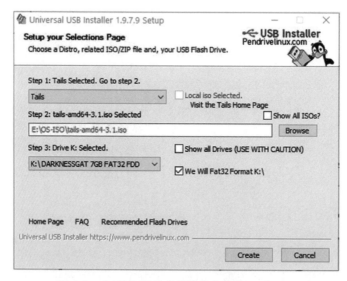

图 3-7　在 USB 移动存储设备上安装 Tails OS

(4）将主机的引导顺序更改为优先从 USB 移动存储设备启动。每个计算机制造商都有自己的访问 BIOS/UEFI 的方法，请查阅其网站或计算机手册。

(5）插入已安装 Tails OS 的 USB 移动存储设备，并重启主机开始启动 Tails OS。如果引导成功，从 Tails 菜单中选择第一个选项，引导进入系统，如图 3-8 所示。

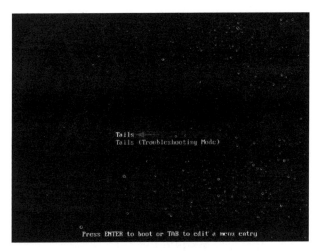

图 3-8　Tails 开机画面

(6）当出现 Tails 欢迎屏幕（此窗口允许选择语言首选项和键盘布局）时，单击 start Tails 按钮进入 Tails OS 桌面。

启动时，Tails 不需要太多配置，因为所有配置都已经设置成直接可以使用 Tor 网络，如图 3-9 所示。接下来输入接入点的密码来配置 Wi-Fi，如果通过有线连网则不需要配置。

图 3-9　Tails 桌面上显示启动 Tor 浏览器

3.5.2 以持久存储模式安装 Tails OS

3.5.1节所述步骤是以只读模式安装 Tails OS(也称为中介模式)。在这种安装模式下,无法使用 Tails OS 的一些重要特性,比如自动安全升级或在加密存储中保存文档和配置。本节将展示如何以持久存储模式安装 Tails OS,在这种模式下,可以在进行开源情报搜索活动时保存程序设置、书签,存储文档和注释。

要将 Tails OS 安装为持久存储模式,需要另一个至少 8GB 存储量的 USB 移动存储设备(如果需要存储大文件,就得使用容量更大的 USB 移动存储设备)。

(1) 当 Tails OS 还在运行时,将第二个 USB 移动存储设备插入计算机。

(2) 进入 Applications→Tail→Tails Installer,开始 Tails OS 的安装。

(3) 当 Tails 安装程序启动时,选择 Install by cloning 选项。

(4) 在目标设备下拉列表中选择第二个 USB 移动存储设备,然后单击 Install Tails,如图 3-10 所示。

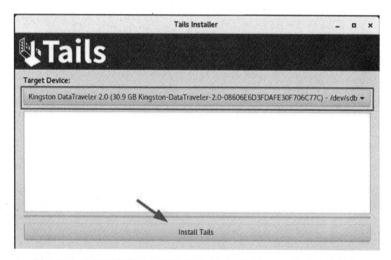

图 3-10 选择要安装带持久存储的 Tails 目标 USB 移动存储设备

(5) 这时会有一条警告消息通知所选的驱动器上所有数据将会丢失。确认后 Tails OS 将开始安装,安装过程可能持续约 3min。

安全结束后,要想使用新安装的 Tails OS,请重启机器。启动前拔出第一个 USB 移动存储设备,留下第二个 USB 移动存储设备,然后和之前一样启动 Tails OS。

要想将一些文档和配置保存在最终安装了 Tails OS 的 USB 移动存储设备的加密存储中,需要创建一个加密的持久存储空区。可以按照以下步骤创建这样的存储区,这个存储区将占用 Tails 驱动器上的剩余空间。

(1) 选择 Application→Tails→Configure persistent volume。选择密码来保护持久存储区中加密的数据。

(2）单击 Create 按钮开始。

(3）完成后，Tails 将询问在持久区中存储什么类型的文件。建议选择个人数据、网络连接、GnuPG 和浏览器书签。

(4）单击 Save 按钮，Tails 将重新启动。

(5）这一次，Tails 欢迎界面将询问是否要使用持久性存储区。单击 Yes 按钮，然后输入密码。

(6）现在可以将工作文档保存在持久文件夹中。要打开持久文件夹，请转到 Places→Persistent。

警告！ 在处理持久性存储区时，请记住两点。持久存储区不是隐藏的，如果有人获取了装有 Tails OS 的 USB 移动存储设备，他们就可以读取其中内容。持久存储文件夹是可以在其他操作系统中打开的，所以请确保在可信的安全计算机上打开它，以避免损害 Tails OS 的安全性。

如果读取或创建敏感文档，可以在不需要 Internet 连接的脱机模式下使用 Tails OS。要在脱机模式下启动 Tails OS，可以按如下方法启动 Tails OS：当启动到达 Tails OS 欢迎界面时，在 Welcome to Tails 窗口中，单击 Yes 按钮；单击 Forward 按钮进入高级启动模式；出现高级启动窗口后，转到窗口底部，单击 Disable all networking 按钮；单击 Login 按钮。

3.5.3 使用 Tails OS 时的警告

Tails OS 是一个优秀的匿名操作系统，默认情况下只使用 Tor 匿名网络上网。但是要在使用这个操作系统时保持完全匿名，必须警惕那些针对系统的各种威胁或攻击，它们可能会导致用户在使用 Tails OS 时的隐私受到侵犯。

Tails OS 不能保证用户免受基于硬件的攻击。即使使用的是 Tails OS，硬件键盘记录器和其他感染主机固件的恶意软件也可以隐蔽地窃取用户的通信。

在通过 Tor 网络发送文件前加密所有内容。如前所述，Tor 网络是一个匿名网络。Tor 中继节点之间的连接（在网络中）是加密的。然而，一旦数据离开 Tor 网络，就不会有任何加密了。Tails OS 在默认情况下也不会在通过 Tor 网络发送数据之前对数据进行加密，但是它配备了进行加密的现成工具，建议用户考虑使用它们。

默认情况下 Tails OS 不清除数字文件的元数据。正如第 2 章中提到的，元数据存在于大多数数字文件类型中。请确保在将数字文件（图像、办公文件、视频）发送到网上之前，清除这些文件的元数据，以免泄露身份。

如果使用的是 Tails OS 并且处在一个极其敌对的环境，上网时应该格外小心，把在线身份分别设置成许多不同的身份。例如，在线上传一篇文章到博客、读取电子邮件、回复评论一个特定的博客或网站时，一定要分别使用不同的身份。为了在这种情况下保持匿名，应该在完成前面提到的每个操作之后重新启动 Tails OS。即使对手拥有并使用大量资源，也很难有效地实现跟踪意图。

作为一名开源情报调查人员，强烈建议在进行在线调查之前练习使用 Tails OS 和 Tor 浏览器。

3.6 搜索 Tor 网络

通过 Tor 网络搜索暗网时，使用者不会像在表网那样发现很多有用的信息。暗网主要针对非法活动，有些暗网网站可能并不总是可用的。但是，暗网仍然会包含有价值的资源，可以在网络调查中有所帮助。本节将介绍一些流行好用的隐藏服务，它们可以帮助在 Tor 网络中找到有用的资源。

（1）暗网的搜索引擎：Ahmia（http://msydqstlz2kzerdg.onion/），Candle（http://gjobqjj7wyczbqie.onion/），Torch（http://xmh57jrzrnw6insl.onion/），Grams（http://grams7enufi7jmdl.onion/），not Evil（http://hss3uro2hsxfogfq.onion/），DuckDuckGo（https://3g2upl4pq6kufc4m.onion/），Searx（http://lqdnpadpys4snom2.onion/）。

（2）与比特币相关的网站：EasyCoin（http://easycoinsayj7p5l.onion/），WeBuyBitcoins（http://jzn5w5pac26sqef4.onion/），OnionWallet（http://ow24et3tetp6tvmk.onion/）。

（3）社交网站：Atlayo（http://atlayofke5rqhsma.onion/），BlackBook（http://blkbook3fxhcsn3u.onion/），Daniel's Chat（http://danschatjr7qbwip.onion）。

（4）Tor e-mail 服务：Onion Mail（http://p6x47b547s2fkmj3.onion/），RetroShare chat server（http://chat7zlxojqcf3nv.onion/），TorBox（http://torbox3uiot6wchz.onion/），Mail2Tor（http://mail2tor2zyjdctd.onion/）。

3.7 其他匿名网络

其他匿名网络的作用与 Tor 网络是类似的，下面介绍第二大流行匿名网络——I2P。

3.7.1 I2P 网络

I2P 代表隐形 Internet 项目，于 2003 年首次发布。I2P 虽然是一个与 Tor 类似的匿名网络，但它在很多方面都与 Tor 网络不同。在解释如何使用这个网络来访问暗网之前，首先简要介绍一下该网络技术方面的相关内容。

I2P 是一个使用 Java 编程语言构建的去中心化的点对点（peer-to-peer）对等网络，每个点也称为客户机、节点或路由器。I2P 允许用户托管网站并访问由 I2P 网站（也称为 deep sites，其扩展名为.i2p）组成的暗网。它提供了广泛的应用程序，如匿名 Web 主机、BitTorrent、电子邮件、文件共享等。在 I2P 网络中，发送者和目的地（在 I2P 网络中）之间的通信是完全加密的，通信流量在到达目的地之前通常要经过 4 层加密。

1. 使用 I2P

通过以下步骤可以访问 I2P 网络。

> ⚠️ 注意！ 要在计算机上运行 I2P，必须已经在计算机上安装了 Java，因为 I2P 是使用 Java 编程语言编写的。可以从 https://www.java.com/en/download/index.jsp 下载 Java。

（1）到 https://geti2p.net 下载与当前操作系统匹配的 I2P 软件版本。

（2）安装软件（I2P 路由器）后，单击 Start I2P(restartable) 图标，该图标将使用默认浏览器打开路由器控制台，其中有配置该网络的进一步说明。如果路由器控制界面没有自动弹出，请访问 http://127.0.0.1:7657/home 查看。

（3）I2P 可能需要几分钟才能成功连接到网络，路由器控制台上应该出现一条标记为 Network OK 的消息，如图 3-11 所示。如果出现的是一个错误消息（例如，Network：fire），则需要检查防火墙设置，允许连接到 I2P 端口。如果无法描述所有可能出现的问题的原因并提出解决方案，用户可以将错误消息复制到 Google 搜索寻找解决方案。对于不懂技术的用户来说，另一种选择是在一个不安装防火墙的虚拟机中运行 I2P。

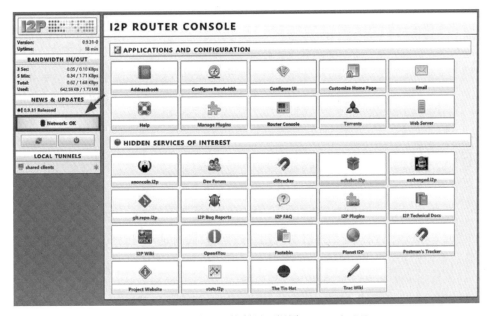

图 3-11 I2P 路由器控制界面视图-Network OK

（4）配置 Web 浏览器。此处为 Firefox 浏览器，其他浏览器也使用类似的配置。

（5）打开位于页面底部的 Firefox Options→General→Network Proxy，单击 Settings 按钮。

（6）在 Connection Settings 窗口中，单击 Manual proxy configuration 旁边的圆圈。然后在

HTTP Proxy 字段中输入 127.0.0.1,在 Port 字段中输入 4444。在 SSL Proxy 字段中输入 127.0.0.1,在端口字段中输入 4445。请确保在 No Proxy for 框中输入"localhost 127.0.0.1"。最后,单击 OK 按钮接受新设置,如图 3-12 所示。

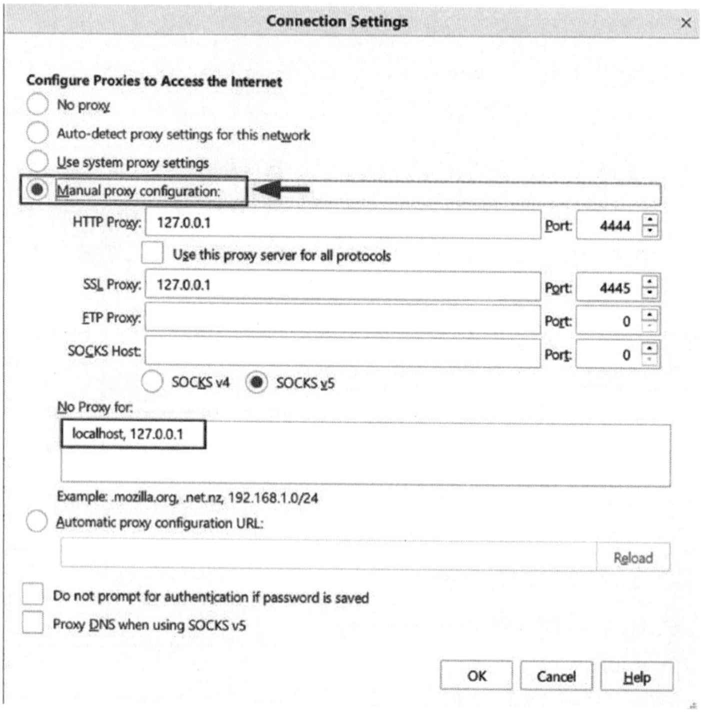

图 3-12 配置 Firefox

> **警告!** 与 Tor 不同,I2P 没有提供向 ISP 隐藏 I2P 网络入口的机制。一旦建立起 I2P 连接,所有内容将完全加密和匿名。另外,I2P 的流量不经过 Tor。

上述的 Firefox 配置允许用户匿名使用普通网络,同时也可以访问 I2P 匿名网络上的任何网站(此类网站的扩展名为 .i2p,而不是 .com 或 .org)。

成功连接到 I2P 网络并正确配置浏览器后,就可以开始探索这个网络了。如果不知道从哪里开始,请将浏览器指向 I2P 维基百科站点:http://i2pwiki.i2p。

第一次访问 I2P 网站时,可能会收到一条报错消息:Website Not Found in Addressbook(在地址簿中没有找到网站),这是因为路由器地址簿中没有任何 I2P 网站地址。要解决这个问题,请单击页面末尾的一个跳转服务链接,如图 3-13 所示。

请尝试单击每个跳转服务链接(见图 3-13 中方框),直到允许将此网站添加到 I2P 路由器地址簿里,如图 3-14 所示。

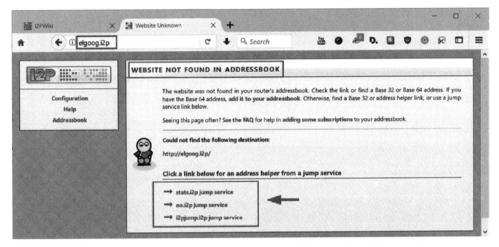

图 3-13　第一次访问一个 I2P 网站——访问的网站不在路由器的地址簿中

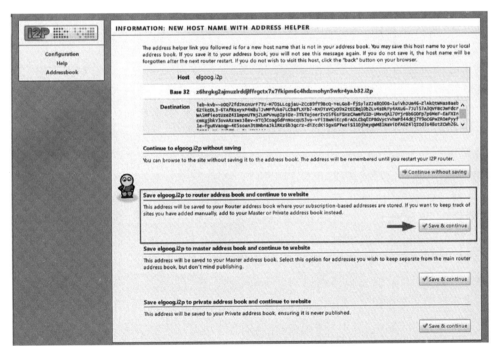

图 3-14　在路由器地址簿里添加一个以前没有访问过的新 I2P 网站。下次访问此网站时，将不会看到此消息

在 Save elgoog.i2p to router address book and continue to Website 中单击 Save & continue 后，图 3-15 所示的页面将会重定向到用户想访问的网站（在这个例子中是 ELGOOG.I2P）。

图 3-15　将网站主机名添加到路由器地址簿后，自动重定向到所请求的网站

2. I2P 与 Tor 网络

Tor 网络和 I2P 的主要区别在于设计者考虑的威胁模型不同。例如，Tor 网络允许用户匿名地浏览表网网页，而 I2P 是作为一个独立的匿名网络创建的，它支持双方在该网络中完全匿名通信。

Tor 网络使用电路交换（circuit-switching）方法传输数据，而 I2P 是使用包交换（packet-switching）模型，电路交换最初是为语音通信而发明的，不太适合数据传输。Tor 网络使用单一路径进行数据传输，而 I2P 使用的包交换可以使所有对等节点都参与网络中数据包的转发。I2P 使用两条路由分别导流入站和出站的流量，有效改善了整个系统的匿名性。同时，由于 I2P 的每个数据包采取不同的路线到达目的地，因而数据交付更灵活，而不像 Tor 数据包，必须在两个方向上都使用同一路径传输（每个 Tor 电路的寿命是 10min）。I2P 在网络中传输大文件的速度比 Tor 网络快，而 Tor 网络使用单一路由进行数据传输，因此会受到网络拥塞和服务中断的影响。

Tor 网络使用目录结构查看整个网络的总体性能，并收集和报告统计数据。Tor 目录维护所有 Tor 节点列表以及托管在 Tor 网络上的隐藏服务，并存放在美国和欧洲。I2P 的方法是使用去中心化的对等网络，其中没有一个节点可以查看整个网络，每个对等点（路由器）在本地维护所有已知路由器（中继节点）的列表。

I2P 使用的是大蒜加密（Garlic encryption），这是洋葱加密（Onion encryption）的一种变体，它将发送给不同收件人的多条消息捆绑在一起。外部对手很难通过网络拦截分析传输的流量，同时也会加快数据传输速度，并使其更加可靠。

与 I2P 相比，Tor 网络有更多的出口中继节点。I2P 使用术语 outproxy 来命名自己的出口中继路由节点。I2P 用户的数量小于 Tor 网络，这使得 I2P outproxy 的数量大大少于 Tor 出口中继节点。因此，与拥有大量的出口中继节点的 Tor 网络相比，I2P 更容易受到外部流量分析的影响。

Tor 网络通过使用安全套接字（Secure Sockets，SOCKS）充当代理服务器，因此任何能够使用 SOCKS 的应用程序（例如 Web 浏览器、即时消息聊天软件或电子邮件客户端）都可以配置成直接使用 Tor 软件。而 I2P 使用专门为匿名性而设计的 API，任何希望通过 I2P 网络通信的应用程序都必须实现这个 API，因此 I2P 比 Tor 网络更加安全和隐匿。然而，为了调用此 API，需要对应用程序进行修改，因此某种程度上代价比较高，所以限制了可以使用 I2P 网络的应用软件数量。

最后一点，Tor 网络有充足的资金。与 I2P 网络相比，它拥有庞大的用户群和来自学术界、黑客团体的支持者。从它的网站、文档和其他正在进行的项目中可以清楚地发现这一点。Tor 网络还具有用 C 语言编写的优势,在客户端上运行时比 I2P 更快,I2P 使用 Java 编写,会占用更多的 RAM 内存。

综上所述,I2P 和 Tor 网络都是优秀的匿名网络,但是哪一个在性能和匿名性方面是最好的,则取决于应用场景。例如,与 Tor 网络相比,I2P 更适合用于托管匿名站点,以及在 I2P 暗网中进行通信,因为它速度更快、匿名性更强。与 I2P 不同的是,Tor 网络更适合在访问表网时隐匿流量,而对于这种任务来说,I2P 则几乎是不可用的且充满风险。

3.7.2 Freenet

Freenet 是另一个匿名网络。它是一个完全分布式的对等匿名信息发布网络。此处不详细讨论如何使用这个网络,但是,可以查看 http://freesocial.draketo.de 以获得关于如何使用这个匿名网络的完整教程。Tor、I2P 和 Freenet 是目前最流行的匿名网络。Tor 应用更加广泛,也更加成熟,超过了其他两种。这里建议使用 Tor 网络进行所有需要匿名的在线工作。

3.8 展望未来

搜索深网和暗网的资源并不简单,目前的搜索引擎已经过优化,适合进行表网搜索,但无法搜索和索引更深层的内容,即使一些商业公司开发的高级搜索工具也做不到深网和暗网的搜索。在获取准确、有链接的和完整的结果数据方面,这些工具的有效性仍然有限。

现在,随着计算机技术的进步和全球 Internet 服务的广泛使用,越来越多的犯罪分子正在把他们的活动转移到网上。黑帽黑客、恐怖组织和受专制政权控制的国家也在利用 Internet(特别是在暗网上)进行非法活动。全球各国政府和执法机构必须利用一切可能的资源,发现并防止不法分子利用 Internet 技术为其犯罪提供便利。

为了帮助应对这些挑战,美国国防高级研究计划局(DARPA)创建了 Memex 项目,以帮助打击世界各地的人口贩运活动。Memex 是一个下一代搜索引擎,专注于帮助执法人员在网络空间找到从事人口贩运的网络犯罪分子。Memex 除了可以在表网上搜索外,还可以在暗网和深网中搜索散布在网络各处的关联信息,以支持调查人员的任务。

尽管 Memex 的主要任务是打击全球人口贩运,但情报机构和其他军事组织可以利用它从深网及暗网中收集并关联他们需要的任何有用的开源情报信息。

3.9 总结

深网和暗网越来越受到研究人员、执法部门和政府机构的关注,但是大多数 Web 用户仍然弄不明白这两个术语。此外,对许多人来说,暗网的性质和技术架构也仍然不够清楚。

本章揭示了网络分层的概念，并通过示例演示了每层的内容以及如何访问它们来检索信息。

本章介绍了两种可访问暗网的匿名网络，并进行了比较。Tor是一个拥有广泛用户基础的成熟的匿名网络，并且由于其拥有许多出口节点，所以主要用于匿名浏览表网；而I2P作为在暗网中建立隐藏网站的首选，也逐渐开始得到更多用户以及网站运营者的关注，因为其速度快且匿名性更强。

正如书中提及，许多暗网站点专门从事非法活动，本章并不是介绍如何通过暗网接触这些非法服务。本书强烈建议一般的Internet用户不要访问暗网。本章重点是向读者（特别是开源情报调查人员）介绍，如何使用在线匿名工具（如Tor浏览器和Tails操作系统）以安全和匿名的方式进行在线调查。本章提供的信息也将有利于在线调查人员访问和搜索Internet中的黑暗地带。

本章专门讨论了Internet的最深层。而在第4章将回到表网，介绍如何利用高级技巧使用诸如Google和Bing之类的典型搜索引擎，搜索开源情报的在线资源。

3.10 参考文献

[1] Internet World Stats. World Internet Users and 2017 Population Stats[EB/OL].[2017-11-01]. www.internetworldstats.com/stats.htm.

[2] Netcraft. October 2017 Web Server Survey[EB/OL].[2017-11-01]. https://news.netcraft.com/archives/category/web-server-survey/.

[3] Aclweb. Classifying Illegal Activities on Tor Network Based on Web Textual Contents[EB/OL].[2017-11-01]. https://www.aclweb.org/anthology/E/E17/E17-1004.pdf.

[4] Techworm. Tor and VPN users labeled as criminals will be hacked and spied by FBI under new law[EB/OL].[2017-11-01]. https://www.techworm.net/2016/05/tor-vpn-users-labeled-criminals-hacked-spied-fbi-new-law.html.

第4章

搜索引擎技术

Internet 用户和活跃网站的数量都在稳步增长。根据 2017 年 1 月 Netcraft 的网络服务器调查,目前有 1800047111 个网站[1],这些网站的页面数量会根据许多因素不断变化。Google 内部估计有超过 130 万亿的网页被 Google 搜索引擎发现,截至 2017 年 10 月,其中约有 500 亿个网页被纳入 Google 的可搜索索引[2]。不要忘记,因为 Google 等典型的搜索引擎无法发现那些属于深网和暗网的页面,所以类似的搜索引擎无法索引整个 Web。

现有网页的数量巨大,如果没有搜索引擎,在如此浩瀚的海量信息中找到正确的路径会非常困难。搜索引擎的工作方式是通过一个自动爬虫软件,不断扫描活跃的网站,并将发现的内容添加到索引中,而索引存储在大型数据库中。当用户查询某个关键词时,搜索引擎通过检索该索引数据库并以站点列表形式返回结果,站点列表按照与用户查询的关键词的关联匹配度排序,返回的结果站点可能包含 Web 页面、图像、视频和其他类型文件。

如果没有搜索引擎,用户在搜索特定信息时需要手动访问和查看每个网站,这是一项艰巨的任务,每次搜索都要花费相当多的时间,而搜索引擎可以帮助用户只查看相关的结果。搜索引擎软件对每个已经索引了的页面进行扫描,并根据页面中的关键词列表对其进行分类。例如,当用户搜索"飞往夏威夷的廉价航班"时,所有提供飞往夏威夷航班的页面都会出现在搜索结果列表中,不过排名靠前的将是与用户搜索标准严格相关的页面/网站。请注意,每个搜索引擎供应商对其搜索结果中排名网站的算法都是保密的。即使是相同的查询,每个网站的排名也可能每小时都在变化,而排名最高的是那些在用户搜索查询里受欢迎程度以及内容相关度方面满足排名算法标准的网站。

像 Bing 和 Google 这样的典型搜索引擎都免费提供服务。它们还提供高级搜索功能,用户可以使用这些功能进行更精确的搜索。例如,Google 提供了一个功能强大的高级搜索(https://www.google.com/advanced_search),可以提供更精准的搜索结果,如图 4-1 所示。

搜索引擎的内部机制并不像它们的界面那么简单。搜索引擎越复杂,它用于查找和索引 Web 内容的算法就越复杂。本章将介绍如何使用不同类型的搜索引擎来有效地找到信息。本章从 Google 说起,它被认为是最大的一个搜索引擎,并且提供很多专业的操作选项来执行高级搜索(也称为 Google dorks)。这里除了介绍如何使用许多免费的在线服务来证

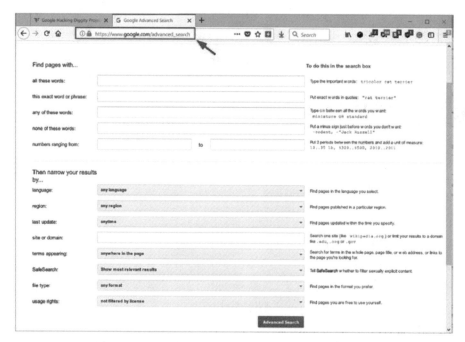

图 4-1　Google 高级搜索功能返回的更特定的搜索结果

实调查结果之外,还将介绍如何搜索诸如图像和视频等特定类型的数字文件。首先介绍在搜索中如何选择关键词来通过搜索引擎得到最相关的结果。

4.1　关键词的发现与研究

开源情报调查员需要精通在线搜索技巧,首先需要使用正确的搜索关键词。典型的搜索引擎基于各种准则发现和索引 Web 页面,其中最重要的准则是目标页面中可用的关键词集。

关键词发现可以帮助搜索者扩展搜索范围,使用包括相同关键词的不同变体,同时发现同义词和语义相关的术语和短语,以便更好地发现那些一般用户进行类似搜索时可能很少访问的内容。

关键词发现被网络营销人员广泛应用于搜索引擎优化(Search Engine Optimization,SEO)中,以查看不同的人(通过不同的搜索引擎)使用哪些关键词来搜索相似的主题。除了获取有关当前搜索趋势的情报外,调查人员还可以使用相同的技术搜索短语/关键词的变体。

下面介绍最流行的关键词研究工具。

(1) Google Keyword Suggest Tool(http://tools.seochat.com/tools/suggest-Tool)为 Google、Bing、Amazon 和 YouTube 提供关键词建议。

（2）Google AdWords(https://adwords.google.com/home/tools/keyword planner/)和 Google Trends(https://www.google.com/Trends)显示全球任何地区的 Google 搜索量和数据指标矩阵。

（3）One Look(www.onelook.com/reverse-dictionary.shtml)可以针对输入的一个单词、短语、句子或句型，搜索相关单词。

4.2 使用搜索引擎查找信息

本节中将展示如何使用搜索引擎来获得精确的结果，先从搜索巨头 Google 开始介绍。

4.2.1 Google

Google 搜索引擎在同行中处于领先地位，拥有最大的市场份额，全球超过 77% 的搜索流量都是使用 Google 的。

全球网络用户每天在搜索引擎上进行的搜索数量是巨大的。表 4-1 显示了每个搜索引擎每天的搜索次数[3]。

表 4-1　主要搜索引擎的每日搜索次数

搜 索 引 擎	每日搜索次数	搜 索 引 擎	每日搜索次数
Google	4464000000	Yahoo	536101505
Bing	873964000	其他(AOL,Ask 等)	128427264
Baidu	583520803		

大多数 Web 用户使用 Google 的网页版搜索在线内容。Google 的基本搜索页面就是访问 Google 主页(www.google.com)时所看到的。在 Google 搜索框中输入搜索查询，然后单击 Google Search 按钮即可。也可以通过单击麦克风图标使用语音输入搜索查询。除了 Google 翻译服务之外，Google 主页还提供了其他服务，例如搜索图像、视频、新闻组和地图。

💣警告！　当使用以下 Google 搜索单词(符号)时，请确保符号和搜索单词(查询)之间没有任何的空格。

使用下面所列的 Google 搜索单词(符号)可以改进基本搜索，以获得更好的结果。

（1）如果指定在社交媒体网站内搜索，需要使用符号@，后面跟社交媒体名称；随后输入一个冒号再输入搜索关键词。例如，想要在 Facebook 中搜索 Nihad Hassan(作者的名字——译者注)，就输入@facebook：nihad hassan。

（2）搜索话题标签，可以在搜索词前加上 ♯ 号。例如，输入 ♯USAelection(美国大选话题——译者注)。

（3）如果要精确匹配搜索项，需要给搜索项/短语加上引号。例如，输入"data hiding"。

（4）使用波浪符（~）可以搜索直接跟在该操作符之后的单词及其同义词。例如，输入 Excel~guide 将返回 Excel 教程、技巧、助手、视频培训以及任何与 guide 同义的内容。

（5）使用 OR 操作符，也可以写成竖线（|），它可以用来查找包含其中任何一个或多个搜索项的页面。例如，输入 Apress OR springer（或输入 Apress|Springer）将检索包含术语 Apress 或术语 Springer 的页面。

（6）要从搜索中排除单词，在需要排除的单词（短语）前面加上（-）符号。例如，输入 lacoste-animal。

（7）要搜索未知单词，使用星号（*）可以代表一个或多个单词。例如，输入 data hiding in *。

（8）使用没有空格的双点（..）限定数字范围，如日期、数字或价格范围。例如，USA earthquake 1980..2000。

（9）要搜索相似的 Web 页面，将 related：一词放在希望看到相似页面的网页地址的前面。例如，输入 related：springer.com。

（10）使用 info：查看 Google 拥有的关于某个域名的信息。例如，输入 info：springer.com。

（11）使用 define：查看输入的关键词的定义。例如，输入 define：information。

（12）使用 cache：返回所查询的 Web 页面的 Google 缓存版本。例如，输入 cache：apress.com。

（13）要搜索关于特定歌曲或电影的信息，输入 music：或 movie：，并后跟歌曲或电影名称。

（14）想查看世界上任何地方的当前天气，请使用关键词 weather：。例如，输入 weather：London。

（15）要显示任何公司的股票价格，请使用关键词 stocks：后跟公司股票代码。例如，输入 stocks：MSFT 将显示微软公司的股票信息。可通过 https://www.marketwatch.com/tools/quotes/lookup.asp 获取任何公司的股票代码。

（16）使用关键词 map：后面跟着地名，Google 将显示与地图上该地名有关的信息。例如，输入 map：New York。

（17）输入 time 这个关键词可以查看当前所在位置的日期及时间，如果要查看另一个位置的时间，请在 time 关键词之后加上位置名称（例如，输入 time New York）。

⚠ **注意！** http://localtimes.info 显示了一个交互式页面，可以给出当前世界各地时间。www.thetimenow.com 除了显示天气预报和有关当前位置的更多信息外，还显示了日期、时间和日历（当前位置可以通过连接的 IP 地址检测到，所以，如果使用的 VPN 服务掩盖了真实 IP 地址，别忘了输入正确位置）。

(18) Google 还可以作为货币和度量之间的转换器。例如,输入(190 cm in feet)或(1000 dollars in yen)。

(19) 也可以使用 Google 查看航班信息。在 Google 搜索框中键入航空公司名称和航班号,它将显示航班状态信息,如图 4-2 所示。

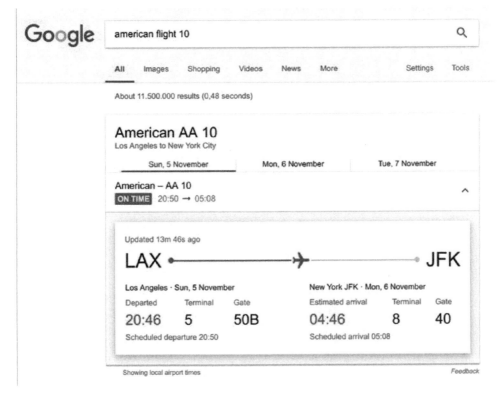

图 4-2　显示美国航空公司 AA 10 航班的信息

Google 也因其图像搜索而闻名。例如,要搜索特定的图像,可以使用 https://www.google.com/advanced_image_search 中的 Google 高级图像搜索,它允许设置不同的图像搜索条件(例如大小、颜色、类型等)寻找目标图像。

基本搜索适合初学者,不需要担心搜索关键词的拼写或大小写,因为 Google 将解决这个问题。然而,当涉及获取与特定主题相关的信息时,需要使用 Google 特殊操作符来搜索那些通过简单搜索查询难以找到的信息。

1. Google 高级操作符

高级选项也称 Google hacking 或 Google dorks。当用户将关键词搜索与高级搜索操作符组合在一起,搜寻那些难以被基本搜索发现的隐藏信息时,使用的就是 Google hacking。例如,Google hacking 可以用来发现易受攻击的 Web 服务器或特定公司的雇员及客户的个人识别信息(Personally Identifying Information,PII)文件列表,这些文件可能被留在公司服务器上而未受保护。网络罪犯、黑帽黑客甚至恐怖分子都使用这种技术在网上收集敏感数据,以便对目标发起进一步攻击。

下面将从最简单的 Google 高级搜索操作符的使用开始,逐一介绍。使用操作符的一般格式为:operator:search_term(操作符、冒号和关键词搜索之间没有空格)。

(1) site 操作符指定 Google 在一个网站或域名内搜索。例如,假设输入 hide site:darknessgate.com,Google 将只在 darknessgate.com 网站中搜索 hide 这个单词。使用相同的操作符,可以将搜索限制在某种域名类型内。例如,输入 computer forensics site:gov,会在所有具有.gov 域名的网站中搜索术语 computer forensics。

(2) 在 allintext 操作符之后插入查询搜索项,Google 将把搜索限制在正文包含指定搜索项的所有页面。例如,输入 allintext:free SMS service Google 将只返回文本中同时包含 free 和 SMS 和 service 三个搜索项的页面。

(3) 使用 allintitle 操作符然后输入搜索项进行搜索。Google 将只返回标题中包含搜索项的页面。例如,输入 allintitle:Nihad hassan 让 Google 返回标题中包含 Nihad hassan 的所有页面(页面标题出现在浏览器窗口的顶部),如图 4-3 所示。

图 4-3　在页面标题中搜索特定的术语

(4) 如果在图像搜索中使用 allintitle 操作符,它将返回文件名中含有指定搜索项的文件里的图像。

(5) 以 allinurl 操作符开始然后跟着搜索词进行搜索,Google 将返回那些在 URL 中存在搜索项的所有页面。例如,输入 allinurl:OSINT intelligence,Google 将返回那些在 URL 中带有搜索项 OSINT intelligence 的页面(参见图 4-4)。切记不能在 allinurl 操作符里包含其他搜索操作符。

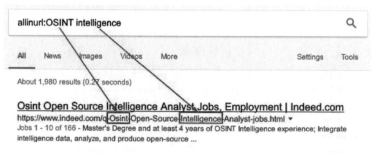

图 4-4　使用 Google allintitle 操作符

(6) 当在搜索项后使用 filetype 时,Google 将把返回结果限制在以该扩展名结尾的 Web 页面。例如,输入 osint intelligence filetype:PDF,Google 将只返回匹配指定搜索项的 PDF 文件。

（7）要搜索多个文件类型，请将它们的扩展名按如下方式添加到搜索查询中：osint intelligence filetype：pdf OR filetype：doc。Google 支持搜索不同文件类型，可以在（https：//www. google. com/support/enterprise/static/gsa/docs/admin/74/gsa_doc_set/file_formats/file_formats. html）上找到可索引的文件格式列表。

这些示例都演示了如何使用 Google 高级搜索操作符返回精准的相关结果。在线调查人员应该具有创造性，通过在每次查询中使用不同的搜索操作符来返回最佳结果，从而提高搜索技能。

⚠ **注意！** Google 高级搜索（https：//www. google. com/advanced_ search）允许用户无须在搜索框中手动输入就可以使用高级搜索操作符，尽管它在进行更具创造性的搜索方面仍有一些限制，但对业余和专业用户来说，它仍然被认为是一个伟大的工具。

2．Google 黑客数据库

如图 4-5 所示，Johnny Long 创建的 Google 黑客数据库包含数百个可用于在线获取情报的高级 Google 搜索词，它可以找到但不限于以下内容。

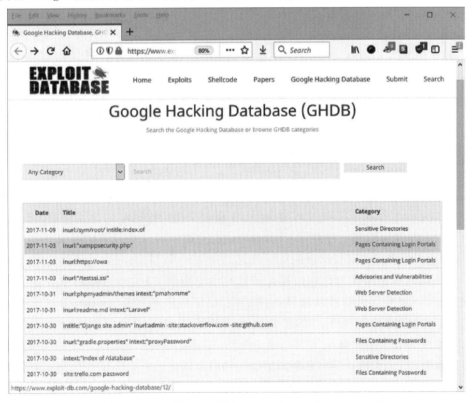

图 4-5　Google 黑客数据库（www. t-db. com/googl-dorks）

（1）易受攻击的 Web 服务器。

（2）包含敏感信息（如用户名/密码）的文件以及来自 Internet 设备的记录了其设置和其他重要信息的配置文件。

（3）没有保护的敏感目录。

（4）由服务器、数据库和其他软件生成的错误消息，可以被用来入侵信息系统。

（5）关于网络设备的信息，如防火墙、IDS 日志和配置等。

（6）不同的物联网设备和未受保护的控制面板。

（7）内部网、VPN 服务等隐藏页面。

可以在 Google 使用下列实例搜索词查找在线敏感信息。

（1）Index of /backup，将返回一份不受保护的包含备份数据的服务器列表。这些文件可能包含敏感信息。

（2）robots.txt、Disallow：和.filetype:txt：黑客通过检查 robots.txt 文件来查看未被搜索引擎索引的文件，以获取情报或访问这些敏感目录。robots.txt 文件通常位于 Web 网站服务器的根目录中，并告知搜索引擎的爬虫，网站上的某些部分不允许它们查看（换句话说，希望索引过程忽略的部分）。

（3）budget site:gov filetype:xls：将返回在所有.gov 域名网站中并包含术语 budget 的所有可公开访问的 Microsoft Excel 电子表格。

> ⚠ **注意！** 要想找到最新的 Google 搜索高级选项列表，请使用 Google 运行以下搜索。
> （1）allintext:Google Dorks filetype：pdf；
> （2）allintitle:Google hacking。

3. 其他基于 Google 技术的搜索引擎

虽然 Google 擅长网络搜索，但它并没有完全尊重用户的隐私。Google 和其他大型 IT 供应商在一定程度上监控用户的在线活动，了解他们的浏览习惯，从而针对他们发送定制广告。使用 Google 搜索的另一个缺点是，Google 会记录使用者以往的搜索历史，如果在未来的搜索中发现与以前的浏览习惯不一致，则可能会忽略一些本应呈现的结果。这对网络调查是危险的，因为根据搜索者以前的浏览历史，它可能会限制 Google 返回结果集。

Google 搜索算法被认为是返回相关结果的最佳搜索算法。然而，对于有隐私意识的人来说，还有其他搜索引擎可以选择，这些搜索引擎可以利用 Google 的搜索技术来获取搜索结果，却不会通过收集用户的搜索信息来侵犯用户的隐私。常见的搜索引擎如下所述。

（1）StartPage（https://www.startpage.com）。

（2）Lukol（https://www.lukol.com）。

（3）Mozbot（https://www.mozbot.com）。

4.2.2 Bing

Bing 是仅次于 Google 的第二大搜索引擎,它由微软公司开发,是 IE 和 Edge 浏览器的默认搜索引擎。Bing 与 Google 基本搜索操作符有很多相似之处,表 4-2 列出了可用于细化 Bing 搜索的主要搜索操作符(在示例中,冒号后面不要使用空格)。

表 4-2 Bing 的搜索操作符

操 作 符	示 例	说 明
" "	"French food"	寻找特定的词汇
NOT 或减号(-)	Virus-computer	排除包含特定词语或词组的网页
OR	Nokia or Apple	搜索查找任何包含 Nokia 或 Apple 的网页
define:	define:computer	得到对某一特定词语的定义
site:	Windows site:darknessgate.com	把搜索结果限定在一个网站(在一个网站查找)
filetype:	Bing search operator filetype:pdf	搜索结果仅限于某一文件类型,此例是 PDF 文件
inbody	inbody:digital privacy	返回在页面正文中包含指定术语的网页
IP	ip:193.70.110.132	查找由指定 IP 地址托管的所有网站
language:	unicef language:ar	返回特定语言的网页,此例中只在阿拉伯语页面中搜索词 unicef。 注意:要查看 bing 支持的国家、地区和语言代码列表,请访问 http://help.bingads.microsoft.com/apex/index/18/en-us/10004
feed:	feed:computer security	在符合搜索条件的网站上找到 RSS 源
prefer:	computer hacking prefer:tutorials	对搜索词或其他搜索操作符进行强调,以便将搜索结果集中在其上。此例中,搜索术语是"计算机黑客",但重点是教程

可以通过访问 http://bvsg.org/index.html 来比较 Google 和 Bing 对于相同搜索查询所返回的检索结果。

另一个有用的服务是 Advangle(http://advangle.com),它可以可视化地同时为 Google 和 Bing 构造复杂的搜索查询,如图 4-6 所示。用户还可以将查询保存在 Advangle 账户中(注册是免费的),以便稍后返回查询。

4.2.3 注重隐私的搜索引擎

以下是最流行的不会跟踪用户活动的搜索引擎。

(1) DuckDuckGo(https://duckduckgo.com/):网络调查人员通常使用 Tor 浏览器通过该网站搜索表网信息。

(2) Qwant(https://www.qwant.combased):这是在法国的一个搜索网站。

(3) Oscobo(https://oscobo.co.uk):这是在英国的一个搜索网站。

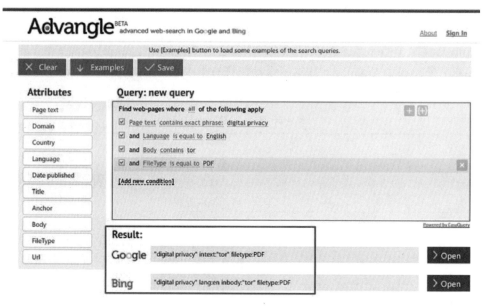

图 4-6　使用 Advangle 服务构建一个高级的 Google 和 Bing 查询

（4）Swisscows(https://swisscows.com)：这是在瑞士的一个保护隐私的搜索网站。

（5）Privatelee(https://privatelee.com)：这是一个私密地搜索网页和图像的网站。

（6）Gigablast(https://www.gigablast.com)：这是一个开源的搜索引擎。

（7）Gibiru(www.gibiru.com)：这是一个不被审查且可以保持匿名的搜索引擎。

4.2.4　其他搜索引擎

许多开源情报调查人员喜欢使用多个搜索引擎来获取结果。事实上，当使用不同的搜索引擎进行相同的查询时，可能会对结果的多样性感到惊讶。表 4-3 按受欢迎程度列出了其他流行的可用于在线查找信息的搜索引擎。请记住，在进行任何搜索之前，首先应该匿名连接，或者直接使用 Tor 浏览器进行搜索。

表 4-3　其他搜索引擎

搜 索 引 擎	URL
Yahoo! Advanced web search	https://search.yahoo.com/web/advanced
Yandex	https://www.yandex.com
AOL	http://search.aol.com
Dothop	http://dothop.com/home
Excite	www.excite.com
Goodsearch	https://www.goodsearch.com
Factbites	www.factbites.com
Infospace	http://infospace.com

续表

搜索引擎	URL
Lycos	www.lycos.com/
Exalead	www.exalead.com/search/web/
Search	https://www.search.com/
Search Engine Colossus	http://searchenginecolossus.com（包含来自全球 317 个国家和地区的搜索引擎目录,涵盖所有世界通用语言）
Search Engines Directory	www.searchengineguide.com/searchengines.html
The Ultimate Search Engine Links Page	www.searchenginelinks.co.uk/

还有一些搜索引擎可以用来搜索特定国家的信息。表 4-4 按流行程度列出了主要的各国搜索引擎。

表 4-4 流行的各国搜索引擎

搜索引擎	URL	所在国家或地区
Yandex	https://www.yandex.com	俄罗斯
Search	https://www.search.ch/	瑞士
Alleba	www.alleba.com/	菲律宾
Baidu	https://www.baidu.com	中国
Eniro	https://www.eniro.se	瑞典
Daum	https://www.daum.net(www.naver.com)	韩国
Goo	www.goo.ne.jp	日本
Onet	https://www.onet.pl	波兰
Parseek	www.parseek.com	伊朗
SAPO	https://www.sapo.pt	葡萄牙
AONDE	www.aonde.com	巴西
Lableb	https://www.lableb.com	阿拉伯语搜索引擎

4.2.5 企业搜索网站

虽然开源情报一词来自军方,但它的价值并不仅限于军事相关的领域。如今在企业中,除了将开源情报用于预测未来事件外,在决策过程中也非常依赖开源情报。

在任何网络调查中,查找有关公司的信息都是必不可少的。例如,从开源情报源可收集重要业务信息,如业务利润、当前和未来的项目、业务架构层次和公司日程安排(如年会、公司假期或投资者会议)。这些信息在很多情况下都是很有帮助的(例如,查明某家公司或某个人是否参与了逃税案件)。

本节将列出可用于检索全球企业重要信息的网站。

1. 查阅企业年报

年度报告是公司每年向股东发布一次的文件。它包含有关公司财务状况的有价值信息,如预算、财务状况、利润、亏损、管理、审计报告以及现金流信息,此外报告还包括目标公司所属行业的一般性描述。

通过以下网站可免费浏览由不同行业出版的数以千计的公司年报。

(1) www.annualreports.com 列出了来自全球 5333 家公司的数千份年度报告记录。

(2) https://www.reportlinker.com 包含超过 6000 万个可搜索的表、图和数据集。

(3) https://www.gov.uk/government/publications/overseas-registries/overseas-registries 列出了所有英国政府提供的位于全球的公司注册信息。

(4) https://www.sec.gov/edgar/searchedgar/companysearch.html 是美国证券交易委员会网站,如图 4-7 所示。

图 4-7 在 www.sec.gov 上搜索公司文件

(5) www.sedar.com 提供上市公司证券文件和所有加拿大证券管理机构保存的信息。

(6) https://www.commercial-register.sg.ch/home/worldwide.html 提供了全球范围内的政府和商业注册机构清单。

年报也可以在公司的网站上找到,只需进入公司网站的 About Us 页面,或者使用公司网站上的搜索工具搜索 annual report 就可以找到这些文件,一般为 PDF 或 HTML 格式。

2. 公司信息(公司资料)

公司资料和目录网站提供有关公司的有价值信息,如地址、位置、分支机构、联系方式、员工姓名(可能包括他们的业务电话号码和电子邮件)、服务类型或行业等。以下是最受欢迎的检索公司资料的网站。

(1) Open Corporates(https://opencorporates.com)是世界上最大的公司开放数据库。

(2) Crunchbase(https://www.crunchbase.com)提供关于商业公司的信息,从早期初创公司到财富 1000 强。

(3) Corporationwiki(https://www.corporationwiki.com),可以搜索任何公司,并可以可视化地展现其中工作人员之间的联系。还可以下载一个 Excel 文件,其中包含每个在公司工作人员的详细信息(包括指向包含此人已知地址的页面链接)。

(4) Zoom Info(https://www.zoominfo.com/company-directory/us)列出了美国按行业分类的公司,并为在这些公司工作的人提供包括联系方式在内的信息。该服务是付费的,并提供一个测试服务的试用版。

(5) Kompass(https://www.kompass.com/selectcountry/)是一个全球 B2B 门户网站,提供 60 多个国家的公司信息。

(6) Infobel(www.infobel.com),通过此网站可以在世界任何地方搜索一家公司或一个人。

(7) Orbis directory (https://orbisdirectory.bvdinfo.com/version-20171019/OrbisDirectory/Companies)提供全球私营企业的免费信息。付费服务可以提供更详细的报告。

(8) Manta(https://www.manta.com/business)是一个针对美国企业的业务目录。

(9) Canadian Company Capabilities(http://strategis.ic.gc.ca/eic/site/ccc-rec.nsf/eng/Home)是由加拿大政府维护的网站,它有一个数据库,按每个行业分类,包含 6 万家加拿大企业。每家公司资料包含关于联系人、产品、服务、贸易历史和技术的信息。

(10) Canadian Importers Database(https://strategis.ic.gc.ca/eic/site/cid-dic.nsf/eng/home)提供了向加拿大进口货物的公司列表,按产品、城市和原产国分类。

(11) LittleSis(https://littlesis.org)是一个功能强大的个人及组织机构画像网站,列出了大约 18.5 万人和 6.7 万家组织的丰富信息,有些组织和个人的信息正在完善中。这个网站关注的目标是在公共和私人部门有实力的个人或组织,如政治家、商人、说客、商业公司、非营利组织(如基金会、社会俱乐部、艺术团体)以及政治组织。

(12) Companies House(https://beta.companieshouse.gov.uk)是英国企业注册网站(也包含英国不同行业的个人信息)。

(13) CDREX(http://cdrex.com)提供有关英国企业(约 700 万家公司,按地区或行业分类)的信息,包括 GPS 定位。

(14) EUROPAGES(https://www.europages.co.uk)是欧洲 B2B 门户网站,包括 26 种语言的 300 万家注册企业。

(15) Vault(www.vault.com)包含了很多美国公司的信息(120 个行业的 5000 多家公司)。所列的每个公司都有员工评价和排名。付费用户可以访问详细信息。

(16) Owler(https://www.owler.com)有全球超过 1500 万家企业的丰富信息。

（17）The United Kingdom Limited Liability Company list(https://www.companiesintheuk.co.uk)提供关于英国任何有限责任公司的免费信息和官方文件。

（18）Kvk(www.kvk.nl)：是德国商会，它是德国公司的注册机构。

（19）International White and Yellow Pages(www.wayp.com)提供企业名称、地址、电话号码和传真号码。

（20）Google Finance(https://finance.google.com/Finance)提供了关于股票市场和公司新闻的最新详细信息。

4.2.6　元数据搜索引擎

当使用典型的搜索引擎（如 Google）进行搜索时，搜索引擎会处理查询请求，并在索引数据库中查找搜索内容并检索出相关的结果。元数据搜索引擎没有自己的索引，相反，它们将搜索查询请求发送到其他搜索引擎（如 Google、Bing 和 Yahoo）以及第三方数据源。然后，检索返回结果，对结果进行排序，并通过 Web 界面将最终输出呈现给搜索用户。

元数据搜索引擎与"真正的"搜索引擎供应商（如 Google 和 Bing）达成协议，允许它们从索引中搜索、检索内容。一些元数据搜索引擎确实使用自己的排名模式向用户显示编排后的结果。然而，它们不会干涉或改变数据源返回给它们的内容相关性排序。因此，搜索用户应该坚持参考各个搜索引擎给出的排序靠前的结果。

元数据搜索引擎的一个主要优势是能够汇总多源结果提供给用户做搜索。与那些典型的搜索引擎（如 Google 和 Bing）相比，快速搜索多个源可以减少搜索时间，返回的结果可能更全面，也不会降低私密性。以下是当前最流行的元数据搜索引擎。

（1）www.etools.ch/search.do 主要从国际搜索引擎中编译结果，注重用户个人隐私，不会收集或共享用户的个人信息。这个搜索引擎速度很快，在右侧显示了每个搜索查询的摘要，详细说明了搜索结果的来源，如图 4-8 所示。

（2）All the Internet(https://www.alltheInternet.com)查询主要的搜索引擎，包括 Amazon 和 eBay 这样的购物网站。

（3）Fagan Finder(www.faganfinder.com/engines)查询主要的搜索引擎、搜索答案引擎、问答网站和博客。

（4）www.izito.com 聚集来自多个来源（Yahoo、Bing、维基百科、YouTube 等）的数据，生成包括图像、视频、新闻和文章在内的最佳搜索结果。

（5）MetaCrawler(www.metacrawler.com)汇总了来自 Google 和 Yahoo 的搜索结果。

（6）My All Search(https://www.myallsearch.com)汇集了通过 Bing、DuckDuckGo、AOL Search、Ask、Oscobo、Mojeek、ZapMeta 和 MetaCrawler 搜索的结果。

（7）Carrot2(http://search.carrot2.org/)聚集了来自 GoogleAPI、Bing API、eTools 元搜索、Lucene、SOLR 等的结果。它将结果按主题进行分类（采用圆圈和泡沫树），将搜索划分为多个主题，帮助用户在视觉上缩小搜索范围，如图 4-9 所示。

（8）elocalfinder(www.elocalfinder.com/HSearch.aspx)从 Google、Yahoo、Ask 和

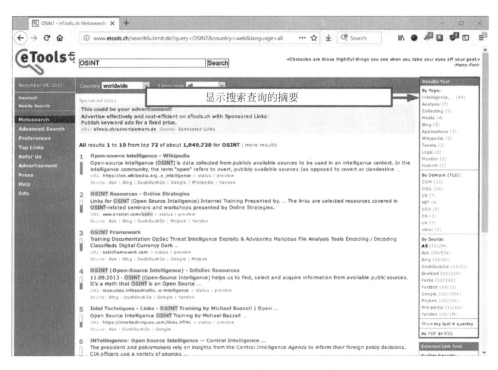

图 4-8　使用 etools.ch 显示搜索查询的各数据源结果

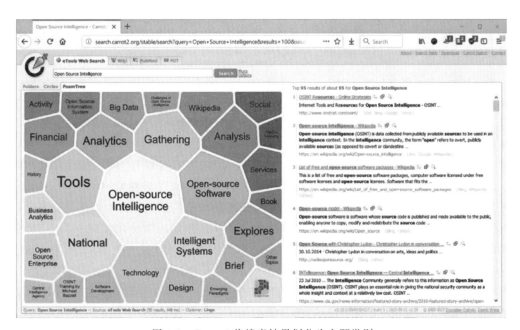

图 4-9　Carrot2 将搜索结果划分为主题类别

Bing 中获取搜索结果,并将结果显示在一张表格中,与整体排名进行比较。

(9) Opentext(http://fqs.opentext.com/web.htm)是一个基于 Google、Yahoo、Ask、Bing、Wikipedia 和 Open Directory 的元数据搜索引擎。除了新闻搜索引擎(聚合来自卫报、路透社、华盛顿邮报、BBC 新闻、洛杉矶时报的结果)和健康领域搜索引擎之外,它还提供了一个搜索工具,可以在 Facebook、Twitter、YouTube 和 LinkedIn 等社交网站上进行搜索。

4.2.7 代码搜索

网络调查人员可能会遇到需要搜索代码片段(例如,重构嵌入式软件)的情况,以下是主要的源代码搜索引擎。

(1) Searchcode(https://searchcode.com)搜索 Google 代码、GitHub、Bitbucket、CodePlex、Sourceforge、Fedora 项目和 GitLab。

(2) Nerdaydata(https://nerdydata.com/search)需要每月订阅才能解锁所有功能。

(3) Krugle(www.krugle.org)与 Nerdaydata 类似。

(4) Codase(www.codase.com)可以搜索 2.5 亿行代码。

(5) O'reilly 源代码搜索(http://labs.oreilly.com)允许访问 O'Reilly 书籍中的所有代码片段。

(6) Symbolhound(http://symbolhound.com)会搜索各个代码搜索引擎,搜索中不会忽略特殊字符。

(7) Merobase(http://merobase.com)是一个针对 Java 软件组件的源代码搜索引擎。

(8) GitHub Dorks(https://github.com/techgaun/github-dorks)利用 Python 工具搜索敏感数据,例如不同存储库上的私钥、认证信息和身份验证令牌。

4.2.8 FTP 搜索引擎

文件传输协议(File Transfer Protocol,FTP)是一种 Internet 早期发明的协议,目前仍然被数以百万计的网站所使用。顾名思义,FTP 用于在计算机之间跨网络(如 Internet)传输文件。网络托管公司通常提供给客户一个 FTP 账户,客户可以将文件传输到托管空间。许多公司、大学、机构和合作项目都将大量的档案文件和其他可下载的软件放在 FTP 服务器上,方便员工共享。FTP 账户可以使用特殊的客户端软件访问,比如 FileZilla(https://filezilla-project.org),它支持上传、下载和重命名文件。公司通常会用密码保护 FTP 服务器,但是在网上也存在许多不安全的 FTP 服务器(没有密码),可以通过 Web 浏览器直接访问这些公共 FTP 服务器,查看并下载内容。

根据 IEEE 计算机协会的数据[4],全世界有超过 1300 万台 FTP 服务器,其中 110 万台允许"匿名"(公开)访问。除了个人文件和目录之外,还可以在公共 FTP 服务器上找到大量有用的信息,从音乐和视频文件到需要授权使用的软件、税务文件和加密的机密信息。

当使用专门的 FTP 搜索引擎在 FTP 服务器上搜索内容时,实际上只能搜索文件名和目录,因为在所有 FTP 服务器上索引所有内容不仅困难,而且无法轻易实现。这里首先用 Google 测试一些在 FTP 服务器上查找内容的技术,如表 4-5 所示。

表 4-5 通过高级 Google 搜索查询查找 FTP 服务器

Google FTP 搜索查询	意 义
inurl:"ftp://www." "Index of /"	该查询用于在线查找 FTP 服务器
inurl:ftp-inurl:(http|https)"SEARCH QUERY"	使用此命令搜索具有指定搜索查询的所有 FTP 服务器

下面是一些搜索 FTP 服务器的站点。

(1) Global file search(http://globalfilesearch.com)。

(2) Filemare(https://filemare.com/en-nl)。

(3) Archie(http://archie.icm.edu.pl/archie_eng.html)。

(4) File watcher(www.filewatcher.com)。

4.2.9 自动搜索工具

自动搜索工具允许在线搜索者在使用主要的搜索引擎(如 Google、Bing 和 Shodan)时将搜索过程自动化。自动搜索工具可以比人工更好地构造复杂的搜索查询,所以允许不断地测试大量搜索查询,从而返回更全面的结果。下面重点介绍著名的自动搜索工具。

1. SearchDiggity

这是最著名的搜索引擎高级工具,它是一个 Windows GUI 应用程序,可以连接到著名搜索引擎的黑客数据库,如 Google 黑客数据库。它的工作原理是自动地在不同的搜索引擎平台(如 Google、Bing、Shodan、CodeSearch 等)上执行搜索过程,并在程序主界面中展现返回的结果。其网址为 https://www.bishopfox.com/resources/tools/google-hacking-diggity/attack-tools。

2. SearchDome

这是一个在线服务,允许使用多种搜索条件在 eBay.com 上自动搜索,如图 4-10 所示,网址为 https://www.searchdome.com/ebay。

3. Jeviz

这是一个 Amazon 的高级搜索引擎,主要搜索 Amazon 的信息。它允许用户在 Amazon 网站内搜索,并找到那些使用 Amazon 搜索引擎难以找到的深层链接。网址为 https://www.jeviz.com。

4.2.10 物联网设备搜索引擎

有许多专门针对物联网设备的搜索引擎,以下网站可以帮助用户发现物联网设备。

(1) Shodan(https://www.shodan.io)是世界上第一个物联网设备的搜索引擎。

(2) 123Cam(http://123cam.com List)可以搜索来自世界各地不同国家的免费网络摄像头。

图 4-10　使用 SearchDome 在 eBay.com 中进行高级搜索

（3）AirportWebcams（http://airportwebcams.net）是世界上最大的有关机场网络摄像头数据库（超过 1800 个网络摄像头），这些数据来自世界各地不同国家。

（4）Insecam（www.insecam.org）是一个网络安全监控摄像机的目录。

（5）Lookr（https://www.lookr.com）列出了世界各地的实时网络摄像头。

（6）Open Street Cam（https://www.openstreetcam.org/map）列出了世界各地街道的网络摄像头。

（7）Pictimo（https://www.pictimo.com）搜索来自世界各地的实时流媒体网络摄像头。

（8）Reolink（https://reolink.com/unsecure-IP-camera-list）是一个不安全 IP 摄像机的列表。

（9）webcam-network Project（www.the-webcam-network.com）是一个网络摄像头目录。

（10）Thingful（https://www.thingful.net）是一个物联网搜索引擎。

4.3　Web 目录

3.1.2 节已简要定义过 Web 目录。Web 目录（也称为主题目录）是一个网站，它按类别组织并列出许多站点。可以把 Web 目录当作一本电话簿，电话簿中的每个首字母都涉及一个主题或题目（购物、新闻、信息技术、博客），每个主题都有许多属于它的网站（例如，信息安全主题下包含 www.DarknessGate.com）。

目录具有层次结构,重点强调要链接到网站的主页,而不是其中的某个页面,所以它更关注于网站所属的一般主题。目录通常由人工审阅员管理,因此,与使用爬虫自动索引 Web 内容的搜索引擎不同,Web 目录依赖于人工添加和更新内容。要将网站添加到 Web 目录中,网站管理员需要提交网站地址并提供一些关键词并定义其分类。然后,来自 Web director.com 目录的版主会检查所提交的内容是否适合。

用户可以使用 Web 目录内部搜索引擎在目录中查找特定的网站,或者直接浏览特定主题里面的所有网站,如图 4-11 所示。

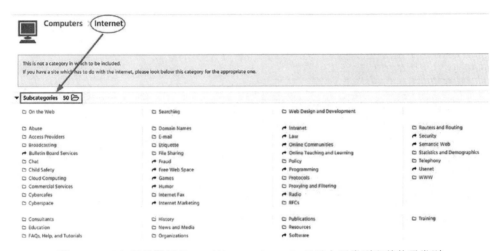

图 4-11　Web 目录样例(http://dmoztools.net),显示主要类别和其他子类别

Web 目录有不同的规模。Yahoo 和 DMOZ 现在都已停止更新,但可以通过 http://dmoztools.net 查看 DMOZ 的历史静态版本。有些目录巨大并覆盖了所有类型的 Internet 站点,也有一些是涵盖特定主题和分支相关网站的专业目录。

Web 目录可能是免费或付费的。免费目录不收取任何费用便可以将提交的网站纳入目录,而付费目录则需要向网站所有者收取少量费用才能将其提交的网站纳入目录。一些 Web 目录要求互惠链接,因此需要在网站主页上放置一个指向 Web 目录网站的链接,才能使你的网站免费地收录到目录中。

虽然网站可以使用关键词进行搜索和定位信息,但 Web 目录根据每个网站的主题来组织所有的网站,确保能够根据主题、语言和地区找到相关的网站组。还可以使用搜索引擎技术,例如 Google 自定义搜索,在每个类别中搜索特定的信息。

以下是目前最流行的 Web 目录。

(1) The WWW Virtual Library(http://vlib.org)。

(2) DirPopulus(http://dirpopulus.org)。

(3) Best of the Web(https://botw.org)。

(4) GoWorkable(www.goworkable.com)。

(5) 01webdirectory(www.01webdirectory.com)。

4.4 翻译服务

在网络搜索过程中，可能会发现一些有用信息采用了不知道的其他语言。这些信息可能很有价值，在搜索过程中不能忽略，此时就需要可以翻译文档、文本甚至整个网站的免费在线翻译服务。以下是常见的可以提供在线翻译服务的网站。

（1）Google Translate（https://translate.google.com）是最重要的一个，它可以将文本和整个网页翻译成其他语言，如图 4-12 所示。

图 4-12　使用 Google 翻译服务将网页从英语翻译为阿拉伯语

（2）Google Input Tools（https://www.google.com/inputtools/try）允许用户使用英语（拉丁语）键盘输入任何语言文本，文本将转换成母语脚本。可以下载适用 Windows 和 Android 的离线版本，也可以在线使用，如图 4-13 所示。

（3）Yamli 智能阿拉伯键盘（https://www.yamli.com/clavier-arabe）允许以语音方式使用拉丁字符输入阿拉伯语，该网站将把语音转换成阿拉伯语单词。

（4）Apertium（https://www.apertium.org）是一个开源机器翻译平台。

（5）Babylon（http://translation.babylon-software.com）是巴比伦软件有限公司开发的计算机词典和翻译程序。它提供超过 800 多种语言双向翻译。

（6）Bing Translator（https://www.bing.com/translator）。

（7）Dictionary（http://translate.reference.com）。

（8）Wiktionary（https://www.wiktionary.org）。

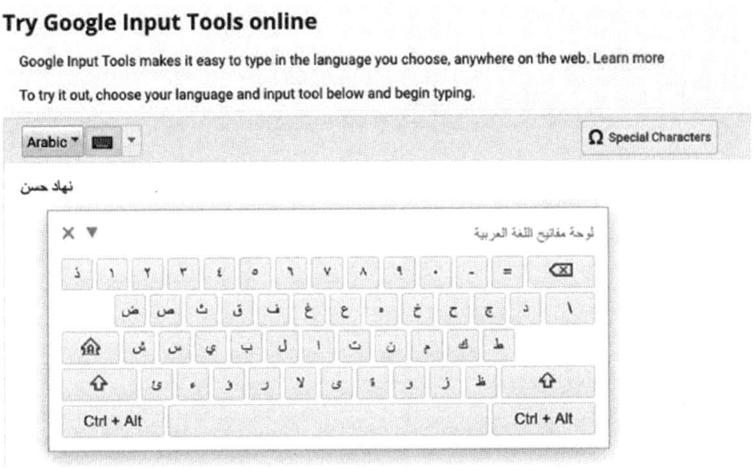

图 4-13 使用 Google 输入将书面文本转换为 Google 支持的任何语言

(9) Free Translator(www.free-translator.com)。

(10) No Slang(https://www.noslang.com)提供文本俚语、网络俚语和缩略词的翻译。

(11) Lexilogos(https://www.lexilogos.com/keyboard/index.htm)支持多语言键盘。

4.5 网站历史和网站抓取

如果想通过时间回溯调查一些过去的事情,可以使用网站抓取。因为即使原始页面消失,给定网站的快照也始终在线。请注意,通常在存储页面时无法保存页面上的相关脚本,因此某些功能、主题和菜单可能无法正常工作。

以下是目前常见的可以提供网站抓取的网站。

(1) Internet Archive(即 Wayback Machine; https://archive.org/web/web.php)是最受欢迎的存档网站,到目前为止它已经保存了 3080 多亿个 Web 页面。任何人都可以抓取一个 Web 页面的当前状态,并在将来作为线索或参考使用(抓取的网站应该允许爬虫爬取),见图 4-14。

(2) Archive(https://archive.fo/)也是一个常用网站。

(3) Cached pages(www.cachedpages.com/)显示 3 个不同存档网站(Googlecache、Coral 和 Archive.org)抓存的网站的以前状态。

(4) www.screenshots.com 显示任何网站的抓存历史。

(5) Way Backpack(https://github.com/jsvine/waybackpack)是一个工具,对于一个给定的 Web 页面,可以下载该网页在 Wayback Machine 的全部存档。

(6) Library of Congress(https://loc.gov/websites)与 Wayback Machine 类似。

(7) UK Web Archive(www.webarchive.org.uk/ukwa)与 Wayback Machine 类似。

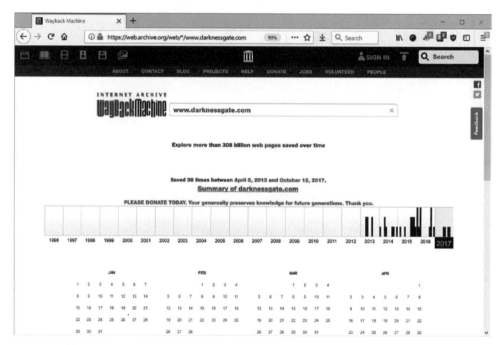

图 4-14　Wayback Machine 显示 www.DarknessGate.com 网站的历史数据

(8) Stanford Web Archive Portal(https://swap.stanford.edu)与 Wayback Machine 类似。

(9) Oldweb.today(http://oldweb.today)从不同的公共网络归档网站中检索所需的归档页面,可以使用不同的 Web 浏览器显示存档的网站。

(10) UK Government Web Archive(www.nationalarchives.gov.uk/webarchive/)存有英国政府自 1996 年至今所有在网上发布的网络档案,存档的内容包括视频、推文和 Web 页面。

4.6　网站监控服务

如果需要知道某个特定网站发生了什么变化,可以通过定期访问来追踪一个网站的变化。然而,如果需要同时跟踪多个站点的页面变化,有什么办法吗?

有很多在线服务可以允许用户不限数量地追踪大量页面,其工作原理是,一旦在特定页面(由用户设置)中检测到更改,就向用户发送提醒电子邮件,一些付费服务还允许用户接收短信提醒。以下是目前主要的免费网站监控服务。

(1) Google Alerts(https://www.google.com/alerts)是由 Google 提供的 Web 内容更改检测(基于输入的搜索短语或关键词)和通知服务,如图 4-15 所示。如果要设置报警,则需要进入 Google Alerts 页面(首先登录 Google 账户)并输入搜索短语或单词(应该是特定

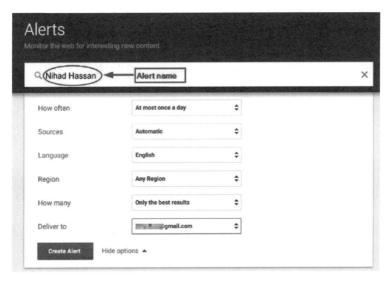

图 4-15　创建新的 Google Alerts

而不是通用的,以避免得到太多的结果)。当指定的搜索短语或单词在任何网站的新索引结果中出现时,Google 将会通过电子邮件通知用户(它不会通知 Web 上可用的当前结果)。

(2) Talk Walker(www.talkwalker.com/alerts)是另一种可以替代 Google Alerts 的服务。

(3) Visual Ping(https://visualping.io)监视对网页的任何更改,免费账户可以提供每月 62 次检查服务。

(4) Follow That Page(https://www.followthatpage.com),免费账户每天提供两次检查。

(5) Watch That Page(www.watchthatpage.com)每周会对用户设置的所有页面进行 70 次检查。

(6) Update Scanner(https://addons.mozilla.org/en-us/firefox/addon/update-scanner)是一个 Firefox 扩展,用于监视 Web 页面的更新。

另一种监测网站变化的方法是使用 RSS 聚合。RSS 是 Really Simple Syndication(真正简单的聚合发布)或 Rich Site Summary(富媒体站点概要)的缩写,它是一个 XML(文本)文件,允许站点的发布者向其订阅者和其他站点通知其站点上发布的新内容。RSS 彻底改变了 Internet 用户在线跟踪更新内容的方式。要检查站点的新变化,用户需要有一个 RSS 聚合阅读器。用户订阅站点的 RSS 聚合,然后该站点上的任何新内容都会自动出现在其聚合阅读器中。每个聚合条目通常包含标题、已发布文本摘要、发布日期和作者姓名。

订阅网站的 RSS 聚合会让用户知道他们所监控的网站的任何更新,这样就不需要持续访问网站来检查是否有新发布的内容。

主要的 Web 浏览器都提供了订阅站点 RSS 聚合的机制。Firefox 内置了 Live

Bookmarks 以提供对 RSS 的支持,要想通过 Firefox 订阅任何网站的 RSS 频道,请按以下步骤操作。

(1) 导航到想订阅其 RSS 聚合的网站。

(2) 从 Bookmarks 菜单中选择 Subscribe to This Page(如果浏览器没有检测到页面上的 RSS 聚合,此选项将变为灰色)。然后选择想要订阅的聚合。图 4-16 显示这个站点的两个聚合,因为该站点是个博客,所以一个用于评论(名称为 Comments Feed),另一个用于站点内容(名称是 Feed)。

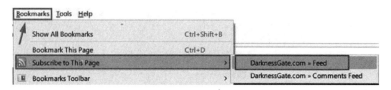

图 4-16　使用 Firefox 订阅 RSS 聚合

(3) 这时会出现下一页。使用顶部的 Firefox 订阅框来确认订阅。确保将选项设置为如图 4-17 所示。

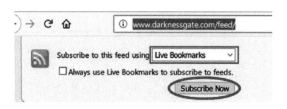

图 4-17　单击 Subscribe Now 按钮订阅所需的 RSS 聚合

(4) 单击 Subscribe Now 按钮后,将出现一个弹出消息框,其中可以更改聚合名称和地址。默认设置应该是正确的,所以单击 Subscribe 按钮,就完成了订阅。

相比一些桌面专用的 RSS 聚合阅读器软件,浏览器中内置的 RSS 聚合阅读器功能有限。例如,RSSOwl(www.rssowl.org/)具有强大的功能,诸如在聚合内容中搜索、保存以前的聚合搜索以及获取新内容的通知。该软件免费支持所有主流操作系统,如 Windows、Linux 和 macOS。

除了提供聚合订阅的在线服务之外,还有针对主流 Web 浏览器的浏览器扩展(add-ons)。在进行网络调查时,为了避免泄露已订阅了的聚合信息,最好只使用浏览器内置的聚合功能或 RSSOwl 软件。许多浏览器扩展会请求访问用户浏览器的浏览历史记录,如果这些记录落入他人手中,可能会导致隐私泄露。

4.7　新闻搜索

在新闻数据源中可以找到各种有价值的信息。例如,公司可以通过搜索新闻档案来深入了解它的竞争对手,包括对手的法律历史、合作协议、财务状况以及任何负面消息。此处列举了一个商业公司的例子,类似情况也适用于政府、非营利组织和知名人士。

在网络新闻中搜索比在媒体广播存档中搜索更容易。本节将介绍如何定制 Google 新闻,以了解在全球新闻频道中出现了哪些针对搜索关键词和短语的最新更新。本节还将介绍其他在线新闻数据源,并就如何检测假新闻给出建议。

4.7.1 定制 Google 新闻

Google 新闻通过汇集来自世界各地的各种数据源提供一个最新的新闻服务。用户可以选择感兴趣的主题,Google 将显示与该主题相关的结果。网络调查人员可以利用该服务来简化对特定主题的搜索或在新闻中对关键词的搜索。访问 https://news.google.com,并转到页面左侧,单击 Manage sections,如图 4-18 所示。

这时出现图 4-19 所示的页面。在 Search terms 文本框中输入想要搜索的主题或关键词(还可以为这个搜索创建名字)。然后单击 ADD SECTION 按钮。

图 4-18　定制 Google 新闻

图 4-19　定制包含搜索关键词的 Google News

现在,一个新的栏目将出现在 Google News 的左侧垂直菜单中。要搜索特定的关键词,只需要单击栏目名称,Google 就会显示相关的新闻搜索结果。

> ⚠ **注意!**　Google 保存了以往的新闻存档,可查看 https://news.google.com/newspapers。

4.7.2 新闻网站

有许多在线新闻服务提供各种主题的最新信息,以下是最受欢迎的网站。

（1）1stHeadlines（https://www.1stheadlines.com）提供突发新闻标题。

（2）News Now（www.newsnow.co.uk）提供来自世界各地的最新消息。

（3）All You Can Read（www.allyoucanread.com）提供世界上每个国家的所有主要报纸和新闻媒体的内容（通常列出前 30 个网站）。

（4）Daily Earth（http://dailyearth.com/index.html）提供全球报纸目录。

（5）Chroniclingamerica（https://chroniclingamerica.loc.gov/search/title）可以搜索美国报纸目录。

（6）Newspaper Map（http://newspapermap.com）是以地图方式访问的全球报纸网站。

（7）World News（https://wn.com）提供从不同数据源聚合的世界新闻集合。

（8）The Paperboy（https://www.thepaperboy.com/index.cfm）聚合了主要新闻机构的新闻，列出了世界各地的所有报纸，并显示了世界各地的主要报纸的头版。

（9）Site Intel Group（https://ent.siteintelgroup.com）专门报道 ISIS 和其他伊斯兰圣战组织的新闻。

4.7.3 假新闻检测

在当今数字时代，一切都通过网络相连，很多人通过社交媒体网站接收新闻，而在社交媒体上任何人都可以使用假身份发布任何信息。此外，还有许多不可靠的新闻网站在没有准确调查新闻来源的情况下就发布新闻。例如，任何恶意主体都可以为了商业利益、宣传目的或误导他人而传播误导性的新闻。这种虚假新闻很容易在不同的社交媒体平台上共享信息进而通过整个 Internet 迅速传播。

检测假新闻已成为当今的一个热门话题，并引起了极大的关注。主要的社交平台，如 Twitter 和 Facebook，已经对用户承诺，会找到阻止或至少减少假新闻危害的解决方案。研究人员目前致力于开发人工智能解决方案（如机器学习和自然语言处理）打击假新闻。

作为一名开源情报调查人员，在搜索资源时肯定会遇到假新闻，但任何可疑的信息都不应该出现在案件文档中。为了从虚假信息中筛选出真实信息，可以使用以下检查清单来对可疑新闻进行调查。

（1）首先阅读整篇文章或信息，在审查其来源之前不要相信任何东西。

（2）阅读新闻/信息的来源。

（3）如果消息来源来自可信或知名的网站（例如全球知名的新闻机构），则需要访问原始新闻来源，查看其网站上是否有相同的信息。例如，如果一条新闻来自路透社（https://www.reuters.com），请检查其网站上是否存在相同的信息。

（4）如果信息来自一个不知名的信息源，此时需要进行网络搜索，看看还有谁发布了相同的消息。如果一个可信且知名的网站从同一来源发布了同一篇文章，那么这篇文章很有可能是真实的；否则需要对此进行更多的核查或拒绝使用该信息。

💣 **警告!** 不要相信只在社交网站上发布的信息。可以进行网上搜索,看看同样的新闻是否在其他地方发表过。如果发现这条新闻是假的,一定要反馈给网站运营商(例如,Facebook 允许其用户报告需要审查的帖子)。

首先应该只在声誉良好的网站上阅读新闻、文章和其他内容。对于不太为人所知的网站应该进行彻底的调查,然后才考虑其新闻的有效性。

以下是有助于辨别真假新闻/信息的网站。

(1) Snopes(https://www.snopes.com)发现虚假的新闻、故事和都市传说,并对流言进行研究/验证以确定其是否属实,如图 4-20 所示。

图 4-20　Snopes 发现假新闻的例子

(2) Hoaxy(https://hoaxy.iuni.iu.edu)检查虚假消息(如骗局、谣言、讽刺或新闻报道)在社交媒体网站上的传播情况。该网站的结果来自信誉良好的事实核查组织,以此来返回最准确的结果。

(3) FactCheck(www.factcheck.org/fake-news)与 Facebook 合作,帮助识别和标注由用户举报的假新闻。它还监视不同的媒体,以发现包括健康领域、科学领域等各种主题的虚假信息以及通过垃圾邮件传播的骗局。

(4) https://reporterslab.org/fact-checking 给出了全球事实核查站点的地图。

(5) www.truthorfiction.com 发现不同主题的假新闻,如政治、自然、健康、太空、犯罪、警察和恐怖主义等。

(6) Hoax-Slayer(www.hoax-slayer.com)专注于电子邮件诈骗和社交媒体骗局。

(7) Verification Handbook(http://verificationhandbook.com)提供验证各种语言的突发事件报道的数字内容的权威指南。

(8) Verification Junkie(http://verificationjunkie.com)是一个工具目录,包括用于验证、事实核查和评估目击者报告和用户网上自发布内容有效性的工具。

(9) https://citizenevidence.org 提供了一些工具和课程,教人们如何鉴定用户生成的网络内容,它由 Amnesty International 管理。

(10) InVID Verification Plugin(www.invid-project.eu/tools-and-services/invid-verification-plugin)同时支持 Mozilla Firefox 和 Chrome。这是欧洲 InVID 项目(InVID European project)创建的工具,用于帮助记者核实社交网络上的内容。

4.8 搜索数字文件

本章前面部分简要讨论了如何使用 Google 和 Bing 高级搜索操作符搜索不同类型的数字文件(文档、图像和视频)。本节将继续讨论并展示如何使用不同的技术和专门的搜索引擎来搜索各种格式的文件。

数字文件是表网网页内容的重要组成部分。随着免费的云文件存储服务(Dropbox、GoogleDrive)和视频分享网站(YouTube)的出现,个人和企业已经习惯使用这些服务进行在线分享。网络上的数字文件可以包含丰富的信息,不仅包含在其内容中,也包含在其元数据(隐藏属性)中。

4.8.1 文档搜索

本节专门讨论网络文档搜索,但在开始前我们先讨论网上可用的最常见的文档文件格式。

1. DOC and DOCX

DOC 和 DOCX 是 Microsoft Word 文档的标准文件格式。Microsoft Word 是由微软公司创建的 Microsoft Office 套件中的一部分。.doc 扩展名适用于较老版本的 Microsoft Word,比如 2003 年或更老版本。新版本的 Microsoft Word(从 2007 年开始)具有 .docx 扩展名。

2. HTML 和 HTM

超文本标记语言(Hyper Text Markup Language,HTML)是表示 Web 上内容的标准网页文件格式,两个扩展名 .html 和 .htm 可以互换使用。要编辑 HTML 文件,可以使用任何文本编辑器。但是,要解码并显示 HTML 文件内容,需要使用 Web 浏览器打开 HTML 文件。

3. ODT

ODT 是一种文本文档文件格式(使用基于 OASIS OpenDocument XML 的标准进行格式化),类似于 Microsoft Word 文档格式。它用在名为 Writer 的开源字处理程序中,该程序是 Apache OpenOffice 套件的一部分。ODT 可以使用任何与 OpenOffice 兼容的程序打开和编辑,包括 NeoOffice(Mac)、AbiWord(Mac 和 Windows)和 KWord(Unix)。还可以使用 Microsoft Word 打开 ODT 文件并将其保存为 DOCX 文件。

4. XLS 和 XLSX

XLS 和 XLSX 是 Microsoft Excel 用于创建电子表格的文件格式。旧版本采用 .xls 扩展名,而现在的 Microsoft Excel 文件(从 2007 年开始)采用 .xlsx 扩展名。Microsoft Excel 是 Microsoft Office 套件的一部分。

5. ODS

ODS(Open Document Spreadsheet)是由包含在 Apache OpenOffice 套件中的 Calc 程序创建的。ODS 文件可以使用任何兼容 OpenOffice 的程序打开和编辑,包括 NeoOffice(Mac)和 LibreOffice(Mac 和 Windows)。它们也可以在 Microsoft Excel 中打开并保存为

XLS 或 XLSX 文件。

6．PPT 和 PPTX

PPT 和 PPTX 是 Microsoft PowerPoint 的文件格式，用于创建多媒体演示文稿。就像 Excel 和 Word 程序一样，.ppt 用于旧版本，.pptx 用于现在的 Microsoft PowerPoint 版本。

7．ODP

ODP(Open Document Presentation)，用于 Apache Open Office Impress 程序，该程序是 OpenOffice 套件的一部分。Microsoft PowerPoint 可用来打开或保存 ODP 格式的演示文稿。

8．TXT

TXT 是一种基本的纯文本文件格式，可以在所有操作系统上使用任何文本编辑器打开。

9．PDF

PDF 代表可移植文档格式，这是在网上使用最广泛的文档文件格式，最初由 Adobe Systems 创建。Acrobat Reader 可从 Adobe 网站(https：//get.adobe.com/reader)免费下载，允许查看和打印 PDF 文件。PDF 文件格式已成为世界各国政府、企业和教育机构使用最广泛的文件格式。

⚠ **注意！** Apache OpenOffice 可以在 https：//www.openoffice.org 找到，而 LibreOffice 可以在 https：//www.libreoffice.org 找到。

下面介绍如何搜索文档，首先使用 Google 搜索操作符来查找不同云存储供应商上的文件。

要搜索 Google doc 站点，请在 Google 基本搜索引擎中使用 site：docs.google.com SEARCHTERM(SEARCHTERM 是搜索项，下同)，这将在 Google 文档网站（docs.google.com)上搜索指定的搜索项(SEARCHTERM)。也可以使用 site：drive.google.com SEARCHTERM，搜索存储在 Google 云盘上(有公开访问许可)的文档。

要搜索 Dropbox 上的文件，请在 Google 中输入 site：dl.dropbox.com SEARCHTERM。

要搜索 Amazon 云服务平台上的文件，请在 Google 中输入 site：s3.amazonaws.com SEARCHTERM。

要在微软网盘上搜索文件，请在 Google 中输入 site：onedrive.live.com SEARCHTERM。

10．文件搜索引擎

以下是专门的搜索引擎，可以查询许多文件存储站点。

(1) Fagan Finder(www.faganfinder.com/filetype)是一个老的搜索引擎，但仍然可以很好地查找网上各种不同类型的文件。只需输入搜索项，选择要搜索的文件类型，最后选择 search 进行搜索，如图 4-21 所示。

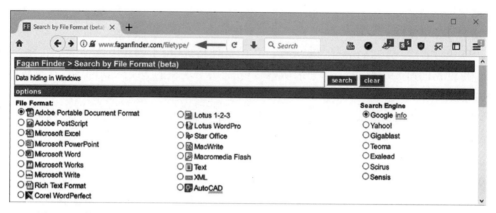

图 4-21　使用 Fagan Finder 文件搜索引擎在不同的搜索引擎上查找各种类型的文件

（2）General-Search(www.general-search.com)允许在 11 个文件存储网站上搜索不同类型的文件。可以选择文件类型并设置过滤器指定目标文件的大小，如图 4-22 所示。

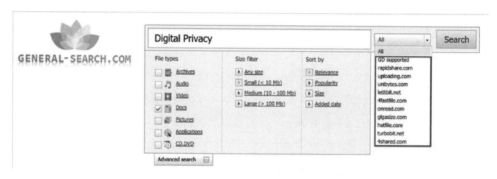

图 4-22　在 11 个文件存储网站上搜索文件

（3）ShareDir(https://sharedir.com)允许指定文件类型并同时在 60 多个文件存储站点上搜索。该网站提供的独特服务是，只需要注册一个免费账户就可以每天从优质的文件存储网站下载 500MB 的文件。

⚠ 注意！　可以使用 Google 站点搜索操作符搜索任何文件存储网站。例如，要搜索 Mediafire.com 上的文件，请在 Google 中输入 site：Mediafire.com SEARCHTERM。

11. 定制搜索引擎

前面已经介绍了不同类型的搜索引擎。将对定制搜索引擎的讨论推迟到现在，是为了介绍如何使用定制搜索引擎技术在有限的站点上将搜索范围缩小并集中在特定的文件类型上。

"定制搜索"一词乍一看可能具有误导性，一些用户可能认为他们可以根据自己的喜好创建一个新的自定义搜索引擎。然而，事实并非如此。定制搜索允许使用现有的搜索引擎服务预先选择需要限制搜索的网站、返回的结果类型（例如，只有 PDF 文件）以及如何对结果进行优先级排序。

定制搜索的主要供应商是 Google，可以通过以下步骤创建定制搜索。

（1）访问 www.google.com/coop/cse。

（2）必须有一个 Google 账户才能使用此服务（如没有请先注册账户）。

（3）单击左侧的 New search engine 按钮。

（4）在 Sites to search 部分中输入想要包含在搜索中的站点，可以包含整个站点 URL 或单个页面 URL；然后选择用于显示定制搜索引擎图形界面（GUI）的语言；最后，给所定制的搜索起一个名字。

（5）单击 CREATE 按钮创建定制搜索引擎，如图 4-23 所示。

图 4-23 使用 Google 自定义搜索创建定制搜索引擎

成功创建定制搜索引擎后，Google 将显示一个页面，上面有查询定制搜索引擎的 Public URL 的按钮，它还可以显示 HTML 代码片段（如果想将定制搜索引擎放在自有网站上），以及一个指向定制搜索引擎控制面板的链接，用来更新其设置，如图 4-24 所示。

图 4-24　成功创建定制搜索引擎

要访问定制搜索引擎的 Public URL，请访问 https://cse.google.com/cse/all。单击要访问的定制搜索引擎名称，转到 Setup，并选择 Public URL，如图 4-25 所示。

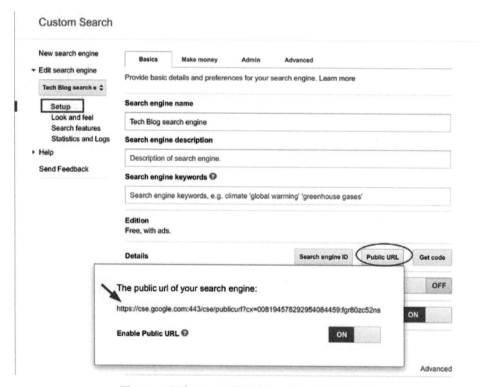

图 4-25　查看 Google 定制搜索引擎中的 Public URL

单击定制搜索引擎的 Public URL 后，Google 将显示一个搜索框。在框内输入想要查询的搜索项，Google 将从创建定制搜索引擎时包括的站点上搜索并返回相关结果。

许多 Internet 用户已经创建了自己的 Google 定制搜索引擎来在网上查找文件和 FTP

目录,其中一个位于 https://cse.google.com/cse/home? cx=014863114814409449623%3Ajc-vjhl_c5g。要使用此定制搜索,请输入搜索项(文件或目录名),还可以通过单击搜索框下方的相关文件类型名称来指定搜索结果应包括的文件类型,如图 4-26 所示。

图 4-26 用于搜索多种类型文件的 Google 定制搜索引擎

下面是其他一些可用于在线查找开源情报资源的 Google 定制搜索引擎。

（1）300 多个社交网络站点：https://cse.google.com/cse/publicurl?key=AIzaSyB2lwQuNzUsRTH-49FA7od4dB_Xvu5DCvg&cx=001794496531944888666；iyxger-cwug&q=%22%22；

（2）250 多个视频共享网站：https://cse.google.com/cse/publicurl?key=AIzaSyB2lwQuNzUsRTH-49FA7od4dB_Xvu5DCvg&cx=001794496531944888666；ctbnemd5u7s&q=%22%%22；

（3）文件共享站点搜索：https://cse.google.com/cse/publicurl?key=AIzaSyB2lwQuNzUsRTH-49FA7od4dB_Xvu5DCvg&cx=001794496531944888666；hn5bcrszfhe&q=%22%22；

（4）Torrent 种子文件搜索：https://cse.google.com/cse/publicurl?key=AIzaSyB2lwQuNzUsRTH-49FA7od4dB_Xvu5DCvg&cx=0017944965319448886；ixpabzzplzy&q=%22%22。

⚠ 注意！ 要想构造一个 Google 高级操作符来搜索存储在公共服务器上的 PDF 文件,可以使用下面的 Google 操作符组合：intitle：index. of＋?last modified?＋?parent directory?＋pdf "Search Term"(其中 Search Term 是搜索项——译者注)。

12. 灰色文献

第 1 章已经介绍过,灰色文献是世界商业出版系统制作的各种资料,它主要有两种类型：灰色文献和灰色信息。

灰色文献包括书籍、期刊、杂志以及任何可以通过传统书店渠道或学术出版物公开获得的东西。用户通常要购买订阅才能访问这些资源,或者直接从书店购买(比如从 Amazon.com 购买书籍)。Springer(https://rd.springer.com)是一个明确的灰色文献提供渠道的例子,它提供了对数以百万计的科学文献的访问,如期刊、书籍、丛书、标准协议和参考著作。

灰色信息是难以通过传统的书店途径获得的。不过有一些专门的渠道你可以从中获得一些信息，但如果想获得完整信息，就需要向专门的订阅机构付费。灰色信息包括但不限于下面所列种类：学术论文、预印本、会议录、会议和讨论文件、研究报告、市场营销报告、技术规范和标准、学位论文、论文、商业性出版物、备忘录、政府报告和非商业性发布的文件、译文、时事通信、市场调查、书籍和文章初稿等。

因为已经介绍了商业搜索引擎，可以从中获取有关商业的灰色信息，所以本节将重点讨论学术和研究资源。下面给出了重要的灰色文献网站，使用它们可免费查询涵盖各种主题的有关学术和研究的资源。

(1) Academia(https://www.academia.edu)是一个共享研究论文的学术平台(目前上传的论文超过1900万篇)，涵盖所有学术主题。

(2) Academic Index(www.academicindex.net)是一个学术圈的搜索引擎，它只列出由学者、图书管理员、教育工作者和图书馆协会精选出的高质量网站。

(3) Academic Torrents(http://academictorrents.com)是一个由社区维护的分布式数据集和科学知识资源库。它使用Torrent技术存储学术研究、课程、数据集、论文和文集，每个用户都可以在其个人计算机中存储研究论文并提供下载。你所需要的只是一个Torrent客户端，就可以下载和共享(种子)内容。

(4) 美国博士学位论文(www.opentations.com)提供了自1902年至今被美国大学接收的超过17.2万篇论文和学位论文的免费访问。

(5) ArchiveGrid(https://beta.worldcat.org/archivegrid)拥有超过500万份来自档案馆、图书馆、博物馆和历史学会的档案资料。主要的主题包括历史文献、个人及家庭的文件和历史记录。

(6) Google学术(https://scholar.google.com/schhp?hl=en)是一个用于查找学术研究文献的Google搜索引擎。搜索结果是根据文献被引用的次数(根据引用该研究文献的人数计算)和出版物的可信度进行排名的。用户还可以创建提醒通知(如前面已经介绍的Google提醒)，以便在有符合搜索条件的新学术研究论文发布时得到通知。

(7) Bielefeld学术搜索引擎(https://www.base-search.net/search/Advanced)包含超过1亿个文档。

(8) 欧洲档案门户(www.archivesportaleurope.net)提供来自欧洲不同国家的档案材料的信息，涵盖许多主题(如农业、卫生、司法、政治和科学)。

(9) 社会科学研究网(https://www.ssrn.com/en)提供了50多万篇研究论文，涵盖30个主题。

(10) 澳大利亚国家图书馆(http://trove.nla.gov.au)拥有超过5亿澳大利亚的网络资源，包括书籍、期刊、年度报告、图像、历史报纸、地图、音乐、档案等。

(11) ScienceDirect(www.sciencedirect.com)提供超过25万篇科学、技术和医学研究文献的开放访问(免费阅读和下载)。

(12) PQDT Open(https://pqdtopen.proquest.com/search.html)提供论文和学位论

文的免费开放访问。

（13）英国国家档案馆（http：//discovery. nationalarchives. gov. uk）拥有 3200 多万份来自英国国家档案馆的档案记录描述和 2500 多份关于英国的案卷，其中很多都可以下载。

（14）牛津学术（https：//academic. oup. com/）包含法律、商业、科学、社会科学、艺术和医学方面的期刊。

（15）Page Press（www. pagepress. org）包含开放可获取的学术期刊。

（16）欧洲核子研究中心文档服务器（https：//cdsweb. cern. ch）提供数千篇文章、书籍、复印文献、演示文稿、讲话、多媒体资料以及其他资料的免费访问，主要涵盖了物理科学的文献。

（17）High Wire（http：//highwire. stanford. edu/lists/freeart. dtl）提供免费的网络纯文本格式的文章。

（18）Gray Guide（http：//greyguide. isti. cnrit）提供灰色文献资源。

（19）Beyond Citation（www. beyondcitation. org）提供关于不同学术数据库和其他数字研究文集的信息。

（20）Crossref（https：//search. crossref. org）可以搜索超过 9200 万份期刊文章、书籍、标准和数据集的元数据（标题、作者、DOI、ORCID ID、ISSN）。

（21）Databases（https：//databases. today）是一个公共数据库目录，可为安全研究人员和记者提供下载免费资源。

13. 数据泄露信息

数据泄露（data leaks，也称 data breaches）是有意或无意地向公众暴露机密信息。泄露主要是由于黑帽黑客对计算机系统的攻击，也可能是内部人员由于不满而泄露他们组织的秘密信息。

数据泄露可能包括信用卡信息、个人身份信息、病人的健康信息、财务信息、电子邮件/社交网站用户名和密码、商业机密、公司计划和未来工作、知识产权信息以及属于政府的军事信息。

关于数据泄露信息的法律状态存在争议。例如，一些人认为泄露的信息已经成为开源情报数据源的一部分，因此可以像处理任何公开可用的信息一样处理它。相反的意见则认为，泄露的信息是通过攻击计算机系统或违反法律规则而非法获得的，因此不应该被用作开源情报的数据来源。

虽然开源情报调查在调查某些案件时（特别是在处理泄露的情报信息时）不能忽略此类泄露数据的存在，然而它更倾向于根据具体情况谨慎处理。例如，如果个人信息或私人公司的机密信息在网上泄露，最好不要再次公开这些信息，并在搜索中放弃使用它。可以替代的方法是：可以在调查中使用其中有用的元素，同时尊重已经遭受数据泄露影响的受害者的私人信息。

泄露的信息（如个人信息、财务信息和公司信息）可以在暗网上找到（已经在第 3 章中讨论过），但是本书不过多涉及，因为这些网站及其行为都是涉嫌非法的。

泄露的官方文件通过专门的网站在网上发布，这些网站关注不同的领域，主要是军事、情报和监控领域。以下是几个最受欢迎的官方数据泄露的网上资料库。

（1）WikiLeaks（https://wikileaks.org）。

（2）Cryptome（https://cryptome.org）。

（3）Offshore Leakes（https://offshoreleaks.icij.org）。

14．文档元数据

在第2章中已经讨论了数字文件的元数据，并演示了如何使用不同的工具查看/编辑元数据。请一定记住，网上获得的任何数字文件都可能包含必须研究的有用的元数据。

4.8.2　图像

数字图像、标识和图标在开源情报调查中可能具有很大的价值。主要的搜索引擎如Google、Yahoo和Bing提供了基本的图像搜索引擎功能。然而，还有其他更专业的图像搜索引擎可以用来获得更精确的结果。

1．基本的图像搜索

下列网站提供图像搜索服务。

（1）Google Image Search（https://images.google.com）。

（2）Bing image search（www.bing.com/images）。

（3）Yahoo Images（http://images.yahoo.com）。

（4）Yandex（https://yandex.com/images）。

（5）Baidu（http://image.baidu.com）。

（6）Imgur（https://imgur.com）。

（7）Photobucket（http://photobucket.com）。

（8）Picsearch（www.picsearch.com）。

（9）https://ccsearch.creativecommons.org）。

（10）SmugMug（https://www.smugmug.com）。

Google提供高级图像搜索，可以在其中设置许多搜索查询条件，如图像颜色、图像类型（照片、人脸、剪贴画、线描、动画）、国家或区域、站点或域名、图像格式类型和使用权。Google高级图像搜索可以在 https://images.google.com/advanced_image_search 找到。

可以在以下站点找到社交网站上分享的图像。

（1）Lakako（https://www.lakako.com）。这款应用可以在Instagram、Twitter和Google＋上搜索照片和人物。

（2）Flickr（https://www.flickr.com）。其中Flicker map（https://www.flickr.com/map）根据上传者的原籍国在地图上查看上传的图像；My Pics map（www.mypicsmap.com）在Google地图上查看Flickr照片，需要提供图像上传者的Flicker用户名，或从特定的照片集中查看照片；idGettr（https://www.webpagefx.com/tools/idgettr）查找Flicker的ID号码（也适用于群组）；Flickr Hive Mind（http://flickrhivemind.net）是一个用于Flickr摄影数据库的数据挖掘工具。

(3) Instagram(https://www.instagram.com)。其中,Websta(https://websta.me/search)是一个针对 Instagram 网站的高级搜索工具;Stalkture(http://stalkture.com)是 Instagram 的在线浏览器;Mininsta(http://mininsta.net)是一个高级的 Instagram 搜索引擎。

(4) Pinterest(https://www.pinterest.com)。

有一些网站专门保存在新闻媒体上出现过的图像,要搜索这类图像,请尝试以下网站:Gettyimages(www.gettyimages.com);International Logo List(http://logos.iti.gr/table/);Instant Logo Search(http://instantlogosearch.com);Reuters(http://pictures.reuters.com);News Press(https://www.news-press.com/media/latest/news);Associated Press Images Portal(www.apimages.com);PA Images(https://www.paimages.co.uk);European Pressphoto Agency(www.epa.eu);Canadian Press Images Archive(www.cpimages.com/fotoweb/index.fwx)。

一些网站(如 www.darknessgate.com)通过禁用选中功能和鼠标右击来保护多媒体内容。许多网站仍然使用 Flash 视频(SWF 文件)来显示动画。要下载 SWF 文件和其他多媒体文件(当一个站点禁用鼠标右击时),只需使用 Firefox 浏览器并遵循以下步骤:进入 Firefox 菜单,选择 tools,然后选择 Page Info;转到 Media 选项卡,找到 SWF 文件或者想下载的图像文件,选择该文件后单击 Save As 按钮,如图 4-27 所示。

⚠ **注意!** 并不提倡违反版权法从 Internet 下载多媒体内容。不过,在某些情况下可能需要这样的技术。在网上收集任何资料前,请先阅读网站的"使用条款"及规则,并遵守网站所公布的版权法例。

2. 反向图像搜索

反向图像搜索使用示例图像而不是文字搜索项进行查询。它的工作原理是上传一张图像或者将其 URL 插入到一个反向图像搜索引擎中,而反向图像搜索引擎将搜索其索引,以发现该图像在网络上其他地方也存在,并显示所有其他出现该图像的位置。通过这种方式可以知道照片、搞笑图像和个人资料照片的原始来源。以下是最受欢迎的反向图像搜索引擎网站。

(1) Google reverse search(https://www.google.com/imghp)。Google 有专门用于图像反向搜索的搜索引擎,用户可以在搜索框中粘贴图像 URL,也可以将图像上传到 Google,如图 4-28 所示。

(2) Karmadecay(http://karmadecay.com)是一个对 Reddit.com 上的图像进行反向图像搜索的站点(测试版)。

(3) TinyEye(www.tineye.com)可以通过图像或 URL 进行搜索,已经索引了超过 240 亿张图像。

图 4-27　使用 Firefox 浏览器从受保护的网站（右击禁用）中保存图像

图 4-28　在 Google 中使用图像 URL 进行反向图像搜索

（4）Reverse Image Search（www.reverse-image-search.com）使用 Google、Bing 和 Yandex 进行反向图像搜索。

（5）Imagebrief（www.imagebrief.com）可以搜索图像，也可以进行反向图像搜索。

(6) Cam find App(http://camfindapp.com)是一个适用于 Android 和 Apple 设备的应用程序。它使用视觉搜索技术识别上传的图片，并即时提供相关的搜索结果，如相关图像、图像中物品是否可以在本地购买以及大量的网页结果。

(7) Image Identification Project(https://www.imageidentify.com)使用视觉搜索技术识别上传的图像。

3. 图像篡改检查

开源情报多媒体搜索涉及数字取证相关的许多领域。一名在线调查人员不应该轻易相信所获得的多媒体文件。仔细检查任何有疑问的多媒体文件(图像或视频)以确保它没有被篡改，即故意对文件进行修改以隐藏或更改某些事实。图像分析首先要确定用于拍照的源设备(相机或手机)，这些信息是图像元数据的一部分。

正如第 2 章中所介绍的，所有类型的数字文件都可能包含元数据(元数据是关于数据的数据)，元数据包含大量对调查有用的信息。在第 2 章中提到了一些工具来查看/编辑图像、视频、PDF 文件和 Microsoft Office 文档中的元数据。以下是其他对数字图像特别有用的工具。

(1) Forensically(https://29a.ch/photo-forensics/#forensic-magnifier)提供免费的图像取证分析工具，包括克隆检测、误差等级分析和元数据提取等。

(2) Fotoforensics(http://fotoforensics.com)提供了 JPEG 和 PNG 文件的取证分析，使用误差等级分析(ELA)技术检查任何的篡改。

(3) Ghiro(www.getghiro.org)是一个开源工具，可以批量分析图像并提取元数据信息，使用 GPS 元数据搜索附近的图像，并执行误差等级分析来检测图像是否被篡改。可以下载这个程序并安装成一个可以随时使用的虚拟设备(在 Ubuntu Linux 系统中该程序是已经安装好了的)。

(4) ExifTool(https://sno.phy.queensu.ca/~phil/exifTool)，采用此工具可以在各种文件中读取、写入和编辑元数据信息。它支持不同的元数据格式，如 EXIF、GPS、IPTC、XMP、JFIF、GeoTIFF、ICC Profile、Photoshop IRB、FlashPix、AFCP 和 ID3。

(5) Exif Search(https://www.exif-search.com)是使用元数据搜索图像的商业软件。

(6) JPEGsnoop(www.impulseadventure.com/photo/jpeg-snoop.html)分析图像的来源，以测试其真实性。

(7) GeoSetter(www.geosetter.de/en)可以操作/查看图像的地理元数据和其他元数据信息。

(8) Lets Enhance(https://letsenhance.io)可以增加照片的大小而不损失其质量，免费账户允许处理 14 张图像。不过你需要将目标图像上载到服务器，这将对上载的文件造成隐私泄露问题。

4. OCR 工具

在搜索过程中，可能会遇到在图像中的文本。首先应该提取这些文本，以便对其进行编辑、格式化、索引、搜索或翻译。以下是从图像中提取文本的常用工具和 Web 服务，称为光学字符识别（Optical Character Recognition，OCR）：FreeOCR（www.paperfile.net/index.html）；Free Online OCR（www.i2ocr.com）；NewOCR（www.newocr.com）。

　　默认情况下，Google Drive 和 Google Docs 默认集成了 OCR 功能。要使用此服务，需要将图像上传到 Google 网盘账户（必须有一个 Google 账户）https://www.google.com/drive。然后右击上传的图像，选择 Open With，并选择 Google Docs，如图 4-29 所示。

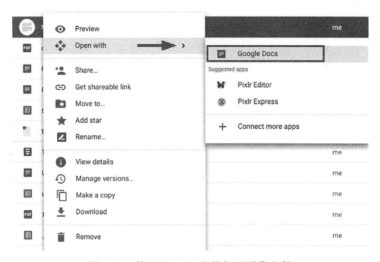

图 4-29　使用 Google 文档打开图像文件

　　Google 在文档上部显示了上传的图像，并在其下方创建了一个可编辑的 OCR 文本，如图 4-30 所示。

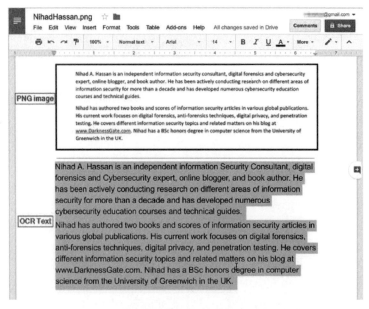

图 4-30　Google 文档将上传图像中的文本识别为可编辑文本

4.8.3 视频

技术革命影响了人们的沟通方式。例如，在世界上大多数国家Internet的网速正在稳步提高并且已经变得更加经济实惠。像平板电脑和智能手机这样的设备越来越便宜，几乎任何人都能拥有。大多数设备中都配备了功能强大的摄像头。事实上，人们已经习惯用视频记录他们的日常生活，视频分享网站允许每个人使用网站的应用程序轻松点击便可上传视频文件。

视频内容在任何网络调查中都有很高的价值。本节将列出最重要的视频分享网站，用户可以在其中找到不同类型的视频。

1．基本的视频搜索

以下是最受欢迎的视频搜索网站。

（1）YouTube(https://www.youtube.com)。

（2）Google视频(https://www.google.com/videohp)。

（3）Yahoo视频搜索(https://video.search.yahoo.com)。

（4）Bing视频(https://www.bing.com/videos)。

（5）AOL(https://www.aol.com/video)。

（6）StartPage视频搜索(https://www.startpage.com/eng/video.html)。

（7）Veoh(www.veoh.com)。

（8）Vimeo(https://vimeo.com)。

（9）360daily(www.360daily.com)。

（10）Facebook官方视频搜索(https://www.facebook.com/pg/facebook/videos)。

（11）Crowd Tangle(Facebook video search)(www.crowdtangle.com/videosearch)。

（12）Internet开源视频档案馆(https://archive.org/details/opensource_movies)。

（13）Live Leak(https://www.liveleak.com)。

（14）Facebook实况视频地图(http://facebook.com/livemap)。

（15）Meta Tube(www.metatube.com)，类似YouTube.com。

（16）Geo Search Tool(http://youtube.github.io/geo-search-tool/search.html)根据用户输入的特定查询搜索所有电影。将根据与设定位置(城市、村庄、十字路口)的距离和特定时间段(过去一小时、过去两三个小时等)进一步过滤。

（17）Earth Cam(www.earthcam.com)是一个全球直播摄像头网络，提供来自世界各地的实时流媒体视频。

（18）Insecam(www.insecam.org)是一个在线监控安全摄像头目录。

⚠ **注意！** 可以使用Google在任何视频分享网站上进行搜索，输入以下搜索查询site:youtube.com SEARCHTERM，将YouTube替换为所要搜索的视频网站(SEARCHTERM是搜索项——译者注)。

2. 视频分析

下面是最常用的视频分析网站。

（1）YouTube 数据查看器（https://citizenevidence.amnestyusa.org）是一个在线服务。如图 4-31 所示，允许从上传到 YouTube 的视频中提取隐藏信息，如上传日期/时间和缩略图（也可以使用 Google 反向图像搜索功能对提取的缩略图进行反向搜索）。

图 4-31　使用 YouTube 数据查看器提取任何 YouTube 视频的元数据

（2）Ez Gif（https://ezgif.com/reverse-video）是一个反向视频搜索引擎，并提供了许多其他有用的视频转换工具。

（3）YouTube 视频打印（https://www.labnol.org/internet/print-youtube-video/28217/），要打印 YouTube 视频的剧情梗概，请先转到上面提供的链接，并将 Print YouTube Video 添加到浏览器书签工具栏。如果打印任何 YouTube 影片，只需访问 YouTube 视频页面并单击 Print YouTube Video 书签，如图 4-32 所示，就会出现一个包含了生成的视频故事板图像的新页面。

图 4-32　YouTube 视频打印（来源 https://www.labnol.org/internet/print-youtube-video/28217/）

（4）视频到文本转换器（www.360converter.com/conversion/video2textconversion）可将视频/音频文件转换为文本。

（5）蒙太奇（https://montage.storyful.com）可以允许团队协作分析视频内容。

4.8.4 文件扩展名和文件签名列表

了解文件扩展名和签名有助于在开源情报收集期间识别和研究数字文件。以下是两个与此有关的网站。

（1）文件扩展名库（https://www.file-extensions.org/）包含数千个文件扩展名及其描述。

（2）文件签名表（https://garykessler.net/library/file_sigs.html）是文件扩展名及其对应的十六进制签名的列表。

4.8.5 其他工具

第2章介绍了一些有用的工具，使开源情报网络调查更有条理。本节会介绍其他一些与文件搜索技术有关的工具。

1. 屏幕截图

有时需要对整个屏幕或部分屏幕进行屏幕截图，以抓取重要信息（例如，抓取弹出消息或在线地图的一部分）并将其包含在调查报告中。有很多工具可以实现这一需求，以下是常用的两种方案。

（1）Awesome Screenshot Plus（https://addons.mozilla.org/en-US/firefox/addon/Screenshot-capture-annotate/）是一个Firefox浏览器的插件，它可以用来抓取整个页面或其中的任何部分，用矩形、圆形、箭头、线条和文本进行标注，模糊掉敏感信息。

（2）Greenshot（http://getgreenshot.org）是一个用于Windows的开源截屏程序。它允许用户对选定区域、窗口或全屏的屏幕画面进行截图。它有一个内置的图像编辑器可以注释、突出显示或模糊所抓取的屏幕截图的某些部分，如图4-33所示。

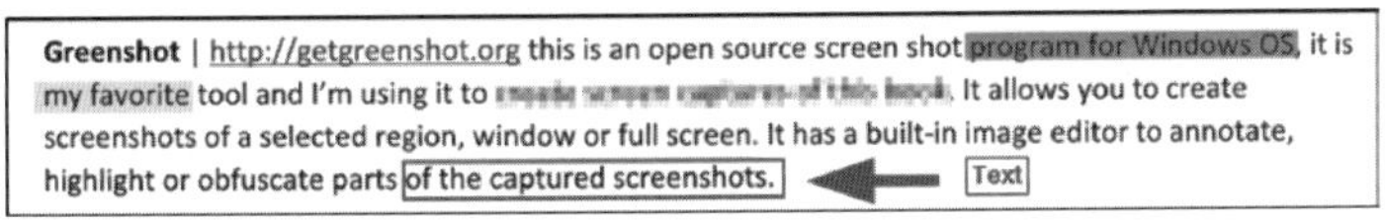

图 4-33　Greenshot 可以对抓取的图像执行不同的注释操作

（3）Screenshot Machine（https://screenshotmachine.com）允许对任何指定的URL进行网页截屏。抓取的图像可以下载到用户设备。

（4）PDF My URL（http://pdfmyurl.com）是一个网络服务，可以从浏览器中的URL创建PDF文档。

2. 下载网络视频

网络调查要求搜索并检查视频文件以提取有用的隐藏信息。有时候可能需要保存（下载)网上(例如YouTube网站)的一段视频并包含到调查中或者进一步分析它。在网上下载视频有很多方式,最简单的方法是使用浏览器插件。

(1) YouTube视频快速下载器(Easy YouTube Video Downloader Express)是一个从YouTube下载视频的Firefox插件,它通过轻松点击便可以直接从YouTube下载高质量的视频/音频(1080p全高清和256kb/s MP3)。插件下载地址为https://addons.mozilla.org/en-US/firefox/addon/easy-youtube-video-download。

(2) YooDownload,如果偏爱使用Web服务从不同的社交网站下载网络视频,YooDownload有助于轻松实现这一点。访问https://yoodownload.com/index.php,输入社交平台(YouTube、Facebook、Instagram、Twitter、Vid、SoundCloud music)上视频的URL,下载前也可以选择视频质量。该网站还为Chrome浏览器提供了一个浏览器扩展插件。

(3) Dredown(https://www.dredown.com),通过这个网站可以从各个主要的视频分享网站上下载视频,如YouTube、Facebook、Instagram、Keek、Twitter、Twitch、Vimeo、Vevo、Tumblr等。

3. 视频/音频转换器

在搜索视频时,可能会遇到这样的情况,由于文件格式类型的原因,无法打开某些视频/音频文件。为了解决这些问题,可以使用软件将视频文件从当前的文件格式转换为另一种格式,从而可以在所支持的设备上正常打开。

(1) HandBrake(https://handbrake.fr)是一个开源程序,用于将多媒体文件和各种DVD或蓝光光盘处理成可在所支持的设备上读取的格式。它还支持对各种音频文件类型的编码转换。

(2) Convert2mp3(www.convert2mp3.net)是一个网络服务,可以将不同文件格式的视频转换成MP3和其他音频文件格式。

警告! 现在已经有很多Web扩展可以从网上下载/转换媒体文件。但是,不建议使用这样的附加组件,因为组件可以访问浏览器Web浏览历史,这可能会导致隐私侵犯,特别是在处理需要保密的敏感信息时。使用网上服务时,应注意以下两项安全措施:使用这些下载/转换服务时不要提供真实的个人资料(如电邮、电话号码等);通过VPN连接(或使用Tor浏览器)访问这些下载/转换服务。

---

4. 文件搜索工具

在进行网络调查并收集了大量文件之后,可能很难在需要的时候快速找到特定的信息。虽然所有的操作系统都有一个内置的搜索功能来查找计算机硬盘上的文件和文件夹,但缺少专用工具可以提供高级搜索功能。这种搜索也很耗时,尤其是在比较老旧的计算机上使用Windows搜索功能时(Windows在执行后台搜索索引时,消耗大量的系统内存,因为需要在硬盘上执行数千次写操作,从而导致计算机运行速度减慢,这个问题在 Windows Vista 上很明显)。

能够搜索已经收集的文件是开源情报分析技能的组成部分,通过自动搜索快速查找文件将比手动进行此类搜索节省大量时间。

为了加快计算机上的文件搜索速度,需要对存储的文件建立索引,这与搜索引擎的原理是类似的。当有人向 Google 查询一个搜索词时,Google 将在它的索引数据库中搜索这个词。当发现一个匹配时,与搜索结果相关联的 URL 就会被检索出来并显示在用户的浏览器中。在计算机上搜索文件也是类似的,也需要有一个关于计算机硬盘上所有文件名及其位置的索引。列表(索引)将存储在数据库中,进行搜索时,可以查询这个数据库,而不是让 Windows 搜索硬盘上的所有文件和文件夹。这将有效地以最快速度提供搜索结果(特别是计算机硬盘上有数百万个文件时)。

Windows 可以创建这样的索引来更快地查找文件。当然,也可以采用以下程序更好地完成这项工作,并具有更高级的搜索功能。

(1) Locate32(http://locate32.cogit.net)。第一次运行这个软件时,需要进入 File 菜单并选择 Update Databases,创建数据库文件,其中包含所有文件/文件夹的名称及其在各硬盘上的位置,如图 4-34 所示。

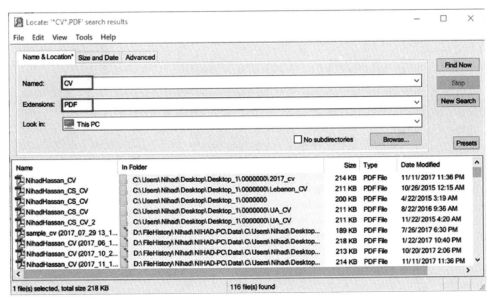

图 4-34　Locate32 示例搜索结果

(2) Everything(www.voidtools.com)是一个很小的程序,消耗很少的系统资源。它在启动时自动创建一个索引数据库,并且可以非常快速地索引文件(索引 1 000 000 个文件仅需要一分钟),并且可以在文件内容中进行搜索。可以使用布尔表达式、正则表达式、通配符、文件类型和宏等不同的方法进行搜索。

（3）FileSeek（free edition）（https://www.fileseek.ca）除了使用正则表达式在文件内容中进行搜索外，还使用多线程技术加速搜索，并可以在不同的计算机之间同步搜索结果。

（4）Open Semantic Search（https://www.opensemanticsearch.org），这个开源搜索引擎提供了集成的研究工具，可以更容易地对大型文档集和新闻进行搜索、监控、分析、发现和文本挖掘。它可以安装在用户服务器或企业服务器上，并提供丰富的搜索功能。它适用于对大规模数据集进行开源情报研究的团队。

4.9 总结

本章详细介绍了如何使用基本和高级的搜索引擎技术来查找网络信息。虽然本章的大部分工作集中于从表网检索数据，但是也展示了从深网提取数据的技术，并提供了各种深网资源库的直接链接，以便从深网检索信息。

虽然通用搜索引擎允许用户搜索视频和图像等多媒体内容，但是专门的FTP服务器和多媒体内容搜索引擎可以获得更多的结果。从Web检索到的图像和视频可能包含与之相关的有用信息（称为元数据），所以应该首先检索这些信息。还必须使用专门的工具对这些文件进行核查，确保它们没有被篡改过，然后才能认为它们是有效的。

第5章将继续讨论网络搜索技术，但将集中于利用不同的技术和服务来查找社交媒体网站上的人员信息以及其他专门的人物。

4.10 参考文献

[1] Netcraft. January 2017 Web Server Survey[EB/OL]. [2017-11-05]. https://news.netcraft.com/archives/2017/01/12/january-2017-web-server-survey.html.

[2] The Size of The World Wide Web (The Internet)[EB/OL]. [2017-11-05]. www.worldwidewebsize.com.

[3] Smart insights. Search Engine Statistics 2017[EB/OL]. [2017-11-05]. https://www.smartinsights.com/search-engine-marketing/search-engine-statistics.

[4] IEEE. FTP: The Forgotten Cloud[EB/OL]. [2017-11-05]. https://www.computer.org/csdl/proceedings/dsn/2016/8891/00/8891a503.pdf.

第5章

社交媒体情报

在数字时代,一个人上网却没有一个或多个社交媒体账户是很罕见的。人们在社交网站上进行社交、玩游戏、购物、在线交流以及寻找任何能想到的信息。Facebook、Twitter、YouTube、LinkedIn和Google已经成为我们生活中不可或缺的一部分,每天有数亿人在这些平台上花费大量时间。

以下是这些社交媒体网站全球使用情况的统计数据。

(1) 截至2017年10月,全球总人口为76亿[1],35亿人可以上网,其中30.3亿人活跃在一个或多个社交媒体平台上[2]。

(2) 每个网络用户平均拥有7个社交媒体账号[3]。

(3) 截至2017年第三季度,Facebook月度活跃用户为20.7亿[4]。

(4) 截至2017年第三季度,Twitter的月度活跃用户为3.3亿用户。

(5) 截至2017年4月,LinkedIn在200个国家拥有5亿用户[5]。

社交媒体网站为网络调查提供机会,因为在社交媒体上可以找到大量有价值的信息。例如,只要查看一下Facebook页面,就可以获得关于世界各地任何人的个人信息。这些信息通常包括感兴趣的人在Facebook上的社交关系网、政治观点、宗教、种族、原籍国、个人图像和视频、配偶的名字(或婚姻状况)、家庭和工作地址、经常访问的地点、社交活动(如去过哪些体育馆、剧院和餐馆)、工作经历、教育程度、重要事件日期(如出生日期、毕业日期、恋爱日期或离职/开始新工作的日期)和社会交往。调查者还可通过Facebook查看特定用户当前的活动轨迹以及社交互动,了解其对生活的态度。

许多评估显示,在情报机构获得的有用信息中,90%是来自公开来源(开源情报),其余来自传统的隐蔽间谍情报。安全部门从社交网站上收集大量信息,以了解未来在全球可能发生的事件,并在全国范围内对人们进行剖析。

除了收集情报,执法部门还利用社交媒体网站作为调查资源来打击犯罪。例如,检查嫌疑犯或者其亲戚和朋友的Facebook页面,就有可能会揭示刑事案件的重要信息。有时嫌疑人可能是匿名的,但警察可以通过监控摄像头拍下的照片,并利用社交媒体网站让公众参与识别嫌疑人。社交网站除了可以用来了解他们的行为,也可以用来跟踪和定位嫌疑人。切记,在法律案件中使用社交媒体网站收集信息通常需要满足以下两个条件。

(1) 获得法院许可收集特定用户信息。法院指令会发送到指定的社交媒体网站,要求将信息正式交给执法机关。

(2) 如果信息是公开的(例如,公开的帖子、图像或视频),那么执法部门可以在没有许可的情况下获取这些信息,而这正是开源情报概念的实质。

从社交媒体收集的情报在商业领域也可以发挥作用。例如,雇主可以在给应聘者提供职位之前对他们进行背景调查,这同样适用于保险公司和银行在向客户提供某些服务(如保险合同或银行贷款)之前进行的调查。在不同国家开展业务的跨国公司进入新市场之前需要获取有关新市场的情报。事实上,社交媒体的利用已经融入了大多数企业。

警告! 对于利用社交网站上发布的信息获取应聘员工情报的行为,应该根据法律谨慎处理,以避免应聘员工发起的歧视索赔。

本章将向调查人员展示如何查找社交媒体网站上的信息。除了每个社交网站提供的基本搜索功能外,还有大量的工具和在线服务。本章将演示如何使用这些服务/工具来收集关于任何网络目标的信息,但在开始讨论如何在最流行的社交媒体网站检索信息之前,会首先解释社交媒体情报(SOCial Media INTelligence,SOCMINT)这个术语和目前可用的各种社交媒体网站之间的区别。

5.1 什么是社交媒体情报

社交媒体情报是指从社交媒体平台收集到的信息。社交媒体网站上的可用资源可以是开放的(例如,Facebook 上的公共帖子),也可以是私密的。私密信息不能未经许可进行访问(例如,与朋友分享 Facebook 的私人信息或帖子)。隐私倡导者和其他安全专家就社交媒体网站上的信息是否属于开源情报存在辩论。虽然大多数社交媒体网站要求用户注册后才能完整访问网站内容,但许多调查显示,社交媒体用户希望他们的网上活动有一定的隐私性(即使是在发布公共可见的内容的时候)。然而,安全专家通常认为社交媒体网站上共享的信息属于开源情报,因为它是公共网络平台上共享的公共信息,因此可以用于不同的目的。

注意! 美国许多州(2017 年 6 月约有 25 个州[6])对雇主访问员工(应聘者或雇员)社交媒体账户的权限实施了不同的限制。然而,这并不意味着在社交媒体上的活动不会以这样或那样的方式被(秘密)查看。

在列出不同类型的社交媒体网站之前,下面先看看人们会在社交媒体平台上发布什么

内容,从而了解在社交媒体上可能收集到什么类型的信息。

5.1.1 社交媒体内容的类型

除了浏览内容,人们还会为不同目的在社交媒体网站上进行互动。以下是不同社交媒体网站上常见的一些互动。

(1) 发帖/评论(Post/Comment)。人们访问社交网站,发布或撰写其他用户可以看到的文本段落。对于这些文本段落,每个社交平台都有自己的名字。在 Twitter 上,它被称为推文(Tweet);而在 Facebook 上,它被称为帖子(Post),或在评论其他用户的帖子时,称为评论(Comment)。该文本可以与图像、视频和 URL 相结合。如图 5-1 展示了一个 LinkedIn 的帖子,它可以与图像或视频相关联,也可以在 Twitter 上分享(需要关联 Twitter 账号和 LinkedIn 档案)。

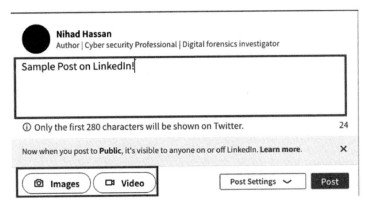

图 5-1　在 LinkedIn 上发布的帖子

(2) 回复(Reply)是一段回复其他用户的帖子、更新状态或评论的文本消息(也可以是图像、视频或 URL)。

(3) 多媒体内容(图像或视频)。多媒体现在很流行,用户可以上传视频或图像作为帖子的一部分。许多社交平台允许用户上传多个图像/视频并形成一个相册。直播视频流同样可以在 Facebook 和 YouTube 等社交平台上观看,该功能允许用户进行实时视频广播,并可以将录制的视频显示在个人资料中以供未来观看。

(4) 社交互动(Social interactions)是社交媒体网站的精髓所在,人们可以通过发送/回复朋友、同事、室友、邻居、家庭成员、最喜欢的名人或演员发出的好友请求而实现网上联系。这一系列线上的关系形成了所谓的社交网络。

(5) 元数据(Metadata)是由于用户与社交平台互动而产生的各种与内容有关的数据。例如,上传视频/图像的日期和时间、接受好友请求的日期和时间、已上传多媒体文件或帖子的地理位置数据(如果位置信息已启用),以及用于上传内容的设备类型(移动设备或台式计算机)。

网络调查人员希望在进行调查时尽可能获取所有类型的内容。这种能力取决于每个用户在发布网络帖子及内容更新时设置的隐私控制级别。例如,如果某人将某个帖子的可见性限制在某个朋友圈,或者将其设置为 Only me,那其他人就不可能在 Facebook 上看到他的内容更新,如图 5-2 所示。

图 5-2　限制 Facebook 帖子可见性的隐私选项

在社交媒体网站上与家人或朋友圈分享的信息不能保证是私密的。例如,和一个朋友分享个人照片,而这个朋友以公开的状态分享了这张照片,那么其他人就可以看到你的个人照片,即便你一开始是私密分享的。

5.1.2　社交媒体平台的分类

很多人用"社交媒体"和"社交网络"这两个词互换来指代 Facebook、Twitter、LinkedIn 和相关的社交平台。虽然这并非完全错误,但它并不准确,因为社交媒体是包含了社交网络在内的社交平台的总称,它还包括其他类型的社交平台,在促进人们在线互动方面发挥着类似的作用。

以下是按功能分类的主要社交媒体类型。

(1) 社交网络。允许人们在网上与他人和企业(品牌)进行联系,分享信息和观点。最明显的例子就是 Facebook 和 LinkedIn(后者更关注企业界,但与 Facebook 有许多类似的功能)。

(2) 照片分享。此类网站致力于用户之间网上分享照片。最受欢迎的是 Instagram (https://www.instagram.com)和 Flicker(https://www.flickr.com)。

(3) 视频分享。此类网站致力于分享视频,包括视频直播。最受欢迎的网站是 YouTube。虽然通过 Facebook(提供视频直播)和 LinkedIn 等社交网站分享多媒体内容也是可以的,但是 YouTube 这样的视频分享网站专门致力于分享多媒体内容,其包含的文本数量有限(主要是用于用户对上传视频进行评论)。

(4) 博客。这是一种包含一组帖子的信息网站,帖子属于一个主题或话题并根据发布日期由新往旧排列。博客的第一个主帖是基于静态 HTML 内容,由一个作者创建/操作。随着网络发布工具的发展和 Web 2.0 技术的出现,简化了非技术用户在网上发布内容的过程,博客的使用得到了快速发展,任何想在网上分享自己观点的人都可以使用博客。最流行的博客平台是 WordPress(https://wordpress.com)和 Blogger(https://www.blogger.com),它们是由 Google 提供支持的。

(5)微博。允许用户发布简短的文本段落(可以与图像或视频相关联)或 URL,以便与其他网络读者分享。最受欢迎的微博是 Twitter(https://twitter.com)和 Tumbler(https://www.tumblr.com)。

(6)论坛(留言板)。这是最老的社交媒体类型之一。它允许用户分享想法、意见、专业知识、信息和新闻,并以发布消息和回复的形式与其他用户进行讨论。论坛通常按主题组织版面。现在最流行的是 Reddit(https://www.reddit.com)和 Quora(https://www.quora.com)。

(7)社交游戏。这是指与其他玩家在不同地点联网玩游戏。社交游戏允许用户在世界各地进行协作组团或挑战其他个人/团体。Facebook 有很多社交游戏可以在用户的浏览器中运行,可以在 https://www.facebook.com/game 上查看。

(8)社交书签。这些网站提供了类似于浏览器书签的功能,除了可以对收藏的网址添加注释和标签外,还可以把收藏的网址通过网络分享给朋友。许多社交书签服务允许用户在各种设备或浏览器之间同步书签,从而使书签可在多个设备上同时访问。最流行的社交书签服务分别是 Atavi(https://atavi.com)、Pinterest(www.pinterest.com)和 Pocket(https://getpocket.com)。

(9)产品/服务评论。这些网站允许用户对他们使用过的任何产品或服务进行评论(反馈),其他人可以利用这样的评论确定自己的购买决定。最受欢迎的评论网站是 Yelp(https://www.yelp.com)和 Angie's List(www.angieslistbusinesscenter.com)。

5.1.3 流行的社交网站

并非所有的社交媒体网站都在全球用户中受到同样欢迎。图 5-3 显示了 Statista.com 在 2017 年 9 月发布的统计数据,其中列出了根据活跃用户数量(以百万计)排列的最受欢迎的社交媒体网站。社交媒体网站的状态正在迅速发生变化,因此此类统计数据预计将在一年中频繁变化。但是,主要的玩家在近期仍将会继续主导社交媒体市场。

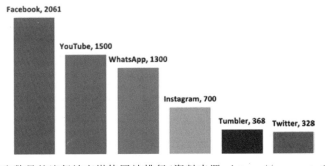

图 5-3 基于活跃用户数量的流行社交媒体网站排行(资料来源:https://www.statista.com/statistics/272014/global-social-networks-ranked-by number-use/)

5.2 社交媒体网站的调查

本节将讨论最流行的社交媒体站点,并演示如何对每个站点进行智能搜索,以提取无法使用站点提供的标准搜索功能获取的隐藏信息。这些网站包含丰富的个人信息和社交互动,对网络调查很有用。

5.2.1 Facebook

Facebook是全球最受欢迎的社交网站,拥有最大的活跃用户群,Facebook目前在全球拥有超过20亿的活跃用户。Facebook是一家美国公司,由马克·扎克伯格于2004年创立,它最初是为哈佛大学的学生分享社交信息而开发的,后来逐步面向美国所有的大学生开放。2006年,Facebook允许任何13岁以上、拥有有效电子邮件地址的用户注册并使用其服务。

Facebook是如此受欢迎,任何一个拥有Internet连接的人都希望拥有一个Facebook账户。Facebook为人们之间分享不同类型的网络内容(图像、视频、短信、直播、签到)提供了便利,这也是它在全球不同用户群体中流行的原因。

在每个Facebook用户账户中都可以找到大量信息。例如,创建一个Facebook账户,需要提供电子邮件(或电话号码)作为用户名,并提供密码、出生日期和性别等信息。创建并激活Facebook账户后,可以添加更多的工作、教育、居住过的地方、联系信息(电子邮件、电话号码、地址、用于接收加密的公钥)、宗教和政治观点、语言、其他社交媒体账户(Twitter和LinkedIn)、个人博客或网站、家庭和亲属关系以及其他相关的各种实时活动信息。

Facebook允许其注册用户进行各种社交互动。

(1)与朋友分享近况、照片、视频和地理位置数据(例如,使用签到功能分享当前的位置)。

(2)查看朋友的近况/帖子,回复评论,点赞或分享他们的近况。

(3)邀请朋友参加群组和活动。

(4)使用Facebook Messenger聊天,并直接向另一位Facebook用户发送私人信息。

(5)在Web浏览器中玩联机游戏(支持多玩家游戏)。

(6)关注公司/品牌新闻。

(7)与最喜欢的演员、名人和其他公共机构通过网络建立联系。

(8)使用Facebook账户凭证登录各种的网络服务。

(9)使用Facebook Live进行视频直播(https://live.fb.com)。

(10)获取Facebook的技术支持,它实现了对用户发布的所有内容的各种隐私设置,可以根据每个用户的需要限制内容的可见性。

如前所述,Facebook上公开的大量个人信息和社交活动可以为任何开源情报收集提供丰富的信息。从Facebook收集到的任何目标的个人信息都与他们对自己近况和社交互动所设置隐私控制有关。然而,许多研究表明,大多数Facebook用户在使用这个平台时并没有过多考虑隐私问题。

Facebook 数据库中存储的数据量非常巨大大。Facebook 存储了大约 300PB 的数据（截至 2017 年 3 月）[7]，这等于 300 000 000GB。在 Facebook 上，每分钟有 51 万条评论被发布，29.3 万个状态被更新，13.6 万张照片被上传[8]。为了在这个数据丛林中找到信息，Facebook 开发了自己的搜索机制来简化对用户交互产生的不同类型内容的搜索。

1. Facebook 图搜索

Facebook 提供了一个高级语义搜索引擎，通过使用自然的英语短语和关键词来找到数据库中的相关内容。这种语义搜索引擎被称为图搜索，于 2013 年初首次推出。它允许 Facebook 用户在 Facebook 搜索框中输入他们的查询，根据他们的问题/短语或组合的关键词返回准确的结果。返回的结果信息量很大并且与传统的搜索方法不同，传统的搜索方法仅根据搜索关键词返回链接列表。例如，输入 Pages liked by my friends，然后 Facebook 会返回一个朋友点赞过的所有页面列表，或者可以更明确地输入 Pages liked by＊＊＊＊＊＊＊＊，用所查找目标的 Facebook 用户名替换其中的星号，将会返回一个该用户点赞过的页面列表。

⚠ 注意！ 进行本章所使用的搜索必须有 Facebook 账户。建议在创建这个账户时使用虚拟的电子邮件账户，避免在 Facebook 上进行高级搜索时暴露真实身份（特别适用于执法部门）。

💣 警告！ Facebook 的政策禁止使用假身份开户。在直接使用 Facebook 数据打官司时，要考虑到这一点。

现在，要使用 Facebook 图搜索，需要先登录 Facebook 账户，然后将账户语言设置更改为 English(US)，就可以使用 Facebook 图搜索了。如果改变 Facebook 账户语言设置，请遵循以下步骤。

（1）登录 Facebook 账户，单击屏幕右上角的向下箭头。

（2）单击 Settings 访问账户设置，在此可以更改所有 Facebook 账户设置，如图 5-4 所示。

（3）单击页面左侧的 Languages，并确保选择 What language do you want to use Facebook in? 设置为 English(US)，如图 5-5 所示。

将 Facebook 账户更新为使用 English(US) 并激活图搜索后，就可以在 Facebook 搜索栏中键入任何想要搜索的内容。例如，搜索人、调查目标的朋友、地点（城镇、国家、历史古迹）、物品、照片、页面、群组、应用程序、事件和餐馆，也可以搜索音乐、电影或游戏等娱乐等。一旦搜索条件被输入搜索栏，Facebook 会显示一个建议列表，可以从列表中选择一些内容，

图 5-4 访问 Facebook 账户设置

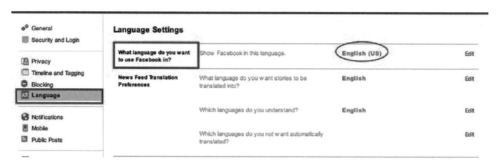

图 5-5 将 Facebook 账户语言设置为 English(US)

也可以选择输入的内容,如图 5-6 所示。

知道如何使用图搜索以利用 Facebook 数据库对在线调查人员来说非常重要。每个 Facebook 账户或页面都有链接到它的用户社交互动(点赞、标签、分享、朋友列表、工作、大学/学校和教育信息、电影、歌曲、事件、地理位置数据以及位置地点),而调查人员必须输入正确的搜索查询来获取这些结果。概括地说,图搜索可以将每个 Facebook 账户映射到它在 Facebook 上的相关活动。

下面给出一些 Facebook 图搜索查询的实例,基于实例可以掌握如何构建不同的搜索查询,从而提取准确的结果。

(1) people named [FirstName LastName] who live in [City, State](居住在[城市,州]的名为[名姓]的人)。例子:people named Nihad Hassan who live in Buffalo, New York.(居住在纽约布法罗的名为 Nihad Hassan 的人)。

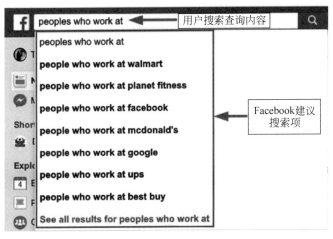

图 5-6　基于输入的搜索查询内容，Facebook 会显示建议搜索项

（2）people who live in [City, State] and are [single/married] and like [something]（居住在[城市,州]且婚姻状态为[已婚/未婚]且喜欢[某些东西]的人）。例子：people who work in Seattle, Washington and are single and like Lebanese restaurants.（居住在西雅图或华盛顿且喜欢黎巴嫩餐馆的单身人员）。

（3）people who are [Profession Name] and live in [City, State]（居住在[城市,州]且职业为[职业名称]的人）。例子：people who are Programmer and live in London, UK.（居住在英国伦敦且职业为程序员的人）。

（4）people who like [Page Name] and live in [Place]（居住在[地方]且对某个[页面名]点赞的人）。例子：people who like Apress and live in New York, USA.（居住在美国纽约且为 Apress 出版社页面点赞的人）。

（5）people who work at [Company]（为[公司名]工作的人）。例子：people who work at Apress（为 Apress 出版社工作的人）。这个查询还可以进一步细化为查找"作为作者为 Apress 出版社工作的人"：people who work at Apress as author，如图 5-7 所示。

图 5-7　寻找在特定公司担任特定职位的人

（6）people who live in [Country] and like [Page Name]（居住在[国家]且对某个[页面名]点赞的人）。例子：people who live in USA and like Al-Qaeda（居住在美国且为 Al-Qaeda 点赞的人）。

要搜索 Facebook 上的特定页面，请尝试以下查询。

（1）pages named [Name]（名为[名字]的页面）。例子：pages named Al-Qaeda（名为

Al-Qaeda 的页面)。

(2) pages liked by [Name](被[名字]点赞的页面)。例子：pages liked by Mark Zuckerberg(被马克·扎克伯格点赞的页面)。

(3) pages liked by [Profession](被[职业]点赞的页面)。例子：pages liked by teachers(被教师们点赞的页面)。

要搜索专业、业务或服务，请尝试以下搜索查询。

(1) Dentist in [City](在[城市]的牙医)。例子：Dentist in Manhattan, New York(在纽约曼哈顿的牙医)。

(2) [Profession Name] named [Name](以[职业名]为职业的且名字为[姓名]的人)。例子：Teacher named John Walker(名叫约翰·沃克的教师)。

要搜索帖子，可以使用以下查询。

(1) posts liked by people who like [Page](为[页面]点赞的人所点赞的帖子)。例子：posts liked by people who like Apress(为 Apress 出版社点赞的人所点赞的帖子)。

(2) posts liked by people who live in [City, State] and work at [Company](居住在[城市, 州]且为[公司]工作的人所点赞的帖子)。例子：posts liked by people who live in Dallas, Texas and work at Google(居住在得克萨斯州达拉斯且为 Google 公司工作的人所点赞的帖子)。

(3) posts by [FirstName LastName] from year [Year](由[名 姓]自[年份]年以来所发的帖子)。例子：posts by Nihad Hassan from the year 2011(由 Nihad Hassan 自 2011 年以来所发的帖子)。

提示！ 监控目标在 Facebook 上"发帖时间"这个数据可能会发现这个人每天的起床时间。

注意！ 使用 Facebook 图搜索可能会返回大量的结果，要想细化搜索结果，可以使用页面左侧的图搜索过滤器，如图 5-8 所示。

要使用高级 Facebook 图搜索，需要知道目标的 Facebook 个人资料 ID(页面和组也有自己的 ID)。要想手动获取目标的 Facebook 个人资料 ID，请执行以下操作。

(1) 转到目标 Facebook 页面，右击该页面并选择 View Page Source，如图 5-9 所示。

(2) 在 IE、Firefox、Chrome 或 Opera 中按组合键 Ctrl＋F 可以在 HTML 源代码中进行搜索，输入 profile_id 作为搜索条件，后续数字就是目标的 Facebook 个人资料 ID，如图 5-10 所示。

在查找到目标的 Facebook 个人资料 ID(这同样适用于 Facebook 页面和组)后，就可以使用它来查找目标的可公开查看照片列表。此时需要在浏览器的地址栏中输入搜索查询，而不是使用 Facebook 搜索栏。

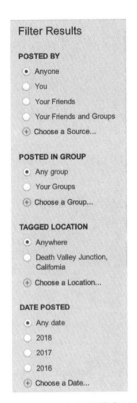

图 5-8 Facebook 的图搜索过滤器
有助于筛选搜索结果

图 5-9 查看目标的 Facebook 页面的 HTML 代码
来查找其个人资料 ID

图 5-10 查找唯一的 Facebook 个人资料 ID

图搜索的网页地址总是以此开头：https://www.facebook.com/search/。

要搜索目标 Facebook 用户喜欢的照片，在浏览器的地址栏中输入如图 5-11 所示的查询（标记出的数字是目标 Facebook 个人资料 ID）。以同样的方式可以修改查询并返回目标用户评论过或标记过的照片。

图 5-11 搜索 Facebook 目标用户所点赞的照片

⚠️ **注意！** 在以下所有查询中，将数字串 100003886582037 替换为目标的 Facebook 个人资料 ID。

（1）使用 https://www.facebook.com/search/100003886582037/photos--commented 查找目标评论过的照片。

（2）使用 https://www.facebook.com/search/100003886582037/photos-tagged 查找目标标注过的照片。

（3）photos-of 查询返回由目标所上传的所有照片以及目标所标记过或评论过的所有照片，可以将此查询视为一个容器，用于显示与目标有关的所有公开可用照片：https://www.facebook.com/search/100003886582037/photos-of。

⚠️ **注意！** Facebook 上的照片查询方法也适用于视频。只需要在那些搜索查询中将 photos 替换为 videos。

（4）要查看目标曾经去过的地方列表，请使用以下链接：https://www.facebook.com/search/100003886582037/places-visited。

（5）要查看目标喜欢的地点列表，请使用以下链接：https://www.facebook.com/search/100003886582037/places-likes。

（6）要查看目标签到的地点列表，请使用以下链接：https://www.facebook.com/search/100003886582037/places-checked-in。

（7）要查看目标的好友列表（如果设置为 public），请使用以下链接：https://www.facebook.com/search/100003886582037/friends。这也将显示每个 Facebook 好友关系开始的时间，如图 5-12 所示。

（8）要查看目标参加过的活动列表，请使用以下链接：https://www.facebook.com/search/100003886582037/events-joined。

如果调查目标的 Facebook 账户没有限制对其好友名单的公开查看，也可以对调查目标的 Facebook 好友进行以下查询。

（1）要查看目标好友上传的照片列表，请输入以下查询：https://www.facebook.com/search/100003886582037/friends/photos-upload。

（2）要查看目标好友喜欢的照片列表，请使用以下链接：https://www.facebook.com/search/100003886582037/friends/photos-liked。

（3）要查看目标好友评论的照片列表，请使用以下链接：https://www.facebook.com/search/100003886582037/friends/photos-commented。

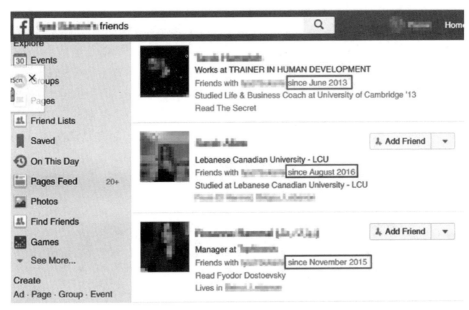

图 5-12　调查目标的 Facebook 好友列表将会显示目标的好友关系开始的时间

（4）要查看目标好友访问过的地方，请使用此查询：https://www.facebook.com/search/100003886582037/friends/places-visited。

（5）要查看目标好友的好友，请使用以下链接：https://www.facebook.com/search/100003886582037/friends/friends。

⚠️ **注意！**　在使用 Facebook 图搜索时，一定要使用目标的全名（如有）在 Facebook 上开始搜索。虽然 Facebook 禁止用假名注册，但是有大量的 Facebook 账户使用假名，所以不能总是依靠名字进行搜索。作为第二种选择，尝试使用目标的 Facebook 电子邮件地址和电话号码（如有）进行搜索。如果目标在隐私控制中对 Facebook 的搜索设置了限制，搜索电子邮件和电话号码将不会返回任何结果。如果没有查到所需的结果，可以尝试访问调查目标已知的关联资料，可能会发现一些东西，有助于找到目标的真实个人资料。

---

2. 其他有用的 Facebook 图搜索命令

要搜索 Facebook 上所有对特定页面点过赞的人，请在浏览器地址栏输入如图 5-13 所示的查询，并将突出显示的数字替换为目标页面 ID。

图 5-13　找到 Facebook 上所有喜欢某个特定页面的人

3. 追踪从 Facebook 下载的照片的来源

当用户上传照片到 Facebook 并将照片保存到 Facebook 数据库时，照片的名字将会改变。新名称通常由 3 个长数字组成，文件类型为 JPG 格式。其中，第二个数字是与最初上传图像到 Facebook 的用户的个人资料相关。要想知道这张图像背后的 Facebook 账号，可以复制第二个号码并粘贴到 Facebook 网址 www.facebook.com/的后面，这会进入图像来源的 Facebook 资料页，如图 5-14 所示。该方法奏效的前提是：感兴趣的图像已经设置为公开发布，或者 Facebook 账户是在发布该图像的用户的好友名单里并且该图像最初是在朋友圈共享的。

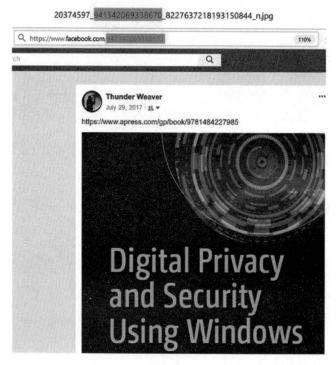

图 5-14　对从网上下载的图像追踪到该照片上传者的 Facebook 账户源头

⚠ **注意！** 许多 Facebook 用户在不同的社交平台上使用相同的头像。要想通过反向图像搜索以查看特定的 Facebook 个人资料照片还出现在网上哪些地方，可以使用 Google Images(https://images.google.com) 或 Tineye(www.tineye.com) 等服务。

4. 使用 Google 搜索 Facebook 内容

通过使用 site：facebook.com 搜索操作符，Google 可以高效地搜索 Facebook 公共页面，site：操作符指定 Google 搜索引擎在指定的网站内搜索。还有一些其他的 Google 高级搜索操作符可以用来在 Facebook 中找到准确的信息，如图 5-15 所示的示例。

图 5-15 使用 Google 高级搜索操作符在 Facebook 中找到信息

5．在 Facebook 上搜索话题标签

要搜索带有话题标签（hashtag）的帖子、照片或页面，请在 Web 浏览器地址栏中输入 Facebook 网址，然后输入指定的话题标签，如 https://www.facebook.com/hashtag。

例如，输入 https://www.facebook.com/hashtag/Terrorism，将会显示 Facebook 上带有♯Terrorism（恐怖主义）话题标签的相关内容。

⚠ **注意！** 可以通过 https://www.hashatit.com 在多个社交媒体网站（Facebook、Twitter、Pinterest、Instagram）上搜索特定的话题标签。

6．使用自动化服务来方便 Facebook 图搜索

使用 Facebook 图搜索很容易，但需要发挥想象力，设计出最适合需求的查询语句。不过有一些网络服务可以方便地使用图搜索，此时所需要做的就是输入目标的 Facebook 用户名或个人资料 ID，这些网络服务将执行前面介绍过的高级搜索查询（当然，只可以搜到公共可见的信息）。以下是最流行的 Facebook 图搜索查询语句生成器。

（1）Facebook 扫描器（https://stalkscan.com），该网站允许调查任何 Facebook 用户的公共信息。要使用此服务，请输入调查目标个人资料的 Facebook URL，该站点页面将会显示调查目标所有的公开社交活动，如图 5-16 所示。

（2）图搜索界面（http://graph.tips）提供了一个简单的图形用户界面，有助于使用 Facebook 图搜索找到任何 Facebook 用户的公共信息。只需要提供 Facebook 目标用户名（可以从访问目标的 Facebook 个人资料页面中提取，如图 5-17 所示），该网站将完成剩余的搜索工作。

（3）peoplefindThor（https://peoplefindthor.dk）是一个带有最常用过滤器的 Facebook 图搜索查询生成器，如图 5-18 所示。

（4）Socmint（http://socmint.tools）提供便于使用 Facebook 图搜索来获取信息的工具。

Facebook 图形搜索正在不断发展，它的搜索命令也是如此。有时需要反复试验才能成功地利用这个搜索引擎找到最佳结果。对某一搜索需求，可以通过尝试查询项的不同变体（更改查询词）来获得所需的结果。请记住，图搜索可能在某种程度上与朋友圈和共同朋友列表有关，Facebook 社交网络的传播性和多样性会影响图搜索给出的整体结果。

图 5-16　该网站可以显示 Facebook 用户的公开社交活动信息

图 5-17　peoplefindThor Facebook 搜索过滤器

7．网上的 Facebook 搜索工具/服务

有许多网上服务可简化从 Facebook 账户获取/分析信息的过程。以下是一些最有用的站点。

（1）找 ID（https://lookupid.com）查找 Facebook 个人 ID。这些 ID 在利用 Facebook 图搜索功能进行高级搜索时是必需的。

（2）FindMyFbid（https://findmyfbid.com）可以查找 Facebook 个人数字 ID。

（3）Facebook 页面晴雨表（http://barometer.agorapulse.com）提供关于特定的 Facebook 个人资料或页面的统计和洞察信息。

（4）Facebook 搜索工具（http://netbootcamp.org/facebook.html）在 Facebook 上进行高级搜索。

（5）LikeAlyzer（https://likealyzer.com）分析和监控 Facebook 页面。

（6）Facebook 视频直播搜索（https://www.facelive.org）搜索 Facebook 上的视频直播。

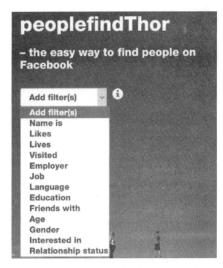

图 5-18　Facebook 用户名（高亮显示）与用户创建账户时选择的名称不同（访问目标的个人资料页面时，该名称出现在 Facebook 搜索栏中）

（7）Wallflux（https://www.wallflux.com）提供有关 Facebook 群组和页面中最新帖子的 RSS 聚合信息及更新。

（8）Facebook 个人/页面/地点的名称目录（https://www.facebook.com/directory/people）列出了在 Facebook 上有公开搜索内容的人。

（9）执法机构指南（https://www.facebook.com/safety/groups/law/guidelines）为执法机构在 Facebook 和 Instagram 上寻找信息提供法律指南。

（10）谁发了什么帖子？（https://whopostedwhat.com/staging）是一个 Facebook 关键词搜索生成器。它会搜索 Facebook 上的帖子，并将搜索结果限定在某个特定的日期。

（11）Signal（https://www.facebook.com/facebookmedia/get-started/Signal），新闻记者使用该服务收集来自 Facebook 和 Instagram 的相关动态、照片、视频和帖子，并将它们纳入到记者制作的媒体广播中。这项服务对记者是免费的。

8．收集调查目标 Facebook 数据的本地副本

如果要从 Facebook 上搜集诉讼证据，一定要在计算机上保存一份所找到的内容（证据）。Facebook 是由其用户管理的，任何公开的帖子/照片都可以被突然删除或由其所有者改变为仅可私密访问。若要保存文章或公共资料信息的副本，可以使用浏览器的 File 菜单下的 Save Page As 功能来保存页面；或者可以直接将指定的页面打印到纸上；也可以抓取页面的屏幕截图，并以图像文件形式保存在本地计算机中。

开源情报分析师可能需要目标的 Facebook 数据的离线版本以进行高级离线分析，或者创建关于特定用户的个人资料或页面的报告。Facebook 官方的用户界面中没有提供保存或打印个人资料的任何方法，而将公开的个人资料页面保存为 HTML 页面也不是一个方便的解决方案（特别是想保存一个较长页面的时候）。网站 http://le-tools.com 开发了一

个名为 ExtractFace 的工具来自动提取 Facebook 个人资料中的数据。要使用此工具,请遵循以下步骤。

(1) 从 https://sourceforge.net/projects/extractface/?source=typ_redirect 下载该工具。目前,在使用该工具之前,应具备以下先决条件:①使用 Firefox ESR 版本登录 Facebook 账户,该版本可以从 https://www.mozilla.org/en-US/firefox/organizations/all/下载;②准备 MozRepl 附加组件(https://addons.mozilla.org/en-US/firefox/addon/mozrepl/)。安装该插件后,需要直接启动它或设置 Activate on startup 选项,以便在 Firefox 启动时自动启动该插件,如图 5-19 所示。

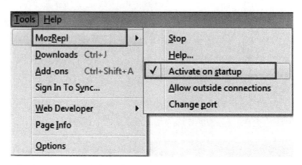

图 5-19 启动 MozRepl 附加组件或将其设置为在启动 Firefox 时自动启动

> **警告!** 在使用此工具之前,请关闭防火墙或允许连接到端口 4242。

(2) 要开始收集目标的 Facebook 数据,先转到目标的个人资料页,右键单击位于 Windows 任务栏中的 ExtractFace 图标,启动该工具的选项菜单,如图 5-20 所示。

(3) 菜单中的第一个选项是 Scroll and Expand。在收集目标的好友、事件时间轴和评论(帖子、照片和视频评论)之前,建议先使用这个选项,因为它在收集数据前将自动展开整个页面并滚动至页尾。这是必不可少的步骤,可以避免使用时获取的页面数据不完整(特别是页面比较长或网速比较慢的时候)。例如,要获取调查目标的 Facebook 好友列表,首先转到目标的 Facebook 好友页面,单击 Scroll and Expand 选项开始在整个页面上滚动,然后单击 Dump Friends。这时将出现一个弹出菜单,要求选择存储文件的位置。选择存储位置后单击 Dump now,如图 5-21 所示。

ExtractFace 工具的大多数功能都可以处理所有人、页面和群组的资料数据。

> **提示!** 当有人访问 Facebook 用户的个人资料或查看其照片或视频时,Facebook 不会通知该用户。如果遇到用户的 Facebook 个人资料被锁定(是指该用户通过隐藏好友列表加强账户的隐私控制)时,可以通过与这个账户相关的点赞和标签来反推该用户的好友列表。

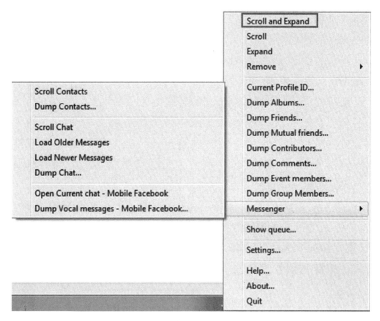

图 5-20　查看 ExtractFace 选项

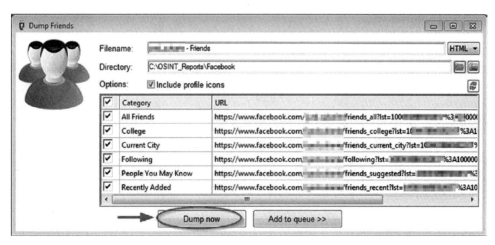

图 5-21　使用 ExtractFace 工具导出目标的 Facebook 好友列表

5.2.2　Twitter

Twitter 是最受欢迎的微博社交媒体平台,平均每月有 3.3 亿活跃用户(截至 2017 年第三季度)[9]。Twitter 成立于 2006 年,主要业务是在线发送手机短信息。Twitter 最早允许用户发布 140 个字符的推文,2017 年,推文的字符数上限增加到 280 个字符。除了文本外,推文还可以包含照片、短视频和 URL。

Twitter 主要根据发布的内容联系具有相同兴趣的人。为了建立在线社区,Twitter 使用以♯为前缀的话题标签(hashtags)为相似的话题或主题分组。即使人们彼此不认,他们也可以基于话题标签进行交谈。

注册 Twitter,需要有一个电话号码或电子邮件地址来激活账户。除了密码之外,Twitter 在注册账户时不强制要求使用实名。Twitter 使用昵称表示 Twitter 用户名,Twitter 的昵称以@符号开头,后面跟着没有空格的字母数字字符(例如@darknessgate)。Twitter 昵称可用于在公共推文中提到某人或向某人发送私人消息。在使用 Twitter 时,可以关注其他推主的公开资料,关注后它们的内容更新将会在你的时间线里出现。

Twitter 允许使用 Twitter Periscope 服务进行视频直播,需要使用 Twitter 的官方应用程序才能在 Android 或 Apple 设备上使用该服务。

虽然 Twitter 的本质并没有提供像 Facebook 或 LinkedIn 那样丰富的个人信息,但它仍然被认为是一个强大的社交媒体平台,在调查中合理使用将可以获得有关目标的一些有用的开源情报信息。例如,通过查看某人的 Twitter 账户可以获取其地理位置数据、个人兴趣、政治、宗教观点、旅行和朋友等信息。

1. Twitter 搜索

Twitter 有一个简单的搜索功能,在使用 Twitter 网页版登录 Twitter 账户后的界面中,该功能位于屏幕的右上角。Twitter 简单搜索允许在 Twitter 数据库中执行基本搜索。但是,不要低估这个小小的搜索框,因为可以将高级搜索操作符(类似于 Google 高级搜索操作符)添加到搜索查询中,以指示它深入搜索并返回准确的结果。

开始 Twitter 搜索的最佳地点还是进入 Twitter 搜索主页 https://twitter.com/search-home,见图 5-22。从这里,可以进行简单的搜索(例如,搜索 Twitter 个人资料或推文),或者单击 Advanced search 进入 Twitter 高级搜索页面,从而设置不同的搜索过滤器。

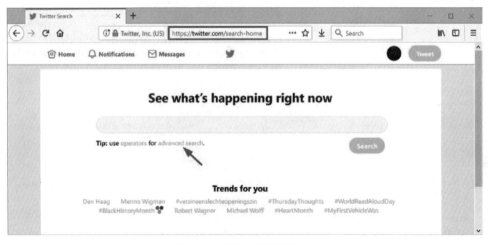

图 5-22　推特主页搜索页面

2. 推特高级搜索操作符

Twitter 的数据库每天都在增加。每秒钟大约有 8000 条推文被发布[10],这等于每分钟

48万条推文。要在这么大的数据量中找到自己需要的信息,有必要使用高级搜索操作符来优化搜索。以下搜索操作符可以整合到 Twitter 的简单搜索中,从而更精确地找到相关的推文。

(1) 使用""操作符搜索一个精确匹配的短语或单词。例如,"OSINT intelligence"。

(2) 要搜索一个以上的搜索词,请使用 OR 操作符。例如,OSINT OR intelligence(这将搜索包含 OSINT 或 intelligence 或两者都包含的推文)。

(3) 否定运算符(-)用于从搜索结果中排除特定的关键词或短语。例如:virus-computer(这将搜索带有单词 virus 但与计算机病毒无关的推文)。可以使用 OR 操作符扩展否定查询以排除更多的单词/短语,如,Eiffel tower-(trip OR new year OR vacation),这将搜索有关埃菲尔铁塔(Eiffel tower)且不包括有关旅行、新年活动和度假的推文。

(4) 要搜索包含特定话题的推文,使用♯符。例如,♯OSINT(这将搜索所有包含开源情报话题的推文)。

(5) 要搜索来自特定 Twitter 账户的推文,请使用 from 操作符。例如,from:darknessgate(它将检索从 darknessgate 账户发出的所有推文)。可以根据特定 Twitter 账户对人物、照片、新闻等结果进行筛选,如图 5-23 所示。

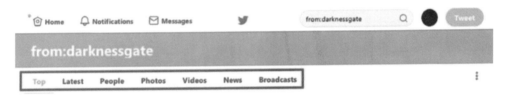

图 5-23 使用 from 操作符后,可以使用 Twitter 默认过滤器将搜索结果缩小到指定的结果集

(6) to 操作符后面跟 Twitter 昵称将显示发送给特定 Twitter 用户的所有推文。例如,to:darknessgate(它将检索发送到 darknessgate 账户的所有推文)。与 from 操作符类似,可以根据人员、照片、新闻等过滤结果。

(7) 要查找引用特定 Twitter 账户的所有推文,请使用 @ 操作符。例如,@darknessgate(它将检索所有引用 darknessgate 账户的推文)。

(8) 要搜索从特定位置发出的推文,请使用 near 操作符并跟着位置名称,例如,"happy birthday" near New York(这将搜索包含精确短语 happy birthday 且从纽约附近发出的推文)。

(9) 要搜索距一个位置的特定距离内发出的推文,使用 within 操作符。例如,near:LA within:15mi(这将返回在距洛杉矶 15 英里内发出的推文)。

(10) 要搜索从特定日期以来发出的推文,请在 since 操作符之后紧跟日期。例如,OSINT since:2014-11-30(将返回所有在 2014 年 11 月 30 日后发出的包含开源情报的推文)。

(11) 要搜索发送截至特定日期的推文,请使用 until 操作符。例如,OSINT until:2015-11-30(这将返回所有包含开源情报且发送日期在 2015 年 11 月 30 日之前发出的推文)。

（12）要找到所有有关一个主题的提问和解答问题的推文，请使用？操作符。例如，OSINT？（这将返回所有包含开源情报且提问和解答问题的推文）。

Filter 操作符是很强的过滤器，它可以根据不同的条件过滤结果。以下是最流行的过滤器的例子。

（1）要在 Twitter 对话中进行搜索，请使用带有 replies 关键词的筛选操作符。例如，OSINT Filter：replies（这将返回所有包含关键词开源情报且是应答其他推文的推文）。

（2）使用 images 关键词返回包含图像的推文。例如，OSINT Filter：images（这将返回所有包含关键词开源情报且在其中嵌有图像的推文）。

（3）要返回嵌有视频的推文，请使用关键词 video（类似于 images 过滤器）。例如，OSINT Filter：videos。

（4）要返回包含上传视频、Amplify 视频或 Periscope 视频的推文，请使用 native_video 操作符。例如，OSINT filter：native_video（它将返回包含关键词开源情报且有一个上传的视频、Amplify 视频或 Periscope 视频的推文）。

（5）要返回带有图像或视频的推文，请使用 media 操作符。例如，OSINT Filter：media。

（6）要返回有被新闻 URL 链接过的推文，请使用关键词 news。例如，OSINT Filter：news（这将返回包含开源情报且被新闻提及的推文）。

（7）要返回包含 URL 的推文，请使用关键词 links。例如，OSINT Filter：links。

（8）要返回只包含纯文本的推文，请使用关键词 text。例如，OSINT Filter：text。

（9）只返回来自经过验证用户的推文（验证账户的名称附近有一个蓝色的复选标记），请使用 verified 操作符。例如，OSINT Filter：verified。

（10）要搜索使用 Twitter Periscope 服务上传的视频，请使用 periscope 过滤器。例如，OSINT filter：periscope（这将搜索所有包含开源情报关键词且含有 periscope 视频 URL 的推文）。

提示！ 可以使用 Filter 操作符的否定运算符（—）来得到上面例子相反的结果。例如，输入 OSINT-Filter：images，将返回所有没有嵌入图像但包含开源情报搜索关键词的推文。

若需要根据点赞、回复和转发的数量搜索推文，可以使用以下操作符。

（1）使用 min_retweets：操作符后面跟一个数字。例如，OSINT min_retweets：50（这将返回所有包含开源情报搜索关键词且至少被转发了 50 次的推文）。

（2）使用 min_replies：操作符后面跟一个数字来返回那些回复数量等于或多于该数字的推文。例如，OSINT min_replies：11（这将返回所有包含开源情报关键词且有 11 个或更多回复的推文）。

（3）使用 min_faves：后面跟一个数字来返回那些点赞数量等于或多于该数字的推文。

例如，OSINT min_faves：11（这将返回所有包含开源情报关键词且有 11 个或更多点赞的推文）。

（4）要在搜索结果中排除转发信息，请使用-RT 操作符。例如，OSINT-RT（它将搜索包含开源情报关键词但排除所有转发的推文）。

（5）要搜索特定来源的推文，请使用 source 操作符后接来源名称。例如，OSINT source：tweetdeck，这将返回所有包含开源情报且从 tweetdeck 发送的推文。常见的来源有 tweetdeck、twitter_for_iphone、twitter_for_android 和 twitter_web_client。

（6）要将 Twitter 返回的结果限制为特定的语言，请使用 lang 操作符。例如，OSINT lang：en（这将返回所有包含开源情报且内容语言是英语的推文）。要查看 Twitter 支持的语言代码列表，请访问 https://dev.twitter.com/web/overview/languages。

⚠ **注意！** Twitter 允许每个账户保存最多 25 次搜索结果。要保存当前的搜索结果，请单击结果页面顶部的 More search actions，然后单击 Save this search。

可以结合多个 Twitter 高级搜索操作符来进行更精确的搜索。例如，输入"OSINT intelligence"from：darknessgate-Filter：replies lang：en 可以只从用户 darknessgate 中获得包含确切短语 OSINT intelligence 且没有回复过其他用户的英文推文。

3. Twitter 高级搜索页面

Twitter 高级搜索页面（https://twitter.com/search-advanced）允许设置不同的过滤器（语言、位置、关键词、日期/时间范围）来返回最佳结果。可以在任何主题中搜索人员、话题标签和照片，如图 5-24 所示。

4. 网络 Twitter 搜索工具/服务

以下是有助于在 Twitter 上查找信息的网络服务。

（1）TweetDeck（https://tweetdeck.twitter.com）是一个社交媒体仪表盘应用程序，用于管理 Chrome 或 Firefox 等 Web 浏览器中的 Twitter 账户。它在桌面用户中很受欢迎，提供了使用简单整洁的界面来管理多个 Twitter 账户的灵活性。它还允许在不共享密码的情况下与开源情报调查团队共享一个账户（通过在自己账户上设置不同的访问权限实现）。TweetDeck 在一个屏幕上显示所有与 Twitter 相关的活动（活动、消息、通知和搜索），可以在屏幕上添加更多类型的栏目（例如，通知、搜索方式、列表、收集、活动、消息、提及、关注、时间表、趋势），从左到右滚动页面可以查看所有栏目。可以使用 TweetDeck 有效地进行 Twitter 内部搜索，并保存当前搜索以便随后查看自动更新的内容。还可以通过一个易于使用的图形用户界面，使用高级的 Twitter 搜索操作符优化搜索查询。

（2）All My Tweets（https://www.allmytweets.net）可以在一个页面查看任何 Twitter 账户发布的所有公开推文。

（3）Trendsmap（https://www.trendsmap.com）显示了世界各地 Twitter 上最流行的

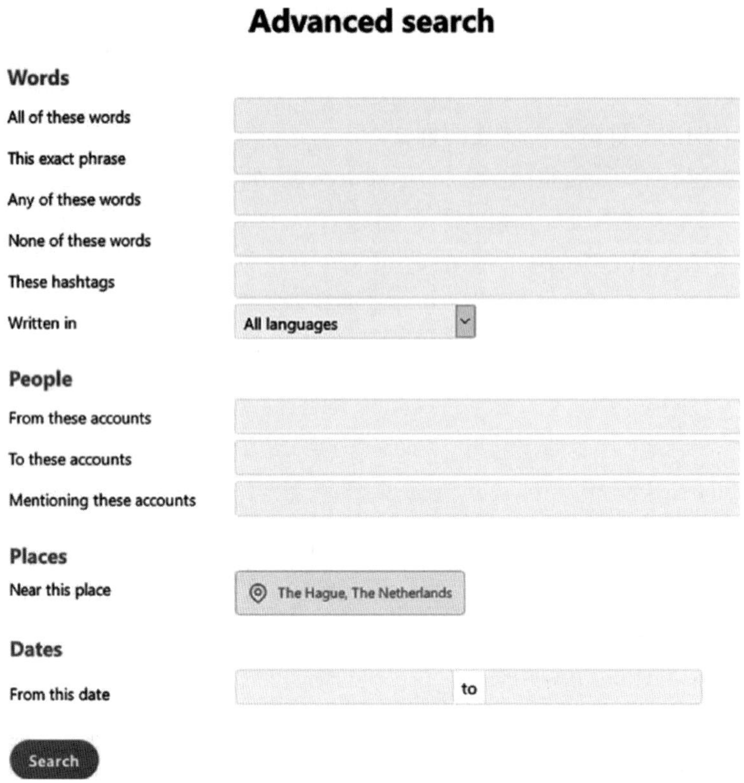

图 5-24　Twitter 高级搜索页面

趋势、话题标签和关键词。

（4）Foller（http：//foller. me）分析 Twitter 公开账户数据（例如，个人公开资料、推文和关注者数量、主题、话题标签、提及）。

（5）First Tweet（首个推文）（http：//ctrlq. org/first/）可以找到与任何搜索关键词或链接相关的第一条推文。

（6）Social Bearing（社交关系）（https：//socialbearing. com/search/followers）分析任何特定账户的 Twitter 关注者（最多可以加载 10 000 个关注者）。

（7）Twitter Email Test（推特邮件测试）（https：//pdevesian. eu/tet）测试一个电子邮件地址是否是某个 Twitter 账户的，对于了解某个特定邮件用户是否拥有 Twitter 账户（可能用的是假名）是很有用的。

（8）Twicsy（http：//twicsy. com/）搜索超过 7374661011 张 Twitter 照片。

（9）Follower Wonk（https：//moz. com/followerwonk/analyze）分析某个 Twitter 用户的关注者。

（10）Sleeping Time（http：//sleepingtime. org/）在 Twitter 上预测用户的睡眠时间。

（11）Simple Twitter Profile Analyzer（推特个人资料分析器）（https：//github. com/

x0rz/tweets_ Analyzer)是一个 Python 脚本。

（12）Tag Board（https://tagboard.com）在 Twitter、Facebook 和 Google＋上搜索话题标签。

（13）TINFOLEAK（https://tinfoleak.com）获取任何 Twitter 账户的详细信息，并查看每个账户泄露了什么。需要提供电子邮件地址来接收详细的报告。

（14）TET（https://pdevesian.eu/tet）检查输入的邮件地址是否用于某个 Twitter 账户。

（15）Spoonbill（https://spoonbill.io）监控 Twitter 所关注账户的个人资料变化。

（16）Export Tweet（导出推文）（https://www.exporttweet.com）是一个先进的 Twitter 分析服务，可以下载生成的报告以供脱机使用。要解锁全部功能需要付费。

💣 **警告！** 许多社交媒体分析服务可能需要提供更多访问 Twitter 账户的权限才能工作。如果使用虚拟账户，使用这些服务是安全的；否则，请确保不要向需要访问账户的服务授权，如图 5-25 所示。

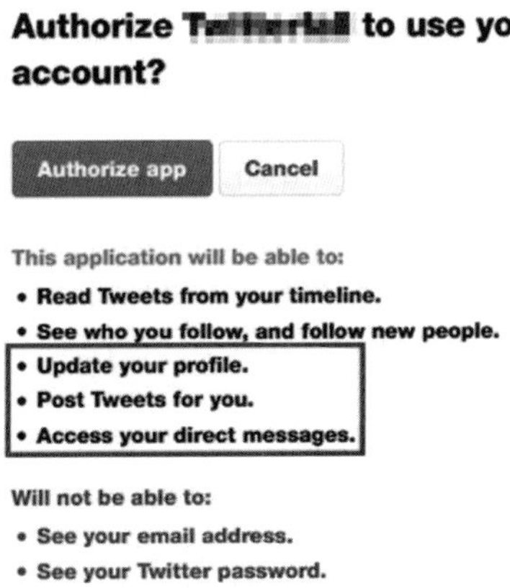

图 5-25 由 Twitter 发出的关于第三方服务需要对账户获取更多访问许可的警告

5.2.3 Google＋

这是 Google 旗下的一个社交网站。就注册用户数量而言，它理论上被认为是仅次于 Facebook 的第二大社交媒体网站。Google 的免费电子邮件服务 Gmail 每月活跃用户超过 12 亿，但我们无法直接确认，真正使用 Google＋的用户和使用 Gmail 的用户数是否相同。

Google 提供的最受欢迎的服务是 Gmail，它为全球任何 Google 注册用户提供免费的邮件服务，在可靠性、可用性和存储空间方面具有出色的特性。使用任何 Google 产品（例如，YouTube、Google 驱动器、Gmail、Google 地图、Google 文档）时都需要一个 Google 账户，注册 Google 账户后，仅需要一次单击就可以激活 Google＋账户。基于这种情况，实际的 Google＋用户数会比公布的统计数据少得多。事实上，2015 年的一项研究表明，Google＋的活跃用户数不到 Google 总用户的 1%[11]。根据 2017 年 9 月 4 日的最新统计，每月 Google＋的独立用户访问量为 3400 万，远低于其直接竞争对手 Facebook[12]。

Google＋提供与 Facebook 类似的社交互动，人们可以发布状态更新，更新可以是纯文本的，也可以是文本加照片、投票、URL 或位置。每个帖子的隐私级别可以根据用户的需要进行调整，而 Google＋的隐私控制方法是通过圈子（circle）。不同于 Facebook，Google＋用户可以不需要被关注对象也反向关注自己，就可以将某人添加到他们的 circle 列表里面。这种互动方式与 Twitter 类似，即只需要任何一方关注对方就能够查看彼此的更新，而不是必须相互关注才能查看对方的动态（例如，Nihad 可以关注 Susan，但是 Susan 不必关注 Nihad）。

Google＋默认的 circle 列表标签是朋友、家人和熟人，用户根据需求创建任意数量的 circle。发布更新时，用户可以选择指定 circle 来共享更新，如图 5-26 所示。circle 是私密的，所以没有人会知道你把他们放在哪个 circle 里面了。

1. 搜索 Google＋

与其他社交平台类似，Google＋用户可以在上面展示个人资料，用户可以调整资料中各个部分的隐私设置。个人资料中的某些信息会在 Google 的所有服务中显示，Google＋与其他 Google 服务共享的数据包括：联系信息、教育、地点（类似于 Facebook 签到功能）、链接（个人博客或 LinkedIn 个人资料）、个人信息（性别、生日）、技能和个人照片。

搜索从位于页面顶部的搜索栏开始，在其中输入想要搜索的人，Google＋会在输入的时候给出相关建议。返回的结果将显示在下个页面上，并按下面的 4 个类别分组：社区、人员和页面、收集和帖子，如图 5-27 所示。

图 5-26　Google＋的隐私控制

图 5-27　使用内置搜索功能在 Google＋中搜索

2. Google＋高级搜索操作符

像 Twitter、Facebook 和 LinkedIn 一样，Google＋也有专门的一套搜索操作符方便寻找精准结果。

⚠ **注意！**　在使用Google+高级搜索操作符之前,需要知道如何查找任何用户(用户名)的Google+ID：登录Google+用户资料页；单击屏幕左侧的profile选项卡；查看地址栏中的URL,http://plus.google.com/后面的字符串就是Google+ID,如图5-28所示,要查看其他用户的Google+ID,请转到该用户的资料页,可在URL中找到其Google+ID。

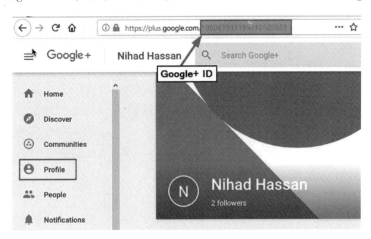

图5-28　从URL中提取Google+ID

请注意,许多Google+用户资料连接仍然使用数字,但用户可以选择使用反映其真实姓名的自定义URL。提取由字母组成的Google+ID与提取数字ID是类似的,需要从URL中复制相应的字符串(以+号开头)。

以下是最受欢迎的搜索操作符。

(1) 类似于Twitter,可以使用♯符号搜索主题。例如,♯OSINT。

(2) 使用from操作符搜索特定用户发布的帖子。例如,from：106061931199710505959(用目标Google+ID替换其中的数字,某些账户的Google+ID也可能包含字母)。

(3) 使用has搜索操作符可以通过特定类型的内容来搜索帖子。例如,OSINT has：photo(这将返回所有包含开源情报且其中嵌入了图像的帖子)。photo部分可以替换为以下这些类型：attachment、poll、video、doc、slides、spreadsheet。

(4) 若要搜索特定日期之前或之后的帖子,请使用before或after操作符。日期格式如下：YYYY-MM-DD。例如,OSINT before：2017-01-16 | OSINT after：2018-01-01。

(5) 要查找特定用户评论的帖子,请使用commenter操作符和目标用户的Google+ID,例如,commenter：106061931199710505959。

(6) 要找到所有提及特定用户的帖子,请使用mention操作符。例如,mention：106061931199710505959。

(7) 要搜索特定社区或收藏集中的帖子,请使用in操作符。在给出如何在社区或收藏集中搜索的示例之前,需要按照以下步骤在 Google＋上找到社区或收藏集 ID:登录 Google＋个人资料页;转到所要查找 ID 的社区/收藏集,查看浏览器地址栏,复制 URL 中最靠后的数字和字母字符串,如图 5-29 所示。

图 5-29　从 Google＋社区 URL 提取的社区 ID

(8) 要在 Google＋社区中搜索,使用[搜索关键词] in:community(将 community 替换为目标的社区 ID)。例如,pentesting in:112627411690 1792152(这将在 Google＋ID 为112627574116901792152 的目标社区中搜索包含关键词 pentesting 的帖子)。

(9) 要在 Google＋收藏集中搜索,请使用[搜索关键词] in:collection(将单词 collection 替换为目标收藏集 ID)。例如,hacking in:gAAAZ(这将在名为 gAAAZ 的收藏集中搜索含有 hacking 的帖子)。

(10) Google＋允许使用 3 个逻辑操作符(AND、OR、NOT),但是必须使用大写字母。使用 NOT 操作符进行否定。例如,from:106061931199710505959 NOT has:photo(这将搜索 Google＋ID 为 106061931199710505959 的用户发送的且不包含照片的所有帖子)。NOT 操作符可以用负号(－)代替(from:106061931199710505959-has:photo)。AND 操作符用于搜索同时满足多个搜索关键词的帖子。当几个关键词用空格分开时,Google＋将自动对这几个关键词进行 AND 操作,所以没有必要手动添加它。例如,from:106061931199710505959 AND from:101607398135470979957(这将搜索来自这两个 Google＋账户的帖子)。OR 操作符用于搜索包含一个或多个关键词的帖子。例如,OSINT has:doc OR has:photo OR has:spreadsheet,这将搜索包含关键词 OSINT 且附有 doc(word 文档)或 photo(照片)或 spreadsheet(表格文档)类型文件的帖子。

3. 使用 Google 搜索引擎在 Google＋中搜索

Google 搜索引擎可以有效地应用于 Google＋内部的搜索,就像之前其他站内搜索那样,使用 site 操作符将 Google 搜索的范围限制在 Google＋内(site:plus.google.com)。例如,"PERSON NAME" site:plus.google.com(将 PERSON NAME 替换为搜索目标名),"Work at COMPANY NAME" site:plus.google.com(用要搜索的目标公司替换 COMPANY NAME)。

4. 使用 Google 自定义搜索引擎在 Google＋中搜索

以下是最流行的搜索 Google＋个人资料的 Google 自定义搜索引擎。

(1) Google＋收藏集和社区(http://goo.gl/A8MB7z)。

(2) Google＋跟踪者(https://cse.google.com/cse/publicurl?cx＝001394533911082033616％3Asvzu2yy2jqg)。

(3) Google＋定制照片搜索引擎(https://cse.google.com/cse/publicurl?cx＝

006205189065513216365；uo99tr1fxjq）。

（4）Google＋个人资料（https://cse.google.com/cse/publicurl?cx＝009462381166450434430；cc5gkv2g7nk）。

（5）获取那些有公开电子邮件和电话号码的 Google＋账户的个人资料（https://cse.google.com/cse/publicurl?cx＝009462381166450434430；cotywcrgpru）。

5. 用于 Google＋的其他有用服务

用于 Google＋的其他有用服务的网站包括以下两种。

（1）Google＋to RSS（https://gplusrss.com）创建任何 Google＋个人资料或页面的 RSS 订阅。免费版可以允许两个订阅。

（2）Google＋User Feed（http://plusfeed.frosas.net），利用这个站点，可以通过 RSS 订阅来监视 Google＋用户的更新，在不访问目标的 Google＋页面的情况下监视目标的帖子是很有用的。

5.2.4 LinkedIn

LinkedIn 是一个专门为商业领域的专业人士提供互动交流服务的社交网络。个人在平台上维护自己的个人资料（类似履历），展示他们的技能、工作经历、工作/项目的成果等；而公司则维护自己的页面，宣传其业务活动并发布职位空缺信息等。

LinkedIn 成立于 2003 年，是较老的社交媒体网站之一。LinkedIn 在 200 个国家提供服务，其界面支持 20 种语言。LinkedIn 的大部分用户在美国，第二大市场来自印度，其次是巴西。2016 年 12 月，微软收购了 LinkedIn。目前，LinkedIn 在全球拥有超过 5.46 亿活跃用户[13]。

要获得一个 LinkedIn 个人账户，必须提供姓名、电子邮件和密码。LinkedIn 要求用户实名注册，因为 LinkedIn 的本质是在商业世界中建立联系，在这里使用虚假的个人资料是没有意义的，你需要提供真实的信息来建立商业联系。对于注重隐私的人，LinkedIn 提供了不同的访问权限，允许每个用户设置他们的个人资料中对外开放的数据。

大部分的 LinkedIn 内容在登录 LinkedIn 账户之前是看不到的。如果尝试在未登录时查看 LinkedIn 个人资料，则会被要求注册或登录账户的页面，如图 5-30 所示。一些 LinkedIn 用户在他们的账户上设置了很高的隐私控制设置，除非已经在 LinkedIn 上建立了联系，否则其他 LinkedIn 用户无法查看他们个人资料的某些部分（包括个人资料图片）。

如图 5-31 所示，LinkedIn 上的个人资料包含了用户的姓名、职业、学历、工作经历（当前和以前的工作）、特色技能和优势、推荐、成就、语言、荣誉和奖励、项目和兴趣。人们可以在 LinkedIn 上与其他专业人士联系，用户还可以关注其他人或公司页面，关注后其更新将会以时间顺序展现在页面当中。

1. LinkedIn 搜索

即使不登录 LinkedIn，也可以通过姓和名对目标人物进行简单搜索。搜索表单位于主页底部，如图 5-32 所示。

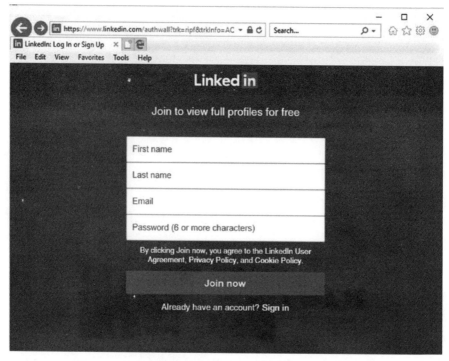

图 5-30 当请求者没有登录到 LinkedIn 时的可以看到的页面

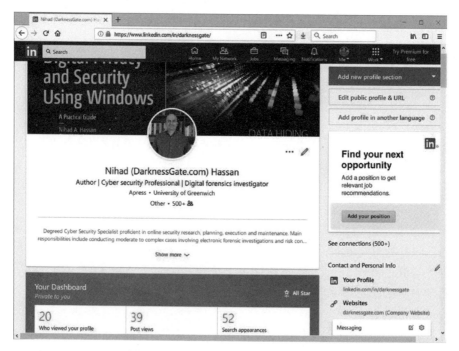

图 5-31 作者个人简介的 LinkedIn 样本

图 5-32　未登录 LinkedIn 时，可以使用主页 Find a colleague 搜索表单来搜索人物

不登录 Linkedin 进行搜索时，出现的结果只是一个匹配人名的列表，每个名字都有一个简要说明。要想获得人物的更多信息，还需要登录 LinkedIn。

对于已登录用户，LinkedIn 在页面顶部提供了一个搜索栏，用于搜索人员、工作、职位、公司、团体和学校。在使用这个搜索栏做简单搜索并获得结果后，可以使用 LinkedIn 高级过滤器对结果集进行筛选。

例如，要搜索关键词 Apress，可以在搜索栏中输入搜索关键词 Apress 并按 Enter 键（注意，在输入搜索关键词时，LinkedIn 会给出搜索建议）。如图 5-33 所示，查看结果页面的顶部，并单击 All Filters，则出现如图 5-34 所示的高级搜索过滤器。某些 LinkedIn 页面可能会在页面右侧显示 LinkedIn 搜索过滤器。

图 5-33　使用 LinkedIn 高级搜索过滤器来缩小搜索结果

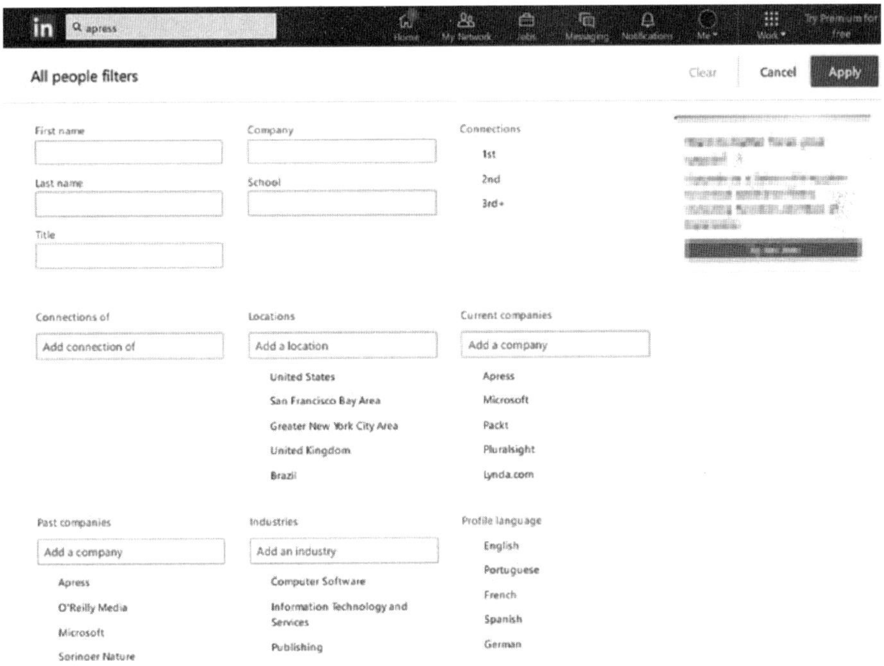

图 5-34　LinkedIn 高级搜索过滤器

> **警告！** 当访问某人在 LinkedIn 上的个人资料时，会被记录在历史访问中，因此被访问者会知道有人访问过。虽然可以改变隐私设置（个人资料查看选项）匿名浏览 LinkedIn，但反过来也无法知道有谁访问了个人资料。但是高级 linkedin 账户可以知道自己被谁访问过，即使访问者是以私密模式访问的。

LinkedIn 高级搜索允许用户根据目标的姓、名、公司、学校和头衔进行搜索。还可以指定目标的地理位置，将搜索范围限定在某个地区。也可以对搜索进行优化，添加可能与目标有联系的其他 LinkedIn 成员。此外，也可以根据目标个人资料所用的语言以及目标当前/以往的工作经历进行筛选。

2. LinkedIn 高级搜索操作符

与 Twitter 类似，LinkedIn 允许使用高级搜索操作符来优化搜索。以下是最常用的高级搜索操作符。

(1) 要想搜索一个确切的短语，可以使用给该短语加上引号操作符，同样的技术可以用于搜索含有多个单词的个人资料。例如，"OSINT intelligence"（它将搜索含有引号内确切短语的内容）。

(2) 使用 NOT 操作符来排除特定的术语。例如，developer NOT designer（搜索开发人员但非设计人员）。

(3) 使用 OR 操作符来包括一个或多个术语。例如，developer OR designer（搜索开发人员或设计人员或两者）。

(4) 使用 AND 操作符来同时包括两个或多个术语。例如，developer AND designe（搜索既是设计人员也是开发人员的人）。其实在搜索中可以不需要使用 AND 操作符，只需在搜索词之间输入空格。当搜索以空格分开的多个关键词时，LinkedIn 会在各个关键词之间自动添加 AND 操作符。

(5) 使用括号来组合搜索词。例如，penetration tester NOT(developer OR designer)。这将搜索渗透测试人员，并从搜索结果中排除开发人员和设计人员。

(6) 通过使用 Google 的 site 操作符，可以利用 Google 搜索功能对 LinkedIn 的内容进行搜索。例如，"Nihad Hassan"site：linkedin.com。

3. 使用 Google 定制搜索工具搜索 LinkedIn

Google 定制搜索引擎可以方便地检索一些使用典型搜索引擎难以获取的结果。以下是一组精选的 Google 定制搜索，在从 LinkedIn 检索数据时非常有用。

(1) 最近更新的个人资料（https://cse.google.com/cse/public url? cx=009462381166450434430：luit7gbqx2a），这个定制搜索将从 LinkedIn 上检索最近更新的个人资料。

(2) LinkedIn 内容抽取工具（https://cse.google.com/cse/publi curl? cx=

00139453391108203361 6；tm5y1wqwmme），这个定制搜索将提取那些允许公开访问其联系人的 LinkedIn 个人资料。提取的信息包括联系人、电子邮件、电子邮件 2 和电子邮件 3 字段。

（3）LinkedIn Résumés（https：//cse. google. com/cse/publicurl?cx=0 10561883190743916877：qa_v6ioerxo♯gsc. tab=0），这个定制搜索将搜索在过去一两个月内更新过 LinkedIn 个人资料的账户。

（4）LinkedIn 找人工具（国际版）（https：//cse. google. com/cse /home? cx= 009679435902400177945：psuoqnxowx8）可以根据以下国家过滤搜索结果：美国、加拿大、英国、爱尔兰、印度、新西兰、中国和澳大利亚。

在开源情报搜索中，LinkedIn 被认为是搜索特定行业工作人员的工作履历的首选社交网站。例如，可以通过查看用户被认可的技能和工作历史来了解用户的经历。那些为调查目标的能力作背书的人也应该成为搜索的目标，可以查看他们与主要目标的关系（例如，他们的工作关系、一起工作的日期以及他们做过的项目）。在 LinkedIn 上搜索时，一定要记着调整账户隐私设置，以防别人知道你的身份。

5.3 在社交媒体网站上查找信息的通用资源

根据已经讨论过的搜索技术，有许多在线服务可以用来查找在一个或多个社交媒体网站上出现的目标的信息。

（1）Buzz Sumo（http：//buzzsumo.com）查找当前主要社交媒体平台上最热门的共享主题。

（2）Key Hole（http：//keyhole.co）提供跨不同社交媒体网站的话题和关键词的跟踪，可以跟踪 Twitter 账户、提及的内容和 URL。

（3）MIT PGP 公钥服务器（http：//pgp.mit.edu），在 PGP 公钥服务器上搜索，公钥服务器会暴露目标的电子邮件地址。如果目标将其公钥上载到这些服务器，还可以使用它进行进一步的调查。

⚠ 注意！ 可以在 https：//sks-keyservers.net/status 看到所有 PGP 公钥服务器的列表，并查看它们的状态。

5.4 其他社交媒体平台

本章介绍了最常用的社交媒体网站。世界上有数百个活跃的社交媒体网站，其中一些只在自己所处范围中流行。表 5-1 列出了其他社交媒体网站，在进行在线调查时也必须考虑这些网站。

表 5-1 其他社交媒体网站

名称	范围	URL	评论
国际网站			
Reddit	社会新闻	https://www.reddit.com	社会新闻聚合,网页内容评级,讨论网站
Instagram	照片分享	https://www.instagram.com/?hl=en	
Tumblr	微博	https://www.tumblr.com	
Tinder	基于位置的社交搜索app	https://tinder.com	
Pinterest	社交网络	www.pinterest.com	多媒体分享网站
Flickr	照片分享	https://www.flickr.com	
中国			
Classmates	社交分享	www.classmates.com	
QZone	社交网络	http://qzone.qq.com	中国最大的社交网络,超过5亿活跃用户
新浪微博	微博社交平台	http://weibo.com/	Facebook 和 Twitter 的混合体
百度贴吧	社交论坛	https://tieba.baidu.com/index.html	
俄罗斯			
Moemesto.su	书签	http://moemesto.ru	
Vkontakte	社交网络	https://vk.com	在俄罗斯、乌克兰、白俄罗斯、哈萨克斯坦等流行
Diary.Ru	书签	www.diary.ru	
其他国家和地区			
Draugiem	社交网络	www.draugiem.lv	拉脱维亚
Hatena	书签	http://b.hatena.ne.jp	日本
Facenama	社交网络	www.facenama.com	伊朗
Taringa	社交网络	www.taringa.net	拉丁美洲

5.5 Pastebin 网站

Pastebin 是一个文本共享服务,它允许任何 Internet 用户发布大量的文本数据,甚至无须在 Pastebin 网站注册。尽管 Pastebin 的初衷是分享合法数据,但许多黑帽黑客正利用它来散布被盗数据,如被攻破的社交媒体账户(用户名和密码)、世界各地不同公司的私有 IP 地址和子网以及从各种被攻破的在线服务网站中获取的用户凭证。

以下是一些常用的 Pastebin 网站和服务。

(1) Pastebin(https://pastebin.com/trends)提供文本共享服务。

（2）PasteLert（https://andrewmohawk.com/pasteLert）提供专门针对 Pastebin.com 网站的 Pastebin 提醒服务。

（3）PasteBin 的定制搜索工具（https://inteltechniques.com/osint/menu.pastebins.html）自定义搜索页面索引了 57 个内容粘贴站点的内容。

（4）Dump Monitor（https://twitter.com/dumpmon）是一个 Twitter 账户，监控多个粘贴站点的密码泄露和其他敏感信息。

5.6 社交媒体心理分析

社交媒体网站已经融入了我们的日常生活。人们越来越多地使用它们在网上发布各种类型的数字内容。到目前为止，我们一直专注于从社交网站获取数据。然而，在对收集到的数据进行分析时，有一点不应该忽略：内容发布者的心理状态也可以提供重要的信息，甚至比内容本身（在某些情况下）更重要。例如，可以通过对可疑账户进行语言学分析来揭示匿名 Twitter 账户的真实身份。此外，可以通过检查嫌疑人的聊天或在网上发表想法时使用语言的方式（例如，目标使用大写、省略或包含单词以及某些单词发音的方式）来在线跟踪嫌疑人。人工智能系统的进步将使分析社交媒体账户更加有效，并将帮助调查人员发现匿名社交媒体账户的真实身份。

⚠ **注意!** 分析网络内容（尤其是在社交媒体平台上发现的内容）对于犯罪调查、开源情报、网络攻击、审判和司法程序有关的司法鉴定环节变得非常重要。这门科学被称为司法语言学（forensic linguistics）。

分析目标发布上网内容时的心理状态已经超出了本书讨论范围，但一些在线服务分析上网内容，并预测目标发布内容时的心理状态。

5.6.1 Tone Analyzer

这个在线服务（https://tone-analyzer-demo.mybluemix.net）是免费的，通过语言分析探测人们在 Twitter 推文、电子邮件和 Facebook 发布消息等文本内容中流露出的情感，例如喜悦、恐惧、悲伤、愤怒、理智分析、自信和踌躇的语调，如图 5-35 所示。

5.6.2 Watson Tone Analyzer

这是 IBM 公司创建的基于云的服务网站（https://www.ibm.com/watson/services/tone-analyzer/）。它分析在线内容（如 Facebook 帖子、评论和 Twitter 推文）中的情绪和语调，预测作者的情感状态。这种服务也可以在情报分析之外的不同场景中使用，比如了解客户需求以更好地为他们服务。

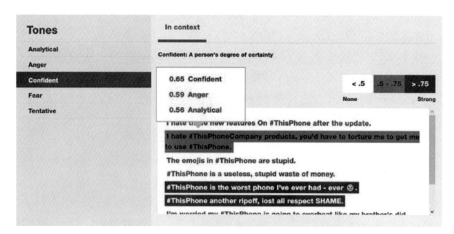

图 5-35　通过语言分析来了解文本作者的心理状态

5.6.3　Facebook 和 Twitter 的预测

这个网站（https://applymagicsauce.com/demo.html）可以进行心理统计画像。该服务通过分析 Facebook 帖子和 Twitter 推文给出个性的洞察，使用户可以看到自己或任何目标在社交媒体中的形象是怎样的。也可以在网站中输入任何文本来对该文本的作者进行统计心理分析。

5.6.4　Fake Spot

这个网站（https://www.fakespot.com）分析 Amazon、Yelp、TripAdvisor 和 Apple 应用商店用户的评论，以检查它们的可信度。

5.6.5　Review Meta

通过这个网站（https://reviewmeta.com）可以调查 Amazon 上的用户评论，检查哪些可能是虚假的或误导性的。

5.6.6　TweetGenie

这个网站（www.tweetgenie.nl/index.php）是荷兰人开发的项目，它通过 Twitter 用户名来预测目标用户的年龄和性别。

5.7　总结

本章介绍了全球最常用的社交媒体网站，重点介绍了月活跃访问量最高的网站。在今天的数字时代，几乎每一个 Internet 用户都会在一个或多个社交媒体网站上至少拥有一个账户。人们使用社交媒体服务在网上发布各种类型的内容，如照片、视频、短信和地理位置数据。他们还会提到自己的教育背景、工作经历和住址。各种个人信息——如社会关系、去过的地方、习惯、好恶、家庭成员、配偶等——都可以很容易地找到。虽然社交网站允许用户加强隐私控制，以防止其他人看到发布的内容，但很少有人关心这些问题，他们将许多活动（尤其是文本发布和签到）发布成公共可以访问的状态。这使得大量可访问的数据很容易用于不同类型的在线调查。

　　本章解释了如何对流行的社交媒体网站进行搜索来找到信息，使用这些社交媒体提供的常规搜索功能是无法找到这些信息的。第 6 章将继续讨论如何通过一种特定类型的搜索引擎——人物搜索引擎——找到关于个人的网上信息。这些引擎类似于典型的搜索引擎，但是它们只索引与个人相关的内容。第 6 章还将讨论政府记录（也称为公共记录），这些都是由地方政府制作的机密记录，其中包含关于特定国家公民的宝贵信息。通过将来自人物搜索引擎和政府记录的信息与来自社交媒体网站的信息相结合，几乎可以找到关于某个人在网上的所有可用信息。

5.8　参考文献

[1] Worldometers. Current World Population[EB/OL]. [2018-02-05]. www.worldometers.info/world-population/.

[2] We Are Social Singapore. Global Digital Statshot Q3 2017[EB/OL]. (2018-02-14). https://www.slideshare.net/wearesocialsg/global-digital-statshot-q3-2017.

[3] Globalwebindex. Internet users have average of 7 social accounts[EB/OL]. (2018-02-14). https://blog.globalwebindex.net/chart-of-the-day/internet-users-have-average-of-7-social-accounts.

[4] Statista. Number of monthly active Facebook users worldwide as of 4th quarter 2017 (in millions)[EB/OL]. (2018-02-14). https://www.statista.com/statistics/264810/number-of-monthly-active-facebook-users-worldwide/.

[5] LinkedIn. The Power of LinkedIn's 500 Million Member Community[EB/OL]. [2018-02-14]. https://blog.linkedin.com/2017/april/24/the-power-of-linkedins-500-million-community.

[6] National Conference of State Legislatures. STATE SOCIAL MEDIA PRIVACY LAWS[EB/OL]. (2018-02-14). www.ncsl.org/research/telecommunications-and-information-technology/state-laws-prohibiting-access-to-social-media-usernames-and-passwords.aspx.

[7] Smartdatahq. The Data Volume Stored By Facebook Is…[EB/OL]. [2018-02-14[. https://smartdatahq.com/data-volume-stored-by-facebook/.

[8] Microfocus. How Much Data is Created on the Internet Each Day? [EB/OL]. [2018-02-14]. https://blog.microfocus.com/how-much-data-is-created-on-the-internet-each-day.

[9] Statista. Number of monthly active Twitter users worldwide from 1st quarter 2010 to 4th quarter 2017 (in millions)[EB/OL]. (2018-02-14).

[10] Internet Live Stats. Twitter Usage Statistics[EB/OL]. [2018-02-14]. www.internetlivestats.com/twitter-statistics/.

[11] stonetemple. Hard Numbers for Public Posting Activity on Google Plus[EB/OL]. [2018-02-14]. https://www.stonetemple.com/real-numbers-for-the-activity-on-google-plus/.

[12] Statistic Brain Research Institute. Google Plus Demographics & Statistics[EB/OL]. [2018-02-14]. https://www.statisticbrain.com/google-plus-demographics-statistics/.

[13] LinkedIn. https://about.linkedin.com[EB/OL]. [2018-02-14]. https://press.linkedin.com/about-linkedin.

第6章

人物搜索引擎和公共记录

在如今的数字时代,大多数人都会直接或间接地在网上现身,其他实体(如政府和地方当局)也会在公共数据库中存储关于公民的某些信息。然而,寻找人物并不总是像在 Google 或 Facebook 中输入他们的名字那么简单,在线查找那些很少在网上抛头露面的人并非易事。

第 5 章中介绍了社交媒体网站在搜寻人物时的重要性。本章将继续讨论如何使用专业搜索工具——人物搜索引擎(people search engines)——查找人员,以及如何在政府档案(也称为公共档案)中查找人员。

本章将介绍目前可以使用的主要人物搜索引擎(主要是免费服务),并简要介绍它们各自的独特功能。同时也会涵盖政府档案网站,并按所提供的信息进行分类。将本章中的信息将与前一章的信息相结合,将帮助你找到调查目标的大部分网上信息。

6.1 什么是人物搜索引擎

人物搜索引擎与典型的搜索引擎相似,人物搜索引擎对网络内容进行索引,重点集中在个人信息内容,索引后的数据存储在巨型数据库中,并可以根据用户请求返回查询结果。可以使用不同的参数在这些人物搜索引擎站点上进行人物搜索,如目标的电子邮件地址、电话号码、社交媒体用户名以及全名。一些网站提供额外的搜索参数,如亲属姓名、邮寄地址、出生日期、已知的别名、年龄,甚至照片(使用反向图像搜索技术来搜索)。人物搜索引擎所搜索的数据源是多种多样的,例如,许多人物搜索引擎会在深网中搜索一些一般搜索引擎无法访问的源数据库中的信息,包括出生和死亡数据库,公共记录(如犯罪和税务记录)以及其他被忽视的数据源(如存储在专有数据库中的信息)。请记住,人物搜索引擎也会搜索并索引 Facebook、Linkedin 等社交媒体平台上的人物数据,从而使之成为一种可以给出综合搜索结果的方便的人物搜索解决方案。

网络调查(如执法和情报服务)需要利用人物搜索引擎获取目标的准确信息,还有很多人也对使用这些服务感兴趣。例如,雇主可以对他们未来员工进行背景调查,而个人也可以检查自己的个人信息在网络中出现的数量。

6.2　什么是公共记录

前面章节中已经介绍了人物搜索引擎,这些站点上的搜索结果部分是来自公共记录。那么,公共记录又是什么呢?

公共记录大部分是由政府机构生成的信息组成的,这些信息是非保密的。

世界上每个人都有一套公共档案。例如,最具强制性的公共记录是个人的出生和死亡记录。不同的国家处理公共记录的方式不同,因为公共记录包含关于个人身份信息,所以向公众披露这些细节必然受到法律约束。

在美国,获取国家公共记录受到《信息自由法》(FOIA)[1]的约束,该法明确规定,任何人都有权获取行政部门记录中的政府信息。到目前为止,美国是世界上唯一一个可以不受限制地获取公民公共记录的国家。这意味着搜索美国公民和居民的记录会得到比其他国家更多的信息。

政府记录有不同的类型,如文本、照片和地图,存储方式也不同,可以以纸张或电子格式存储,如CD/DVD、磁带以及计算机数据库。

除了要了解获取公共记录的法律规定外,你需要知道的就是这些数据可以免费或支付少量费用进行访问。

6.3　公共记录样例

公共记录包含不同种类的信息,下面列出了部分按信息类型分组的公共记录类型:出生记录、死亡记录、婚姻记录、离婚记录、地址记录、犯罪记录、法院/诉讼记录、投票记录、驾照记录、教育历史、财产记录、税务/财务记录、武器许可证、交通违规、破产记录、性犯罪者记录、专业执照、电子邮件记录、电话记录、人口普查记录等。

6.4　搜寻个人资料

这是本章的主要部分,这里首先讨论通用的人物搜索引擎,然后将讨论范围缩小到用于专门搜索特定类型信息的特殊服务(主要是公共记录)。

6.4.1　通用人物搜索

下面是一些最常用的网上寻找人物信息的网站。

⚠ **注意!**　在使用这些服务开始搜索之前,如果可能,要准备尽可能多的有关目标的细节信息,包括:全名、电子邮件、电话号码、邮寄地址、朋友、前妻或前夫、家庭成员、社交圈中用的名字、学习伙伴、商业伙伴、认识的邻居或认识目标的任何人、他们现在居住或以前居住的地方(国家、城市、州)、教育经历(中小学、大学)、年龄等。

1. TruthFinder

TruthFinder(https://www.truthfinder.com)是最受欢迎的人物搜索引擎之一,它是一种公共搜索记录,可以让人们即时获得关于居住在美国的任何人的各种个人信息。TruthFinder 拥有一个庞大的数据库,包括社交媒体资料、地址历史、联系信息、公共记录(联邦、国家和州的数据源)和其他商业数据源。可以使用目标的名字和/或姓以及目标现在或以前居住的城市/州来进行查询。

TruthFinder 扫描搜索 Internet 资源中的深网,从传统搜索引擎无法触及的地方获取结果,它同时也搜索暗网中暴露的个人信息,为那些怀疑自己的个人信息在暗网上被出售的用户提供服务(它为注册会员提供免费的暗网监控服务)。在 TruthFinder 中进行一次有效的搜索,将会生成一份报告,其中包含有关目标的详细信息,如出生和死亡记录、财产记录、犯罪记录、教育历史、工作历史、活动地点历史、社交媒体和约会资料、亲属姓名、家庭成员、联系信息等。

2. 411

可以在 411(https://www.411.com)上搜索美国境内的个人信息。搜索参数包括全名、位置、反向查询电话、电子邮件和工作的公司。免费账户可以得到基本信息,如位置、联系信息和可能的亲属,付费订阅将提供深度搜索结果。

3. Pipl

Pipl(https://pipl.com)是另一个常用的人物搜索引擎,涵盖全球的人物信息。它允许通过电子邮件地址、电话号码或社交网络用户名来搜索。Pipl 与其他搜索引擎协作提供用户综合的搜索结果,用户可以点击搜索页面上的赞助商链接访问这些服务。Pipl 目前的合作伙伴是 Peoplelooker.com、Archives.com 和 Spokeo.com。要想获得有关感兴趣目标的更多详细信息,则需要收费服务。

4. 其他

下面是在搜索时应该考虑的其他人物搜索引擎。

(1) Spokeo(https://www.spokeo.com)是一个商用人物搜索引擎,提供关于任何目标的详细报告。

(2) TruePeopleSearch(https://www.truepeoplesearch.com)提供通过目标名称、反向电话、反向地址的搜索。该服务是免费的,除了向用户提供目标当前和历史的居住地址外,还显示其联系信息(电话和电子邮件)。

(3) US Search(https://www.ussearch.com)提供关于目标人物的基本信息,比如地址、亲属、工作和年龄,要想获得完整的个人资料则需付费,这项服务仅限于美国地区使用。

(4) Peek You(https://www.peekyou.com)聚合来自社交媒体资料、新闻来源、博客和其他公共数据库的信息,要获取全部细节信息则需付费。

（5）Zaba Search（www.zabasearch.com）可以通过名字或电话号码找到美国境内的某人，这项服务是免费的，用户可以用自己的 Facebook 账户免费注册使用这项服务。

（6）White Pages（https://www.whitepages.com）可以通过姓名、电话号码、职业身份或地址来搜索美国境内的人。White Pages 具有超过 5 亿人的数据库。免费订阅账户提供以下信息：固定电话号码、目前和以前的居住地、亲属以及同事的有关信息。

（7）Been Verified（https://www.beenverified.com）可以通过姓名、电话、电子邮件或邮寄地址来搜索美国境内的人。基本报告提供目标的一般信息，而付费订阅则提供关于任何人的详细报告，包括犯罪记录（如果有的话）和财产税记录。这项服务在美国很受欢迎，每年有数百万人使用。

（8）Address Search（https://www.addresssearch.com）可以通过名称和地理位置来搜索目标的电子邮件或邮寄地址，该服务仅限于美国地区。

（9）Lullar（http://com.lullar.com）可以通过目标的电子邮件地址、名和姓或用户名在社交媒体网站上搜索有关目标的信息。

（10）Yasni（www.yasni.com）可以通过目标的工作经历进行搜索。

（11）My life（https://www.mylife.com）显示了任何目标的声誉得分，其得分根据来自政府、社交平台和其他来源收集的信息以及其他人写的关于目标的个人评论。要获得完整的报告则需付费。

（12）Snoop Station（http://snoopstation.com/index.html）可以通过全名和地理位置搜索人物，这是一项商业服务。

（13）Advanced Background Check（https://www.advancedbackgroundchecks.com）可以提供目标公司的基本信息，如通讯录、电话和电子邮件，需要付费才能获得全部细节信息。

（14）Family Tree Now（http://familytreenow.com）是一项免费服务，通过搜索姓氏、名字以及城市/州来发现目标的家谱信息。

（15）Radaris（https://radaris.com）是一个有关公共记录的深度搜索引擎，它可以搜索到有关目标的综合信息。它还会列出网络上有关目标的信息，如个人履历、业务记录、出版物、视频和图像、社交网站上的个人资料以及 Web 网页中对目标的引用信息。

（16）Profile Engine（http://profileengine.com）是一个社交网络搜索引擎。

（17）Info Space（http://infospace.com）是一个元数据搜索引擎，返回来自不同公共数据源和其他搜索引擎站点的综合结果。

（18）Cubib（https://cubib.com）可以免费搜索数百万条在线数据记录。这些聚合数据来自人物搜索、营销数据、财产记录、车辆记录、法院记录、专利、公司注册、域名注册和白宫访问记录。

（19）Fast People Search（https://www.fastpeoplesearch.com）可以通过名字、地址或电话反向查询目标信息。

（20）Speedy hunt（https://speedyhunt.com）可以对美国人进行搜索并返回一份关于搜索目标的详细的报告（如有），包括逮捕和性侵犯记录。用户需付费使用这些服务。

（21）That's them（https://thatsthem.com/peoplesearch）可以通过名字、地址、电话和电子邮件免费搜索人物。

（22）Webmii（http://webmii.com）可以免费搜索人物以及有关人物在Internet可见性的评分。

（23）How Many of Me（http://howmanyofme.com/search/），用户通过填写一个姓名就可以知道在美国有多少人输入过该姓名。

（24）Genealogy（www.genealogy.com）可以通过来自GenForum原发的信息搜索目标的家族史。

（25）Sorted By Name（http://sortedbyname.com）根据在其他网站上提到的信息给出关于目标家族血统详细信息的链接列表，按照目标姓氏的第一个字母排序。

6.4.2 在线登记

在线登记是一种在网上发布的愿望清单。这种登记最典型的例子是：一对夫妇列出了他们需要为婚姻购买的物品清单，他们编制了一份清单，并在网上公开发布，当他们的朋友或亲戚为他们购买了清单上的物品时，登记服务供应商将从清单上删除该物品，并将购买的物品快递给这对夫妇。

这种数据可以用于开源情报调查，通过在线登记可以发现目标人物的个人信息/愿望以及亲密好友（如服务供应商允许用户的好友在该用户的发布墙上发布他们对该用户的祝福），特别值得一提的是，许多人在登记结束后会把登记内容留在网上。

有不同的类型的在线登记，最常用的是婚礼、婴儿出生、毕业、生日、假期和礼物登记。以下是最常用的登记网站。

（1）The Knot（https://www.theknot.com）可以查找一对夫妇的婚礼登记和他们的网站。

（2）Registry Finder（https://www.registryfinder.com）可以搜索各种登记表。

（3）Amazon Registry（https://www.amazon.com/wedding/home）是Amazon的婚礼登记网站。

（4）My Registry（https://www.myregistry.com）是一个全球礼品的在线登记服务。

（5）Checked Twice（https://www.checkedtwice.com）是一个礼物登记网站。

6.4.3 生命记录

生命记录通常是由地方当局创建的政府档案。它们包括出生和死亡的记录，结婚证和离婚判决。在搜索重要记录时，返回的结果通常会附有目标的个人信息。例如，出生记录通常带有父母的全名、孩子的名字和出生的地点。死亡记录将包括死者的埋葬地点、死亡证明以及向当局报告该死亡事件的人的姓名。婚姻记录将涉及这对夫妇父母的名字以及登记结婚的地方。最后，离婚记录中会有关于这对夫妇子女名字的信息。当搜索生命记录时，可能会出现一些其他相关记录，如搜索目标的血型记录（由一些数据库提供）和邮寄地址。

以下是常用的生命记录数据库。

（1）Sorted by Birth Date（http://sortedbybirthdate.com）使用截至 2014 年 3 月的死亡主文件（death master file）。死亡主文件是自 1980 年起由美国社会保障局向公众开放的数据库，它包含了拥有社会保障号码且于 1962 年至今向社会保障局报告死亡的人员的个人信息。

（2）DeathIndexes（www.deathindexes.com）拥有按州和国家分类的在线死亡索引网站的链接目录。

（3）Family Search（https://www.familysearch.org/search/collection/1202535）是美国社会安全局的死亡索引网站。

（4）Find a Grave（https://www.findagrave.com）可以找到含有出生、死亡和殡葬等信息的个人记录，内容包括图片、传记、家庭信息等。该网站的数据库收集了超过 1.7 亿个记录。

（5）Deaths of U.S. citizens in foreign countries（https://www.archives.gov/）是一份海外死亡记录。

（6）Obits Archive（www.obitsarchive.com），在这里可以搜索超过 5300 万份美国讣告。

（7）Department of Veterans Affairs BIRLS Death File，1850—2010（https://search.ancestry.com/search/db.aspx?dbid=2441）包含了 1850—2010 年去世的 1400 万退伍军人和退伍军人事务部的受益人的出生和死亡的记录。

（8）Melissa（https://melissadata.com/lookups/deathcheck.asp）显示美国境内过去 24 个月内的死亡人员名单。

（9）Deceased Online（https://www.deceasedonline.com）是英国埋葬和火化信息的中心数据库。

（10）National Records of Scotland（https://www.nrscotland.gov.uk/research/visit-us/scotlandspeople-centre/useful-websites-for-family-history-research/births-deaths-and-marriages）有苏格兰（同时也包含美国和加拿大等的国家）政府提供的出生、死亡、婚姻记录。

（11）Find My Past（https://search.findmypast.co.uk/search-United-kingdomainrecord-in-birth-marriage-death-and-parish-records）可以搜索英国、澳大利亚、新西兰、美国、加拿大和爱尔兰的生命记录。

（12）Forebears（http://forebears.io/germany）保存了国际家谱记录。通过选择国家和记录类型便可以显示相关结果，如图 6-1 所示。

⚠ **注意！** 在美国境内查找生命记录的主要门户是 Vitalrec（www.vitalrec.com）。这个网站告诉你如何获取美国各个州的生命记录（出生证明、死亡记录、结婚证信息）。所需要做的就是选择调查目标所在的州，然后浏览该地区可用的生命记录链接，这是在搜索美国生命记录时首先要访问的网站。请注意，Vitalrec 不会在其数据库中存储任何信息，它只提供直接链接到每个州的页面，告诉你从哪里并且怎样获取各州的生命记录。该网站的国际部分（www.vitalrec.com/links2.html）详细介绍了在哪里可以找到其他国家的此类信息。

图 6-1　由 http://forebears.io 提供的国际家谱记录

6.4.4　犯罪及法院记录查询

刑事和法院记录有不同分类，如已对其发出搜查令（逮捕令和通缉令）的人、监狱记录和性犯罪记录（这类在美国有专门的网站，包含每个罪犯的详细信息）。在这些公共数据库中可以找到任何有前科的人。以下是重要的犯罪记录网站（大部分属于美国数据库）。

（1）国家性犯罪分子记录公共网站（NSOPW）（https://www.nsopw.gov/en）允许公众访问美国的性犯罪者的数据，查询的结果中包括罪犯的照片。

（2）犯罪分子搜索（Criminal Searches）（www.criminalsearches.com）存储了美国数亿有犯罪记录的成年人的数据。

（3）黑书在线（Black Book Online）（https://www.blackbookonline.info/index.html）是一个免费公共记录查询服务的目录，覆盖整个美国，用户只要选择州就可以查看该州内可用的县法院的记录。

（4）Ancestor Hunt（http://orhunt.com/wanted-als-tives.htm）显示美国头号通缉犯及在逃人员，选择州即可查看列表。

（5）囚犯定位器（The Inmate Locator）（www.theinmatelocator.com）列出了可以定位美国境内囚犯的网络服务。

（6）联邦监狱局（Federal Bureau of Prisons）（https://www.bop.gov/inmateloc）提供任何自 1982 年至今入狱的联邦囚犯的下落。

（7）全球恐怖主义数据库（The Global Terrorism Database，GTD）（www.start.umd.edu/gtd/）是一个开源数据库，包含了 1970—2016 年世界各地的恐怖主义事件信息。

> ⚠ **注意！** 在某些情况下,当需要研究特定地区和特定年份内的犯罪统计数据时,FBI 的数据会很有用,可以在 https://ucr.fbi.gov 找到这些数据。

> 💡 **提示！** 要查看世界各地所有国家的徽章(主要是安全部队的徽章),请访问 http://allbadges.net/en。

6.4.5 财产记录

利用这些网站获取有关物业及其居民的资料。

(1) 美国房产记录(U.S. Realty Record)(https://usrealtyrecords.com)是美国一家主要的房地产信息供应商。

(2) 房地产(Zillow)(https://www.zillow.com)提供在美国购买、出售、租赁、融资和改建房产的服务。

(3) 美国产权记录(U.S. Title Records)(https://www.ustitlerecords.com/property-records)列出了财产记录、留置权搜索、产权搜索和契约。这是一项商业服务。

(4) 英国政府房地产登记(GOV.UK)(https://www.gov.uk/search-property-information-land-registry),在这里可以找到英格兰或威尔士的房产信息。

(5) 邻居报告(Neighbor Report)(https://neighbor.report)提供关于美国地址、居民和电话号码。这项服务是独一无二的,因为它允许任何人投诉或感谢其邻居。

6.4.6 税务及财务记录

在公共记录中搜索有可能找到有关调查对象的税务和财务信息。

(1) 增值税搜索(VAT Search)(https://vat-search.eu)是一个在所有欧盟国家进行增值税搜索的网站。

(2) 不动产税数据库搜索(Real Property Tax Database Search)(https://otr.cfo.dc.gov/page/Real-Property-Tax-Database-Search)提供美国房产税信息。

(3) 英国国家档案(The National Archives(UK))(www.nationalarchives.gov.uk/help-with-your-research/research-guides/taxation)是一个搜索英国政府税收记录的网站。

> ⚠ **注意！** 非常重要的网站!请到 https://publicrecords.netronline.com 查看美国公共记录在线目录,其中有包括美国公民公共税务记录在内的官方公共数据库的链接。

6.4.7 社会保险号查询

可以到 https://www.ssn-check.org/lookup/?state=AK&year=1936 进行社会保险号码的反向查找（仅用于美国），该数据库包含 1936 年至 2011 年间发放的社会保险号码。

另一个提供免费社会保险号码搜索和查找工具的网站是 SSN-Verify（https://www.ssn-verify.com/tools）。

⚠️ **注意！** 可以在 https://voterrecords.com 上找到美国选民登记记录。

6.4.8 用户名检查

可以用下面的工具查验特定的用户名，查看它们在何处（例如，社交媒体站点）被使用，或者了解某个特定的用户名是否确实存在。

（1）查验用户名（Check User Name）（http://checkusernames.com）检查特定用户名在 160 个社交网络上的使用情况。这有助于发现调查目标的社交媒体账户，查看它们是否在多个平台上使用相同的用户名。

（2）Namechk（https://namechk.com）检查指定的用户名是否用于主要的域名和社交媒体网站。

（3）Namecheckr（https://www.namecheckr.com）检查一个域名的可用性以及多个网络上某个社交用户名的可用性。

（4）用户搜索（User Search）（https://www.usersearch.org）扫描 45 个流行的社交媒体网站。

6.4.9 电子邮件搜寻调查

一些免费服务可以根据相关的电子邮件地址找到调查对象。电子邮件验证服务可以检查某个电子邮件地址是否存在，并提供其他有关该邮件地址的详细技术信息。常用的电子邮件搜寻网站包括以下几个。

（1）电子邮件档案（E-mail Dossier）（https://centralops.net/co/emaildossier.aspx）提供关于对电子邮件地址的详细技术验证报告。

（2）Emailhippo（https://tools.verifyemailaddress.io）提供免费的电子邮件地址核实服务。

（3）Hunter（https://hunter.io/email-verifier）提供免费的邮箱地址核实服务，每月限制 100 个电子邮件地址。

（4）电子邮件核查器（E-mail Checker）（https://email-checker.net）可验证电子邮件地址是否是真实的。

（5）邮件测试器（Mail Tester）（http://mailtester.com/testmail.php）提供电子邮件地址核实信息。

（6）字节工厂的电子邮件验证器（Byte Plant E-mail Validator）（https://www.email-validator.net）可以批量验证电子邮件地址。

（7）电子邮件格式（E-mail Format）（https://email-format.com）可查找数千家公司正在使用的电子邮件地址格式。

（8）E-mail Permutator＋（http://metricsparrow.com/toolkit/email-permutator）是一个免费的电子邮件地址推测/验证服务。

（9）Emails4Corporations.com（https://sites.google.com/site/emails4corporation/home）提供超过1000家公司的电子邮件地址模式。

（10）Scam Dex（www.scamdex.com）是一个存储欺诈邮件档案的网站，拥有庞大的数据库。

（11）电子邮件头部信息分析（E-mail Header Analysis）（https://www.iptrackeronline.com/email-header-analysis.php），该网站从电子邮件头部提取详细的技术信息，除了地理信息外，还包括发送方IP地址、电子邮件地址和发送方的ISP。要使用此服务，需要复制电子邮件头部信息并将其粘贴到电子邮件头部信息分析引擎中，然后单击Submit header for analysis。请参阅下面的说明，了解如何提取Gmail头部消息。

⚠ **注意！** 按照以下步骤从Gmail中提取电子邮件信息。

（1）打开目标电子邮件。

（2）单击位于reply按钮旁边的箭头，并选择show original，如图6-2所示。

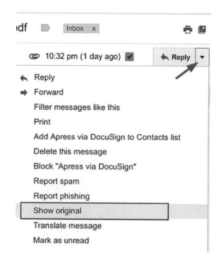

图6-2　显示Gmail电子邮件头部信息

6.4.10 数据泄露网站

这类网站拥有一份过去曾遭遇数据泄露的网站名单。当一个网站遭遇数据泄露时,用户的信息尤其是用户名和密码通常会被公开。很多人都有不良习惯,习惯多个账户使用相同的密码(例如,Facebook 和电子邮件密码是一样的),因此知道某用户的一个密码很可能就可以访问属于同一用户的其他社交平台账户或服务。

以下是最常见的数据泄露信息披露网站,可以利用这些信息获取调查目标的情报。

(1) 我已经被攻破了吗(Have I been Pwned)(https://haveibeenpwned.com/Passwords)。这个网站列出了 5 亿个真实的密码,这些密码都在之前的数据泄露中出现过。还可以在此网站下载泄露的密码列表,上面有被攻破账户的更多数据(例如在数据泄露中该密码泄露的次数)。可以按目标电子邮件地址搜索该站点或按密码本身搜索,以查看它是否以纯文本形式出现在任何公开的密码泄露列表当中,如图 6-3 所示。

图 6-3 搜索以前被攻破过的电子邮件

(2) 泄露警告(Breach Alarm)(https://breachalarm.com)。可以在此网站输入电子邮件地址,查看相关网络账户密码是否在之前的数据泄露中被暴露过,结果将被发送到指定的邮件地址。

(3) 全球网络攻击统计(Global Cyber Vandalism Statistics)(https://defacer.id)。该网站包含了最活跃的黑客、最活跃的黑客组织、最近被黑客攻击的政府和学术网站、最近被黑客攻击的网站以及被报告攻击(但未证实)的网站信息。

(4) 被黑的邮件(Hacked E-mails)(https://hacked-emails.com),可以匿名检查自己的电子邮件是否在之前的数据泄露中被攻破。

⚠ 注意! 暗网包含许多公开数据库,用明文列出被攻破的账户和密码,最近在暗网上发现的一个密码泄露中,仅一个文件中就包含了 14 亿个明文的认证信息[2]。

对于个人而言,利用攻破的数据库窃取证书来访问他人账户是非法的。对开源情报调查人员来说,关于泄露信息是否属于开源情报的合法来源一直存在争议。

6.4.11 电话号码搜索

反向电话查询服务对于查找特定电话号码背后的用户非常有用。有些服务除了指定电话号码类型外,还可以指定运营商名称和类型。以下是一些提供电话查询服务的网站。

(1) Z lookup(https://www.zlookup.com)提供国际反向电话查找,包括手机。

(2) 反向电话查找(Reverse Phone Lookup)(https://www.reversephonelookup.com)可以免费追踪电话的主人。

(3) Inter800(http://inter800.com/index.html)可以搜索美国境内的电话号码。

(4) Twilio(https://www.twilio.com/lookup)可以识别电话号码格式、查找呼叫者名称、查找呼叫者类型(业务或个人)、识别电话号码的运营商、检查电话号码类型(固定电话、VoIP 或移动电话)。

(5) Spy Dialer(https://www.spydialer.com)可以反向查找手机和固定电话。

(6) Who calld(https://whocalld.com)提供国际号码反向查询的服务。

(7) Info Bel(www.infobel.com)可以搜索世界上任何地方的个人或公司的电话号码。

(8) Fone Finder(www.fonefinder.net)可以搜索美国/加拿大的电话号码。

(9) Ture Caller(https://www.truecaller.com)提供国际电话号码的反向查询服务。

(10) Free Carrier Lookup(http://freecarrierlookup.com)提供查找运营商的服务。

(11) Phone Lookup(https://www.phonelookup.com)提供电话号码反向查询服务。

⚠ 注意! 虽然很难找到免费的手机反向查找服务,但许多付费网站可以提供此服务。

6.4.12 员工资料和求职网站

求职网站会透露大量个人和公司的私密细节信息。例如,可以通过查看目标公司发布的职位空缺招聘信息了解到该公司 IT 系统采用的硬件和软件的类型(例如,一个公司发布有 Windows 服务器技术经验的 IT 管理员的空缺岗位,则意味着该公司的 IT 基础设施可能使用 Windows 操作系统)。一个人的专业知识、教育和工作经历可以很容易通过查看其在就业网站上的履历找到,个人履历也可能透露出有关他们以前工作过的公司的一些重要技术信息。以下是最常用的求职网站。

(1) LinkedIn(https://www.linkedin.com),详见第 5 章介绍。

(2) Recruit in(https://recruitin.net)是一个第三方网站,使用 Google 来搜索 LinkedIn 上的个人资料信息。与 LinkedIn 相比,该网站会返回更深入的结果。

(3) Bayt(https://www.bayt.com)是一个很流行的中东地区招聘网站。

(4) Market Visual(www.marketvisual.com),该网站可以按名称、公司或职位来搜索专业人员,并以可视化的方式映射显示调查目标与其他实体之间的业务关系。它还可以显示调查目标的其他数据,如以前和现在的工作单位和教育背景。搜索得到的数据可以以各种形式下载,以供之后分析。

(5) Xing(https://www.xing.com)是一个商业社交网站。

(6) Indeed(www.indeed.com)是一个求职网站。

(7) Eluta(https://www.eluta.ca)是加拿大前100名雇主的官方职位搜索引擎。

(8) CareerBuilder(https://www.careerbuilder.com)是一个求职网站。

(9) Euro Jobs(https://www.eurojobs.com)是一个欧洲的求职网站。

(10) Glassdoor(https://www.glassdoor.com/index.htm)是一个国际性的求职站点。

(11) Monster(https://www.monster.com)是一个国际性的求职网站。

(12) Head Hunter(https://www.headhunter.com)是一个高级人才的猎头服务平台。

(13) Jobs(https://www.jobs.pl)是一个波兰的招聘网站。

(14) Job site(https://www.jobsite.co.uk)是一个英国的求职网站。

(15) Seek(https://www.seek.com.au)是一个澳大利亚的求职网站。

(16) Simply Hired(https://www.simplyhired.com):提供美国的工作岗位搜索。

(17) Zip Recruiter(https://www.ziprecruiter.com):在该网站上可搜索超过800万个美国的岗位招聘信息。

6.4.13 交友网站搜索

在交友网站上可以找到关于个人以及与他人关系的有用信息。在对目标进行开源情报调查时,不应忽略这些信息。

(1) Ashley Madison(https://www.ashleymadison.com)是一个国际约会网站。

(2) First Met(https://www.firstmet.com/index.php)是一个拥有3000万用户的网络约会站点。

(3) Badoo(https://badoo.us)拥有3.8亿用户,目前被认为是全球最大的社交交友网站。

(4) Plentyoffish(https://www.pof.fr)是一个专为非英语人士的交友网站。

(5) EHarmony(https://www.eharmony.com/verify)是一个国际性的交友网站,有来自不同国家、不同年龄的人。

(6) Zoosk(https://www.zoosk.com)是一个拥有超过4000万用户的国际约会网站。

(7) Black People Meet(https://www.blackpeoplemeet.com),这个网站专门寻找黑人单身人士。

(8) True Dater(www.truedater.com),用户可以在该网站上查看各个约会网站上的用户评论,并可以使用约会者的用户名进行搜索。

(9) Our Time(https://www.ourtime.co.uk)是一个面向50岁以上人士的约会网站。

(10) Hater Dater(https://www.haterdater.com)帮助那些都共同讨厌某些事物的人在网上进行聚会与交流。

(11) UK Match(https://uk.match.com)是一个英国的约会网站。

(12) Pheramor(https://www.pheramor.com)是一个给目前在得克萨斯州休斯敦工作的人约会使用的应用程序。

(13) Tinder(https://tinder.com)是一个社交搜索的手机 App 程序,允许人们在线互动,类似于约会网站。

(14) Beautiful people(https://www.beautifulpeople.com/en-US)是一个国际网络约会服务,可以通过 Facebook 账号注册(如果已经有 Facebook 账户)。

(15) Meet Up(https://www.meetup.com)可以帮助用户与志趣相投的人见面。

(16) Okcupid(https://www.okcupid.com)是免费的国际在线约会网站,该网站使用数学算法根据每个用户的个人资料找到最合适的匹配对象。

⚠ **注意!** 可以在 https://www.consumerreports.org/dating-relationships/online-dating-guide-match-me-if-you-can 找到各个网络约会网站的对比。

6.4.14 其他公共记录

在某些情况下,还有一些其他类型的网上公共记录值得使用。

(1) Search Systems(http://publicrecords.searchsystems.net)是一个公共记录搜索引擎,它包括指向高级数据库的链接(需付费)。

(2) 美国专利记录(Unites States patent records)(https://www.uspto.gov)列出了专利记录。

(3) Google 高级专利搜索(Google Advanced Patent Search)(https://www.google.com/advanced_patent_search)可以搜索专利。

(4) 联邦选举委员会(Federal Election Commission)(https://classic.fec.gov/finance/disclosure/norindsea.shtml)列出了由个体(来自个人、印第安部落、合作企业、个人独资企业、有限责任公司)以及候选人向所有政治委员会提供的捐款。

(5) Follow That Money(https://www.followthemoney.org)显示在联邦选举中钱是如何花出去的。

(6) Political Money Line(www.politicalmoneyline.com)是一个追踪政治活动支出的网站。

(7) EHDP(https://www.ehdp.com/vitalnet/datasets.htm)包含了很多美国的健康数据。

(8) Data.GOV.UK(https://data.gov.uk/data/search)包含英国政府收集的海量数据。

(9) Stats(www.stats.govt.nz/browse_for_stats.aspx)是一个新西兰政府的数据集。

> ⚠ **注意!** 美国的地方图书馆提供专有数据库的访问,如 ReferenceUSA 和 America's Newspapers 只收取很少的费用。在许多情况下,只需要提供一张有效的图书馆订阅卡,就可以远程获得这些服务。

6.5 总结

因为每个服务都从不同的数据库中收集数据,不同站点的索引机制也不同,所以在网络搜索某个人时,尽量尝试搜索不同的网站。一般建议首先在社交媒体上开始搜索,如果找到了有关调查目标的有用信息,就可以使用本章所介绍的站点进行更细致的搜索。

第 7 章将继续讨论如何在网上查找人物,不过这次将会利用人们在使用 Internet 及社交媒体时留下的地理位置信息。

6.6 参考文献

[1] Archives. Freedom of Information Act (FOIA)[EB/OL].[2018-03-11]. https://www.archives.gov/foia.

[2] Medium. 1.4 Billion Clear Text Credentials Discovered in a Single Database[EB/OL].[2018-03-11]. https://medium.com/4iqdelvedeep/1-4-billion-clear-text-credentials-discovered-in-a-single-database-3131d0a1ae14.

第7章

在线地图

随着计算机、移动通信和社交媒体平台的发展，跟踪用户的地理位置信息已经变得越来越普遍，这是因为这些技术使人们只需点击一个按钮就可以在网上发布其当前位置。

如今，许多电子设备都配备了卫星跟踪传感器确定它们在地图上的位置。几乎所有的手持设备（如智能手机和可穿戴设备）都能获取位置信息。Apple 和 Google 等主要软件商店的许多应用程序都能在智能手机/平板电脑上通过传感器定位，为用户提供个性化体验或某些功能。事实上，大多数应用程序、在线服务和社交媒体平台都可以采用某种方式跟踪用户的位置。

本章将演示如何通过用户在线活动时的地理位置信息来确定他们当前及历史位置。本章同时涵盖许多在调查中会用到的服务，帮助在线跟踪各种对象，包括车辆、船舶、快递、飞机和人。同时还将学习如何研究不同的在线地图数据库来收集情报。

在开始之前，先用简单的术语来描述一下导航系统（确定人们当前位置的系统）是如何工作的。

7.1 地理位置跟踪的基础知识

大多数人并不关心为他们提供的那些基于位置服务的底层技术。人们输入需要在地图上查找的位置地址，或者使用智能手机的内置功能为数字文件（如图像和视频）打上地理位置标签，这样就可以自动将图像/视频的当前位置记录为元标签。在其他情况下，许多社交媒体平台，尤其是 Facebook 和 Twitter，用户只需轻轻一点，就可以在网上发布他们当前的位置（例如，Facebook 的签到功能），其余的工作则由电子设备处理。

要确定某人当前的地理位置，位置感知设备需要与卫星导航系统通信，而卫星导航系统则负责提供地球上确切的位置坐标。

全球定位系统（Global Positioning System，GPS）是由美国政府开发和运营的一种卫星导航系统，被认为是地球上最流行的导航系统，在世界范围内被大量的电子设备使用。当然，还有其他的导航系统，比如俄罗斯的 GLONASS 系统、中国的北斗系统或者欧盟的伽利略(Galileo)系统,不同的系统由不同的设备制造商支持。

为了让 GPS 知道用户当前的位置,首先需要确定当前所在地点的精确坐标。那么地理坐标是什么意思呢?

地理坐标系统是使用经度和纬度两个参数精确定位到地球上某个点的系统。只要知道了这两个值,就可以在地图上查找地球上的任何一点。

7.1.1 如何在地图上找到任何位置的 GPS 坐标

要使用 Google 地图找到任何地理位置的 GPS 坐标(经度和纬度),请遵循以下步骤。

(1) 进入 Google 地图(https://maps.google.com)。

(2) 单击地图上任何想看到 GPS 坐标的地方,一个小框框会出现在 Google 地图页面的底部,它显示当前位置的 GPS 坐标,如图 7-1 所示。

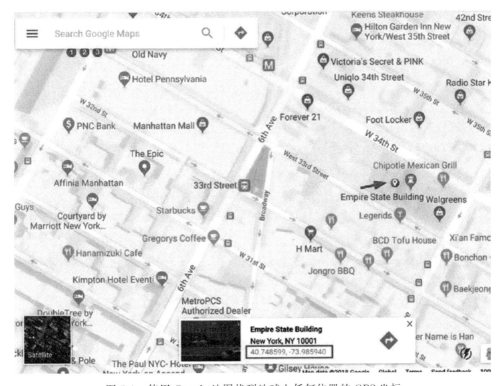

图 7-1　使用 Google 地图找到地球上任何位置的 GPS 坐标

(3) 要进一步调查选定的位置,单击坐标编号,Google 将更近距离地查看目标位置,并提供其邮寄地址(如果适用)。

⚠ 注意!　GPS 上第一个数字表示纬度,第二个数字表示经度。

> **注意！** 也可以通过访问 http://itouchmap.com/latlong.html 找到某个地点的纬度和经度。单击地图并将标记拖到所需位置。还可以在搜索框中输入地址（街道、城市、州和国家）来查找地图上的 GPS 坐标。要将纬度和经度转换为十进制，请访问 https://andrew.hedges.name/experiments/convert_lat_long。

7.1.2 如何根据邮寄地址找到定位坐标

如果有地球上一个特定位置的地址，但不知道如何在地图上找到它的地理定位坐标，可以使用以下免费服务。

（1）Batch Geocoding（https://www.doogal.co.uk/BatchGeocoding.php），此服务使用 Google 地图同时将多个地址转换为它们对应的地理定位坐标（经度和纬度）。

（2）GPS Visualizer 的 Quick Geocoder（www.gpsvisualizer.com/geocode），这项服务可以将一个地址转换成对应的地理定位坐标（适用于 Google 和 Bing）。

（3）Batch Reverse Geocoding（https://www.doogal.co.uk/batchreversegeocoding.php），此服务将各种坐标系统的地理定位坐标转换为它们对应的近似邮递地址。

7.2 通用的地理空间研究工具

有很多在线服务可以搜索不同类型的地图信息。以下是最常见的服务。

（1）Digital Globe（https://discover.digitalglobe.com）是一个易于使用的全球地图图像搜索工具，并有高级搜索过滤器。

（2）Bing Maps（https://www.bing.com/maps）是一个可以替代 Google 的地图。

（3）Yandex Maps（http://maps.yandex.com）是俄罗斯版的 Google 地图。

（4）Baidu Maps（http://map.baidu.com）是 Google 的中文替代品。

（5）Daum（http://map.daum.net）是韩国地图。

（6）N2yo（www.n2yo.com）提供来自不同卫星的实时数据流，它也提供所跟踪的卫星及其覆盖区域的信息。

（7）Wigle（https://wigle.net）显示了全球 Wi-Fi 网络的地图，它显示 Wi-Fi 网络名称和接入点的 MAC（硬件）地址，以及可能有免费 Wi-Fi 的位置。

（8）BB Bike（https://mc.bbbike.org/mc），在这里可以比较两张地图。例如，可以对 Bing 和 Google 地图上的相同位置进行比较，以查看目标位置在两个地图上的差异。

（9）Newspaper Map（https://newspapermap.com）在地图上列出了全球所有的报纸，可以根据地点和报纸语言进行筛选。

（10）USGS（https://earthexplorer.usgs.gov）可以使用不同的搜索条件（如地址、地名

或位置坐标）来搜索世界地图，其地图版本比 Google 地图要新。

（11）Google 街景（Google Street View）（https://www.google.com/streetview），在这里可以如身临其境一样查看一个特定的地点（它必须存在于 Google 街景数据库中）。

（12）Google 地图街景播放器（Google Maps Street View Player）（www.brianfolts.com/driver）显示地图上两点之间的街道景观。

（13）RouteView（http://routeview.org/）是另一个 Google 地图街道查看器。

（14）街景影片生成器（Street View Movie Maker）（www.streetviewmovie.com），这里可以看到两个地点之间的 Google 街景（如果 Google 地图库里有），并且可以生成影片下载到个人计算机离线观看。

（15）公开的街道摄像头（Open Street Cam）（http://openstreetcam.org/）可以查看某个特定位置的开放街道摄像头。

（16）Zoom Earth（https://zoom.earth），在这里可以看到来自 NASA 卫星每天更新的国际云图。

（17）Hivemapper（https://hivemapper.com）通过机载摄像构建的智能 3D 地图，揭示人类看不到的一些地点的变化情况。

（18）Liveuamap（https://liveuamap.com）是一个开放的数据媒体平台，它在地图上显示来自全球不同冲突区域的最新新闻、图片和视频。这项服务对从冲突地区各种媒体源获取情报非常重要。

（19）Terrapattern（www.terrapattern.com）是一个卫星图像的视觉搜索工具，它允许在广泛地理区域中搜索一些特定的视觉效果。目前，搜索工作主要在以下城市：纽约、旧金山、匹兹堡、柏林、迈阿密和奥斯汀。

（20）dominoc925（https://dominoc925-pages.appspot.com/mapplets/cs_mgrs.html）可以查看军用网格参照系统（Military Grid Reference System）的坐标。

（21）Google 地图提醒（Google Map Alert）（https://followyourworld.appspot.com）可以提供目标位置的经纬度，当 Google 地图和 Google 地球中该位置有新图像可用时，将会收到提醒。

（22）Mapillary（https://www.mapillary.com），在这里可以看到世界各地的人们上传的街景图像。这项服务提供了许多地点的 3D 视图（该数据库目前有 259 200 042 张图像），这有助于不在场时对某个特定位置的调查。

（23）地址查找（Address Lookup）（https://ctrlq.org/maps/address），在 Google 地图上查找任意位置的地址，只需将标记移动到地图上的特定位置，对应的地址将出现在弹出窗口中，如图 7-2 所示。

（24）Inspire Geoportal（http://inspire-geoportal.ec.europa.eu/discovery）提供欧洲的空间数据访问。

（25）步行和骑行地图（Hiking and Biking Map）（http://hikebikemap.org）是提供给徒步旅行者和自由骑行者使用的地图。

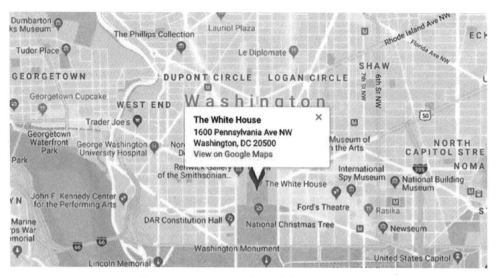

图 7-2　在 Google 地图上定位任何位置地点

（26）Viamichelin（https://www.viamichelin.com）在世界地图上显示游客、餐馆、酒店、交通和天气。

（27）CORONA Project（http://corona.cast.uark.edu），该项目列出了由美国发射的科罗娜间谍卫星收集的 80 多万张图像，这些图像是该卫星在 1960—1972 年运行时采集的。这些照片分辨率很高，覆盖了全球不同的地理区域。

（28）Ani Maps（www.animaps.com），在这里可以用交互式动画创建地图。

（29）Trip Geo（www.tripgeo.com/Directionsmap.aspx），在这里可以使用 Google 街景数据创建路径引导地图。

（30）GeoGig（http://geogig.org）是一个开源工具，它将原始地理空间数据（当前来自 shapefile、PostGIS 或 SpatiaLite）导入到数据库中，用来跟踪数据的任何变化。

（31）GRASS GIS（https://grass.osgeo.org）是一个开源地理信息系统（GIS）软件，用于管理和分析地理空间数据、空间建模和可视化。

（32）Timescape（https://www.timescape.io）是一个基于地图的叙事景观平台。

（33）Polymaps（www.polymaps.org）是一个用于在 Web 浏览器中制作动态、交互式地图的 JavaScript 程序库，支持不同的视觉呈现。

（34）Mapquest（https://www.mapquest.com）帮助在地图上找到某些位置（如酒店、餐馆、咖啡店、杂货店、药房、机场等）。用户还可以使用此服务查找从一个地方到另一个地方的最佳路线（最短的路线和预计到达时间），如图 7-3 所示。

（35）NGA GEOINT（https://github.com/ngageoint）是国家地理空间情报局在 GitHub 上相关地图工具的官方资源库。

（36）免费地图工具（Free Map Tools）（https://www.freemaptools.com/radius-around-

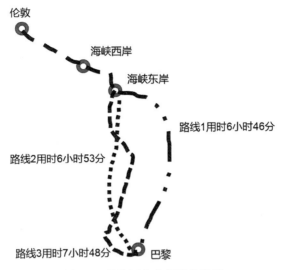

图 7-3　寻找两点之间最佳路线

point. htm),这里可以找到地图上某个点的半径范围。

（37）Maphub(https://maphub.net),在这里可以通过添加点、线、多边形、标签以及定制的背景来创建交互式地图。

（38）Crowdmap(https://crowdmap.com)是一个标注工具,可以将地图和时间轴上的信息可视化。

（39）Maperitive(http://maperitive.net)是一款 Windows 软件,可以基于 OpenStreetMap 和 GPS 数据绘制地图。

（40）Perry-Castañeda Library Map Collection(https://legacy.lib.utexas.edu/maps/index.html),除了全世界不同地区的地图(包括历史地图)之外,该网站还列出了世界各地当前关注热点的在线地图。

（41）联合国地理空间信息部门（United Nations Geospatial Information Section）(www.un.org/depts/cartographic/english/htmain.htm)列出了不同类型的地图,如各国的总图和联合国的地图测绘任务。

（42）Roundshot（www.roundshot.com/default.cfm? DomainID = 1& TreeID = 172&language=en),在这里可以看到位于世界某些地区的实时摄像头。针对每个选定的位置,还有一些额外的信息,包括地图上摄像头的物理覆盖范围、天气预报和历史数据/图片。

（43）实时地震地图(Live Earthquake Map)(http://quakes.globalincidentmap.com)提供世界各地发生的地震的实时信息,它还包括全球发生的重要事件,如黄色警报、疾病暴发、团伙活动、边境安全问题、非恐怖袭击的航空事故、恐怖主义事件预测等。

（44）万国邮联(Universal Postal Union)(www.upu.int/en/the-upu/member-countries.html),在这里可以找到所有国家的邮政编码。

> **注意！** 在 www.geonames.org 上有一个数据库，其中有位置名称在不同语言中的不同拼写方式。要查看世界各地的城镇列表，请访问 www.fallingrain.com/world。

7.3 商业卫星

有许多全球高分辨率卫星图像供应商为政府安全机构和民间公司提供服务，帮助它们预测未来的威胁并做出相应的决定。以下是最受欢迎的高分辨率卫星图像供应商。

（1）欧洲空间影像（European Space Imaging）（www.euspaceimaging.com）提供使用以下卫星的超高分辨率商业地球图像：DigitalGlobe 的 WorldView-1，WorldView-2，WorldView-3，GeoEye-1，QuickBird 和 IKONOS（archive）。

（2）数字地球（Digital Globe）（https://www.digitalglobe.com/industries/defense-and-intelligence）提供世界各地发生冲突地区的高分辨率卫星图像。

7.4 世界各地的日期/时间

有许多免费服务，除了提供世界各地当前的日期和时间之外，还提供某个地点的重要统计数据，如当前天气、GPS 坐标、重要地址、附近的机场和著名景点。以下是一些常见的服务。

（1）Wolframe Alpha（www.wolframalpha.com），输入一个特定的城市/城镇或任何位置，该网站将检索有关它的重要信息，如人口、当前本地时间、当前天气、附近城市、附近机场、地理属性等。

（2）SunCalc（http://suncalc.net）显示地图上任何指定位置一天中太阳的轨迹。

（3）SunCalc（https://www.suncalc.org）显示指定位置的阳光数据，以及该位置的其他地理信息。

（4）Mooncalc（https://www.mooncalc.org）显示地球上指定位置的月球数据。

7.5 基于地理位置的社交媒体

主要的社交媒体平台允许用户在使用时对他们的某些活动进行地理位置标记。本节将讨论如何使用主要社交媒体平台提供的定位功能来收集关于目标或主题的情报。

7.5.1 YouTube

要在 YouTube 上搜索带有地理坐标标记的视频，可以使用一个专门的工具 Geo search

tool(https://youtube.github.io/geo-search-tool/search.html)。用户可以搜索给定地址和时间范围内的视频。也可以设置距指定输入位置的距离，因此搜索范围可以宽至 1000 km，也可以窄至 1 km。返回的结果可以根据每个视频上传时间进行过滤。最终结果在地图上以图形显示并用颜色标记，如图 7-4 所示。

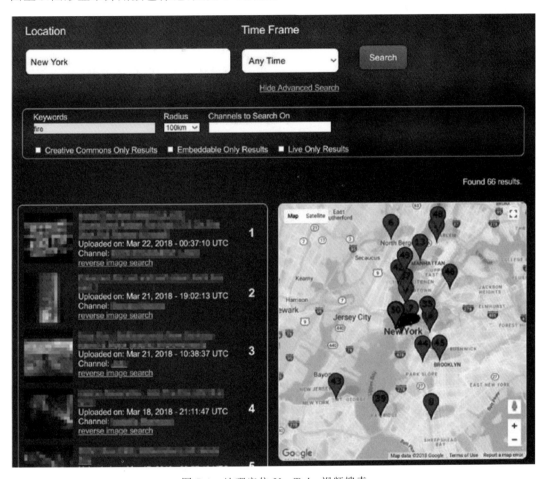

图 7-4　地理定位 YouTube 视频搜索

7.5.2　Facebook

Facebook 是排名第一的社交网站。它允许用户对帖子、照片和视频进行地理位置标记，此外还可以用当前的地理位置发布状态更新。前面的章节已经仔细地介绍了如何在 Facebook 中进行搜索。本节将聚焦在搜索 Facebook 用户生成的内容的位置。

1. 在位置搜索中使用 Facebook 图搜索功能

前面已经介绍了如何查找特定用户（或页面/组）的 Facebook 个人资料 ID 值。下面的链接将展示如何使用 Facebook 图搜索功能基于有地理位置标记的内容来获取结果。

⚠ **注意！** 在以下所有查询中，将数字 100003886582037 替换为调查目标的 Facebook 个人资料 ID。

（1）要显示调查目标访问过的地理位置，请在浏览器地址栏中输入：https://www.facebook.com/search/100003886582037/places-visited/。

（2）要显示调查目标最新 check in 时的地理位置，请在浏览器地址栏中输入：https://www.facebook.com/search/100003886582037/places-checked-in/。

（3）要显示两个目标之前曾在同一地理位置进行 check in 操作，在浏览器地址栏中输入：https://www.facebook.com/search/Facebook_Profile_ID_1/places-checked-in/Facebook_Profile_ID_2/places-checked-in/intersect/。

（4）要显示两个目标之前曾共同参加过的事件，请在浏览器地址栏中输入以下内容：https://www.facebook.com/search/Facebook_Profile_ID_1/events/Facebook_Profile_ID_2/events/intersect/。

（5）要查看在某个特定地点写的帖子的列表，在 Facebook 搜索栏中输入形如 Posts written in Seattle，WA 的搜索词。

💡 **提示！** 找到两个 Facebook 个人资料 ID 之间的交集可以揭示他们之间的关系，从而打开进一步调查的大门。

2．Facebook 直播

登录 Facebook 直播（https://www.facebook.com/live）查看当前哪里有正在播放的视频。实时视频会以小蓝点图标的形式出现在全球地图上，用户可以点击直播视频观看或保存。

7.5.3　Twitter

Twitter 允许用户结合他们当前的地理位置来发布推文，如图 7-5 所示。这样的推文可以帮助调查人员确定在特定的时间点上调查目标的当前/历史位置。本节将介绍如何根据推文的地理位置信息来定位它们。

图 7-5　发布带有位置信息的推文

1. 搜索特定地理位置的推文

Twitter 搜索功能允许使用 GPS 坐标搜索在特定位置上发布的推文。要找到地球上某个特定地点发布的所有推文，请执行以下步骤。

（1）打开 Google 地图，导航到目标位置，然后单击地图上的精确点以查看其 GPS 坐标，如图 7-6 所示。

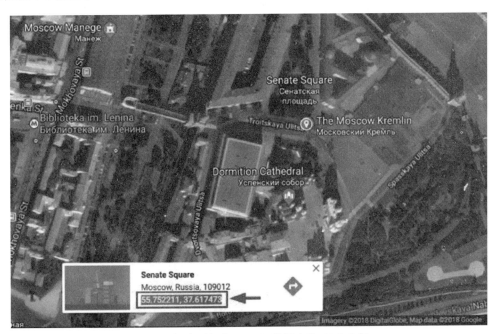

图 7-6　提取目标在 Google 地图上的 GPS 坐标

（2）转到 Twitter 搜索框，输入 near：，后跟目标的纬度和经度，如图 7-7 所示。

图 7-7　搜索所有与输入 GPS 坐标匹配的推文

（3）将更多的 Twitter 高级搜索操作符添加到前面的搜索中，以进一步过滤结果，如图 7-8 所示。在位置搜索操作符中使用了 3 个过滤器：①within：3mil 将结果限制在距离目标 GPS 坐标 3 英里以内；②filter：images 限定仅返回包含图像的推文；③since：2018-03-18 确定推文的日期必须是指定日期或之后的。要查看任何推文发布的确切时间，可将鼠标悬停在其时间戳上，如图 7-9 所示。请注意，显示的日期/时间与搜索者的 Twitter 账户设置时区是一致的，而不是上传者的日期/时间。

图 7-8　添加 Twitter 的高级搜索过滤器以精选搜索结果

图 7-9　发现推文的日期/时间

2．推文地图标记

推文地图标记（Tweet Mapper）（https://keitharm.me/projects/tweet）是一个免费的服务，它列出了所有带有地理位置标记的推文（所有地理位置属性开启时发布的推文）。输入调查目标的 Twitter 用户名，然后按 Enter 键。这时将显示一幅地图，该 Twitter 用户发布的带有地理位置信息的推文会在地图上的相应位置显示一个标记。单击任何一个标记可以查看在该地图位置发布的相关推文。

3．百万推文地图（One Million Tweet Map）

通过 https://onemilliontweetmap.com 可以在地图上查看全球最新的 100 万条推文。这是一张有趣的地图，可以实时查看全球各地的实时推文，还可以使用不同的过滤器来精选结果。

4．Qtr Tweets

Qtr Tweets（http://qtrtweets.com/twitter）允许在地图上找到距目标位置特定距离内的所有推文，还可以根据自定义条件（例如带有图像的推文和带有非位置数据的推文）搜索关键词并过滤结果。

5．推文地图（Tweet Maps）

Tweet Map（https://www.mapd.com/demos/tweetmap）可以在世界地图上可视化显示所有推文。单击地图上的点（每个点代表一篇推文）可以阅读该推文的内容，还可以搜索并查看热门话题和和热门推文。

6．Twitter 直播地图（Periscope Map）

Periscope Map（www.periscopemap.live）在世界地图上显示哪些地方有 Twitter 直播（Twitter Periscope）的实时视频内容。

7.5.4　其他社交媒体平台

现在有数百种社交媒体服务，其中有许多允许用户对发布的内容进行地理位置标记，但本章主要关注了最主流的两种社交媒体：Facebook 和 Twitter。

为了丰富读者对于利用社交媒体上带有地理位置的内容进行开源情报收集的可能性的思考，下面简要介绍一个使用用户的地理位置数据来提供某些功能的衍生服务。这项服务被称为 Strava，主要是作为一个社交网络 App，让运动员测量和分享他们的活动。

Strava 热量地图（https://www.strava.com/heatmap）是一款针对运动员的运动成效测量 App，它的工作原理是通过智能手机内置的 GPS 传感器或任何其他支持的设备（如 GPS 手表和头套）来监控体育活动，并将这些数据上传到服务器上进行共享。这是一个免费的 App，但它为付费用户保留了一些高级功能（例如，显示关于用户活动的高级统计数据）。这个 App 最常见的用法是跟踪用户的骑行和跑步活动。

Strava 热量地图显示了过去两年里聚集的公共活动产生的"热量"，这张地图每月更新一次。2018 年初，Strava 透露了叙利亚和阿富汗几个军事基地的位置，因为这些秘密基地里的军事人员使用该 App 来测量和跟踪他们的健身运动。当士兵们在基地内走动时，基地的位置显示得很清楚，每个基地都可以看出清晰的边界。

发生在 Strava App 上的事情清楚地表明，尽管采取了所有的安全措施，但缺乏用户安全培训可能会导致泄露军事机密，这也成为情报搜集的渠道。

⚠️ **注意！** 调查 Strava 热量地图可以揭示用户的体育活动以及有关他们的跑步路线信息。可以通过 https://www.flickr.com/map 在地图上查看上传到 Flickr 的照片。Snapchat 也有一个实时地图，可以在 https://map.snapchat.com 上查看世界各地的事件、突发新闻等。

7.5.5 使用自动化工具在社交媒体上进行位置搜索

有许多工具已经被证明在进行网络数据搜索时是有用的（包括有地理位置标记的和非地理位置标记的）。本节还会简要介绍一些流行的开源情报收集工具，用于从 Internet 和社交媒体平台收集不同类型的公共信息，包括地理位置内容。

（1）Creepy（https://www.geocreepy.com）是一个开源情报地理定位工具，它从 Twitter、Instagram、Google＋和 Flickr 收集地理位置信息。

（2）Oryon OSINT Browser（https://sourceforge.net/projects/oryon-osint-browser）包含大量的开源情报服务链接，用于发现公共信息，它还配备了隐私增强功能，在进行开源情报搜索时保护用户身份。

（3）Maltego（https://spreadsecurity.github.io/2016/09/03/open-source-intelligence-with-maltego.html）这是一个带有图形用户界面的数据挖掘工具，用于收集开源情报，它将结果可视化并发现其中的关联关系。

（4）Spider Foot（www.spiderfoot.net）是一个自动化的开源情报工具，可以查询 100 多个开放的数据源来查找关于调查目标的信息。

7.6 国家概况信息

部分网站可以提供世界各地不同国家的简要概况和统计数据，包括一个国家的地理、历史、政治、经济、国际关系、文化、旅游、军事、卫生、教育和其他主题的信息。以下是最常见的国家概况信息提供者。

（1）The world Factbook（https://www.cia.gov/library/publications/the-world-factbook/index.html）是由美国中央情报局出版的参考资源，提供了 267 个世界实体的相关信息，包括历史、人口、政府、经济、能源、地理、通信、运输、军事和跨国问题等。

（2）BBC 国家概况（BBC Country Profiles）（http://news.bbc.co.uk/2/hi/country_profiles/default.stm）是一个关于国家和地区的历史、政治和经济背景以及主要机构背景的指南。它还包括 BBC 服务中已存档的内容。

7.7 运输跟踪

随着通信技术的发展，大多数车辆和公共/私人交通工具都有位置感知功能，这意味着它们带有 GPS 或其他卫星跟踪系统传感器来标识其当前位置。跟踪系统除了提供有关车辆位置的综合信息外，还提供一些其他信息，如车辆名称（如果适用）、类型、货物、目的地、车主和许多其他技术细节。有许多免费的网络服务可以提供陆地车辆、船只和飞机的信息，这些信息在任何类型的网络调查中都是非常有用的，特别是许多站点还在其公开数据库中保存了车辆、船只的历史记录。

7.7.1 空中活动

下面所列的是一些追踪航空航班（货运飞机、私人飞机和旅行者飞机）的服务，一些网站甚至提供付费的订阅服务可以跟踪军用飞机。

（1）FlightAware（https://uk.flightaware.com）被认为是世界上最大的航班追踪数据公司，它为私人和商业航班提供免费的飞行跟踪服务。除了 150 多个国家的地面站外，FlightAware 还汇集了来自 55 个国家的空中管制系统的数据源。使用此服务，用户可以根据出发地和目的地机场来搜索航班，或使用航班号或航空公司跟踪特定航班。私人航班也可以使用这项服务进行跟踪。跟踪特定航班时，可以看到其后序航班和前序航班。要查看整个航班历史记录则需要付费。

（2）Flight Radar 24（https://www.flightradar24.com）提供国际实时民用航班跟踪服务。如图 7-10 所示，Flight Radar 24 提供每个航班的综合详细信息，包括起飞和到达机场、航线、时间表、预计起飞和到达时间、当前飞行速度和距离以及飞机类型和型号，其他细节信息被锁定为付费订阅。它每天追踪超过 15 万次航班。商业用户可以将他们的私人飞机从公众视野中移除，因此在调查一个特定目标时使用多个跟踪服务是很

图 7-10 使用 Flight Radar 24 跟踪航班

关键的。

（3）Air Cargo Tracker（www.track-trace.com/aircargo）跟踪 190 家航空公司的航空货物，可以根据提供的航空货运单号来追踪飞机。该站点还列出了航空公司代码、航空公司前缀字母和机场代码。

（4）Radar Box 24（https://www.radarbox24.com/）是一个国际飞机跟踪网站。免费账户显示基本航班信息，付费即可解锁全部功能。

（5）PlaneFinder（https://planefinder.net）提供国际飞机跟踪，用户使用免费账户就可以显示每个航班的信息。

⚠ 注意！　世界飞机数据库（www.planemapper.com/aircrafts）保存着国际航空公司的信息以及注册的飞机（飞机类型和技术信息）。该网站包含了全球各航空公司的详细信息。

7.7.2　海运踪迹

以下服务网站可以跟踪全球船舶的活动。

（1）Marine Traffic（https://www.marinetraffic.com）是主要的海上跟踪网站。使用这个网站，可以跟踪世界上的任何船只。该网站有一个巨大的船舶细节信息和历史行踪数据库。使用站点搜索工具搜索船只名字，或者简单地浏览实时地图即可查看所有可查询的船只。要查看特定船只的详细信息，可以单击地图上的船只（在活动地图上以箭头显示）。如图 7-11 所示，单击船只详细信息按钮即可查看完整的信息，如船名、MMSI 编号、IMO 编号、船旗、重量、船型、尺寸、建造年份、最新位置、船名历史（如果船名更改，会显示以前的船名和船旗）等。所有这些信息都可以通过免费账户获得。而付费账户可获得更多的信息，特别是定制地图、历史跟踪以及航行历史。

（2）Container Tracking（www.track-trace.com/container）可以跟踪 125 家公司的集装箱，只需要提供集装箱号。

（3）Vessel Finder（https://www.vesselfinder.com）可以提供船舶跟踪服务。

（4）Cruise Mapper（www.cruisemapper.com）跟踪邮轮并提供每艘邮轮的详细信息，以及它们当前和过去的位置。

（5）Ship Finder（http://shipfinder.co）跟

图 7-11　使用 Marine Traffic 网站追踪船舶

踪船舶并提供关于所追踪船舶的详细信息。

以下是其他可使用的船舶资料查询服务网站。

(1) Container prefilx list(www.prefixlist.com)。

(2) the international identification codes of container owners(https://www.bic-code.org/bic-codes/)。

(3) international port code(www.infodriveindia.com/TradeResources/Port.aspx)。

7.7.3 汽车和铁路

以下网站提供有关陆路车辆及铁路列车情况的信息。

(1) ASM(https://asm.transitdocs.com)提供全美实时列车跟踪动态。

(2) Train Time(https://traintimes.org.uk/map/tube)提供伦敦地铁的实时地图。

(3) Aprs(https://aprs.fi)显示了从自动位置报告系统网络(Automatic Position Reporting System Internet Network)收集的实时信息。

(4) Spoorkaart(http://spoorkaart.mwnn.nl)是荷兰的火车跟踪网站。

(5) Junatkartalla(https://junatkartalla.vr.fi/?lang=en-USTrack)是芬兰火车的实时跟踪网站。

(6) Travic: transit visualization client(http://tracker.geops.ch/?z=11&s=1&x=529282.4572&y=6853173.3731&l=transport)提供荷兰公共交通(巴士、电车、火车)的实时跟踪信息。

(7) GotoBus(https://www.gotobus.com/track-bus-status)是一个跟踪全球选定地区(美国、墨西哥、欧洲和加拿大)公共汽车的系统,为订制了该服务的公共汽车公司提供服务。

(8) Germany Train Route Maps(www.apps-bahn.de/bin/livemap/query-livemap.exe/dn?L=vs_livefahrplan&livemap)提供德国火车线路图。

> ⚠ 注意! 要查看不同国家交通标志的对比,请访问 https://ipfs.io/ipfs/QmXoypizjW3WknFiJnKLwHCnL72vedxjQkDDP1mXWo6uco/wiki/Comparison_of_MUTCD-influenced_traffic_signs.html。这些信息可用于调查包含交通标志的图像,帮助调查者判断某个图像是在哪个国家拍摄的,从而获得位置信息。

7.7.4 邮包跟踪

邮包跟踪可以适用于世界各地。如果开源情报工作需要调查陆运或空运的邮包,可以使用以下链接找到更多相关信息。

(1) After Ship(https://www.aftership.com/couriers)跟踪全球 447 家的快递公司,只要输入邮包运单号码,它就会自动检测到快递公司。

(2) Tracking EX(https://www.trackingex.com)跟踪 235 家快递公司。

（3）17 Track（https://www.17track.net/en）是一个邮包跟踪服务网站。

（4）Package trackr（https://www.packagetrackr.com）跟踪全球快递公司，并使用Google 地图显示配送路径。

（5）Boxoh（www.boxoh.com）是一项针对美国邮政、UPS、联邦快递和 DHL/AirBorne 的邮包跟踪服务。

（6）Canada Post（https://www.canadapost.ca/cpotools/apps/track/personal/findByTrackNumber?execution=e1s1）跟踪加拿大的邮包。

（7）Royal Mail（https://www.royalmail.com/track-your-item#）跟踪英国皇家邮政的递送信息。

> ⚠ 注意！ Track on the Map（www.trackonthemap.com）可以让人们在线跟踪你的位置。为了可以跟踪，你需要一个装有 GPS 的设备，例如智能手机。

7.7.5 网络摄像头

世界上有许多提供免费访问公开的网络摄像头的网站。

（1）World Web Cam Search（http://world-webcams.nsspot.net）使用 Google 地图显示来自世界各地的可用网络摄像头。

（2）Earth Cam（https://www.earthcam.com）有来自全球各地的直播网络摄像头。

（3）Fisgonia（www.fisgonia.com）是一个使用 Google 地图对来自全球各地不同地点的网络摄像头的可视化展现，可以按照不同地点类别对摄像头进行筛选，如机场、火车站、动物、交通、大学等，并且可以使用 Google 地图指定所查看的国家。

（4）World Cam（https://worldcam.eu）列出了全球各地的网络摄像头，并提供位置信息，如摄像头在地图上的位置和目标区域的天气信息。

（5）UM Weather（http://cirrus.sprl.umich.edu/wxnet/wxcam.php）列出了北美地区数百个监控天气的摄像头。

（6）Opentopia（www.opentopia.com/hiddencam.php）列出了世界各地可公开访问的网络摄像头。

（7）Mila（https://www.livefromiceland.is/webcams/geysir）是一个位于冰岛的实时网络摄像头。

正如在第 4 章中提到的，也可以用 Google 来查找公开可访问的网络摄像头。进行此类搜索的最佳站点是 Google Hacking Database，其链接是 https://www.exploit-db.com/googl-hacking-database13/。

7.7.6 电子文件元数据

在第 2 章中讨论了如何通过数字文件的元数据（如图像、视频、Microsoft Office 文件和

PDF）来进行网络调查。一些数字文件，特别是带有地理位置标记的图像和视频文件，其中有可能包含 GPS 坐标数据。调查这些文件，需要把 GPS 坐标复制下来，再使用本章介绍的服务在地图上找到这些照片或视频拍摄时的地址信息。

7.8 总结

大多数用户的网上活动都可能与地理位置信息相关联，通过基于位置的搜索在线找到定位信息可以缩小搜索范围，从而使调查工作更加聚焦目标。

第 8 章讨论的内容与之前的章节不同，主要介绍如何使用不同的工具和技术来收集有关调查目标的 IT 基础设施和网站技术信息的情报。

第8章

技术踩点

技术踩点（Technical Foot-printing）是黑客（包括黑帽黑客和白帽黑客）在开始攻击计算机系统之前的第一项任务，其目的是使用各种工具和技术获取尽可能多的有关攻击目标的信息。前几章介绍了如何使用各种工具和技术来在线收集不同实体（如人员和组织）的数据，但却没有涉及如何通过调查目标的网页和网络基础设施来获取有关技术方面的信息。

在第1章中，开源情报定义为所有公开可用的信息。这意味着开源情报信息源在不违反任何隐私或版权法的情况下可被公众合法获取，这一点与其他形式的情报是有区别的，这一法律要求也适用于旨在识别目标的技术信息、服务和网络的技术踩点工作中。

第1章中区分了三种类型的信息收集：被动的、半主动的和主动的。本章只集中讨论被动侦察技术，其他两种方法若未经许可使用，有可能会产生法律问题，因此这里不考虑把它们归为开源情报采集范围内。

在被动侦察中，目标对信息收集活动一无所知。调查员只会像普通的 Internet 访问者一样浏览目标网站来寻找有用的信息，通过该方式收集的信息量仅限于目标网站上显示的内容，他不会向目标服务器发送任何数据包。在半主动侦察中，调查员向目标服务器发送有限的数据，但由于这些流量是与常规网络访问行为产生的流量类似，所以不会引起目标网络的安全系统（防火墙和 IDS）的报警。

被动侦察和半主动侦察在世界上主要国家都是被法律允许的（尽管没有明示许可），虽然有些国家也可能认为某些类型的半主动活动是非法的技术踩点。

> **注意！** 主动侦察包括直接与目标系统交互，有很多方式可以实现这点，例如使用社会工程学方法从目标页面的"帮助"栏里获得一些信息。

通过被动侦察，可以收集一些有用的技术信息，如识别目标组织的 IP 地址、提取域名信息、识别其子域名以及识别正在使用的 IT 设备和技术。此外，还可以从目标网站收集一些传统信息（例如员工姓名、电子邮件和文档元数据），从而对目标进行个人画像。

8.1 调查目标对象的网站

技术踩点首先要去的地方就是目标公司的网页,从安全的角度看,调查一个公司的网站可以带来很多有用信息,例如,公司地址、分公司地点、核心员工、空缺职位和工作机会(工作机会有可能透露公司使用的技术)、电子邮件的模式(通过查看员工的电子邮件地址)、电话号码、合作伙伴或任何有密切业务往来的公司、工作时间和节假日、关于目标机构的新闻(并购或收购新闻)、构建目标公司网站所用的技术、所使用的电子邮件系统(许多组织使用开源技术,如 Horde 和 Roundcube)、目标机构所使用的 IT 技术(硬件和软件)、VPN 供应商(如有)、数字文件(如 PDF 文件和电子表格)和元数据(一些机构甚至在其网站上发布其库存清单,包括 IT 设备)、列出 IT 安全控制规则的隐私或安全策略(例如,此类文档可能包含密码创建策略)、机构员工的信息。

Web 页面是由 HTML 代码组成的,可以从这里开始,查看开发人员是否在 HTML 注释中留下了有用的信息,还需要检查 HTML 源代码的头部部分来查看附加文档,如 CSS 和 JavaScript,这些代码中也可能包含开发人员的注释。

⚠ 注意! 要使用 Firefox 查看任何 Web 页面的 HTML 源代码,请右键单击目标页面并选择 view page source。可以在 HTML 注释标记中找到类似以下的信息:<!--this is a comment-->。

许多公司将网站设计外包给外部公司,如果在 HTML 源代码中发现了这个问题,那么就需要将该外包公司列入你的调查范围。

⚠ 注意! Firefox 有一个内置工具可以帮助 Web 开发人员。Firefox 开发人员工具(Developer tools)是一组 Web 开发工具,可用于分析 Web 页面的 HTML 源代码。要启动该工具,请按组合键 Ctrl+Shift+i 或直接进入 Tools 菜单,选择 Web Developer,然后选择 Developer 工具栏。

8.1.1 研究 Robots.txt 文件

搜索引擎使用网络爬虫(crawlers 或 spiders)自动扫描 Web 来发现新内容。所有的搜索引擎如 Google 和 Yahoo 都使用爬虫来索引 Web 内容。而网站所有者则通过其网站根目录中的 robots.txt 文件,指示 Web 爬虫在爬取过程中包含或排除哪些页面。当爬虫在 robots.txt 文件中读取到 Disallow:时,它将忽略后面的文件路径。出于情报目的,查看这个文件将揭示网站所有者想要对公众隐藏什么。要查看任何网站的 robots.txt 文件，请在浏览器地址栏中输入目标域名，后跟正斜杠，然后输入 robots.txt。图 8-1 展示了 Apress.com 域名下的 robots.txt 文件。

图 8-1　robots.txt 文件示例，显示 Web 爬虫允许爬取的页面

> **注意！**　RobotsDisallowed 是 Github 上的一个项目（https://github.com/danielmiessler/RobotsDisallowed），它从世界顶级网站（Alex 全球排名前 10 万）的 robots.txt 文件中得到它们不允许爬取的"禁止目录"。

8.1.2　镜像目标网站

在某些情况下（如阅读 HTML 代码时），下载整个目标网站可以更方便地离线查看/解析，最常见的一些自动化工具可以执行此任务。

（1）HTTrack（https://www.httrack.com）可以复制一个网站进行离线查看。

（2）GNU Wget（www.gnu.org/software/wget）可以使用 HTTP、HTTPS、FTP 和 FTPS 等 Internet 协议来获取文件。

（3）BlackWidow（www.softbytelabs.com/en/BlackWidow）可以下载整个网站或者部分内容，也可以下载任何类型的文件，包括嵌入在网站中的 YouTube 视频。

8.1.3　提取链接

目标网站会与其他应用程序、Web 技术以及相关网站链接。提取这些链接将显示这些关联关系，并给出其他资源（如 CSS 和 JavaScript 文件）和与之链接的网站的 URL。有许多在线服务可以提取目标网站的 URL、图像、脚本、iframe 和嵌入的内容。以下是最常见的这类服务（这些服务可能各自返回不同的结果，因此应考虑搭配多个服务同时使用）。

（1）Link Extractor（www.webtoolhub.com/tn561364-link-extractor.aspx），使用这个服务可以将结果导出为 Excel 文件。

（2）Free URL Extractor（www.bulkdachecker.com/url-extractor）可以从 URL/域中

提取链接（例如URL、图像、脚本和嵌入内容）。

（3）Link Gopher（https://sites.google.com/site/linkgopher）是一个Firefox插件，可以从网页中提取所有的链接（包括嵌入内容），并将它们显示在新的网页中。

> ⚠ **注意！** 要查看目标网站URL重定向到何处，可以使用这个服务：http://redirectdetective.com。

8.1.4 检查目标网站的反向链接

因为一些链接的网站可能会显示有关目标机构的信息，所以调查员还应该考虑检查指向目标机构域名的所有反向链接。要查看所有链接到特定域名的网站，请在Google中输入形如site：* darknessgate.com（星号和域名之间有一个空格）的搜索词。这将返回链接到www.DarknessGate.com的所有站点。

要想精选搜索结果并只返回来自其他域名的结果，需要按照下面方法排除所有来自目标本身的域名链接，如图8-2所示。

图8-2 使用Google高级操作符查找特定域名的反向链接

8.1.5 监控网站更新

目标网站的网页需要定期检查是否有更新。当然，监控一个有数百个页面的网站并不是一件轻松的事，所以可以用一些工具自动完成这项任务。一个比较常见的工具是WebSite-Watcher（http://aignes.com/index.htm），它是一个商业软件。该软件将监视Web页面、论坛和RSS聚合中的新帖子和新回复（甚至是密码保护的页面），并报告这些更新信息。

8.1.6 查看网站存档内容

开源情报调查人员应该记住，网络总是在变化的。机构会定期更新其网站，而目标网站的历史版本可能会泄露重要信息。因此，请一定要使用Wayback Machine（www.archive.org）查看目标网站之前的历史版本。

> ⚠ **注意！** 要了解任何网站的托管方，请访问https://www.whoishostingthis.com。

8.1.7 识别使用的技术

要发现目标机构中使用的技术类型有不同的方法。例如，在目标机构的网站以及其他专门的招聘网站发布的招聘信息就是有价值的信息来源（可以找到所需的技能类型、所需的 IT 认证、以往与特定产品/供应商的接触经历），从这些信息中可以很容易地确定目标机构的 IT 基础设施的类型、操作系统以及所使用的其他软件。

提示！ 如果一个目标机构有多个分支机构，那么一个特定分支机构所需人员的技能类型（在招聘职位要求中所列）可作为该分支机构从事某种活动的一种指标。

要确定用于构建目标网站的技术的类型，有许多在线服务和工具可用，其中最受欢迎的服务是 Built With（https://builtwith.com）。要使用该服务，请输入目标域名以查看其技术画像和关系画像。技术画像将显示目标网站的详细信息，如访问分析服务和跟踪代码、小部件、网站语言、是否针对移动设备使用进行了优化、内容分发网络（CDN）、JavaScript 库、广告网络、电子邮件服务、域名服务器供应商、SSL 证书、Web 服务器类型、编码和文档信息。关系画像提供有关目标域的重要信息，它显示了与其他网站共享的标识符（如 Google AdSense 标识符）的历史使用情况。通过了解这些信息，可以发现哪些网站是由同一个公司/个人控制的，如图 8-3 所示，查看 Apress.com 的关系画像，可以看到 CrazyEgg 的标签使用情况和历史。

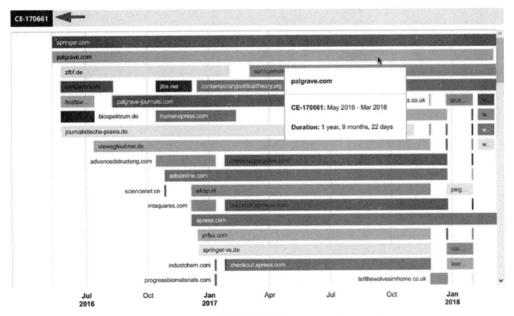

图 8-3 Apress.com 的关系画像（来源：https://builtwith.com）

另一个识别目标网站使用的 Web 技术的工具是 Wappalyzer（https://www.wappalyzer.com），可以把它作为一个插件安装到 Firefox 或 Chrome 浏览器上，用来调查访问过的任何网站所使用的技术。

识别所使用的关键技术（软件和硬件）将有助于进行一些重点研究，以识别目标机构所使用的软件中的任何漏洞、特定产品的缺陷、特定应用程序的配置问题等。后面将演示如何使用在线工具识别目标服务器的操作系统。

> ⚠ 注意！ 查找共享了相同 Google 分析 ID（Google Analytics ID）的域，请访问 https://dnslytics.com/reverse-analytics。

> ⚠ 注意！ 许多 IT 设备（如路由器、可管理的交换机、防火墙解决方案、服务器、访问控制器、internet 监视摄像头，甚至软件包）都预先配置了默认的用户名和密码。如果安装这些设备的 IT 人员忘记更改或删除默认凭证，这些设备就很容易受到攻击。以下网站列出了数百个 IT 设备的默认凭证：CIRT（https://cirt.net/passwords）、Default Password（https://default-password.info）、Default Password Lookup（www.fortypoundhead.com/tools_dpw.asp）、Router Passwords（http://routerpasswords.com）、Open Sez Me!（http://open-sez.me）、Hashes（https://hashes.org）。

要识别任何软件、远程服务或应用程序的零日漏洞（包括客户端如何利用漏洞），请查看以下站点：Exploit Database（https://www.exploit-db.com）、Packet Storm（https://packetstormsecurity.com）、Security Focus（www.securityfocus.com/bid）、National Vulnerability Database（https://nvd.nist.gov）、CVE Details（https://www.cvedetails.com）、CVE（http://cve.mitre.org）、0day（http://0day.today）、Secunia Research（https://secuniaresearch.flexerasoftware.com/community/research）。

8.1.8　Web 抓取工具

有一些自动化工具可以轻松地从目标网站收集各种类型的信息。这些工具被称为 Web 抓取工具或 Web 数据提取工具。假设要从一个包含数千个页面的大型网站中收集电子邮件，手动完成这项工作是一项令人生畏的任务，但如果使用自动化工具，只需单击鼠标即可完成。

1．theHarvester

theHarvester（https://github.com/laramies/theHarvester）是一个用于从各种公开数据源（如 Google、Bing、LinkedIn、Twitter、Yahoo、pgp 等）收集数据（子域名、电子邮件地址、虚拟主机、开放端口/欢迎语以及员工姓名）的工具。使用该工具进行的搜索是被动的，这意味着目标不会注意到任何侦察活动。

theHarvester 预装在 Kali Linux 上。可以通过在终端中输入以下命令将其安装在任何基于 linux 的操作系统上：apt-get harvester。

如果要收集目标机构的电子邮件，输入以下内容便可以运行程序：

theharvester -d springer.com -b all -l 500 -f results.txt

theharvester 会执行该工具的命令，该命令运行时可以有如下选项：

-d　指定要搜索的域或公司名称；

-b　指定一个数据源，如 google、googleCSE、bing、bingapi、pgp、linkedin、google-profiles、jigsaw、twitter、googleplus 等；

-l　限制输出结果的数量；

-f　将结果保存到 HTML 或 XML 文件中。

例如，前面的命令脚本例子是要求该工具从所有数据源中提取结果，并限制在 500 个结果，生成的结果应该保存在同一工作目录中名为 results.txt 的文件中，如图 8-4 所示。

图 8-4　使用 theHarvester 从名为 Springer.com 的目标域名中抓取电子邮件地址

前面的例子是展示此工具最简单的用法，除了发现目标的主域名下的许多子域名外，还能收集目标机构的电子邮件地址。此搜索还会发现虚拟主机（即托管在同一服务器上的多个网站）。获得一些目标电子邮件地址后，就可以使用前几章的技术为每个电子邮件地址构建一个画像。

2. Web Data Extractor

Web Data Extractor（www.webextractor.com）是一个商业程序，它收集各种类型的数据，包括URL、电话和传真号码、电子邮件地址、元标记信息和正文文本。

3. Email Extractor

Email Extractor（https://www.email-extractor.io）是一个Chrome插件，可以从当前访问的网页中提取所有电子邮件。

调查公司的域名是继初步的网页探索后的第二个任务。针对域名可以进行各种不同的搜索，下面从查找目标域的WHOIS信息开始（实际上是从8.2节开始才介绍WHOIS——译者注）。

8.1.9 调查目标网站的文件元数据

在浏览目标公司的网站时，可能会遇到不同类型的文件，例如JPEG或PDF格式的产品广告文件、包含产品目录的电子表格等。必须下载这些文件并脱机研究以提取元数据。之前在第2章已经讨论了元数据，本节将列出其他分析数字文件中元数据的工具。

（1）Metagoofil（https://code.google.com/archive/p/metagoofil）可以从目标公司的网站提取公开文档的元数据。

（2）OOMetaExtractor（https://archive.codeplex.com/?p=oometaextractor）可以提取OpenOffice文档的元数据。

（3）Fingerprinting Organizations with Collected Archives（https://www.elevenpaths.com/labstools/foca/index.html）是一个元数据分析工具，它使用3个搜索引擎：Google、Bing和DuckDuckGo，从Internet上收集公开文件，然后搜索这些文件以发现元数据和隐藏信息。

8.1.10 网站数字证书搜索

要想搜索与任何域名相关的加密数字证书，可以使用以下搜索服务：Censys（https://censys.io）、Certificate Search（https://crt.sh）。

8.1.11 网站统计和分析工具

网站统计工具提供关于任何域名的有用的营销、技术和历史信息。用户只需要提供目标域名，就会生成详细的报告。下面是最常用的网站统计工具。

（1）Alexa（https://www.alexa.com/siteinfo）提供丰富的网站统计和分析信息。

（2）Moon Search（http://moonsearch.com）提供网站分析服务和反向链接检查服务。

（3）Spy On Web（www.spyonweb.com）收集关于目标域名的不同信息，比如它的IP

地址和使用的 DNS 服务器。

（4）W3bin（https：//w3bin.com）可以找到是谁托管了某个指定网站。

（5）Visual Site Mapper（www.visualsitemapper.com）显示目标网站的向外链接和其他网站对它的链接。

（6）Site Liner（www.siteliner.com）显示重复的内容以及有关联的域名。

（7）Clear Web Stats（https：//www.clearwebstats.com）显示关于任何域名的详细技术信息。

（8）Website Outlook（www.websiteoutlook.com）提供不同的网站统计工具，如社会知名度、关键词分析和网站技术信息。

（9）Informer（http：//website.informer.com）显示有关网站的统计信息。

（10）Security Headers（https：//securityheaders.io）基于此网站可以分析目标网站的 HTTP 响应报头。

8.1.12　网站信誉检查工具

有许多组织提供免费在线服务来检查一个网站是否具有恶意，其中一些站点还提供关于网站的历史信息。以下是各种网络信誉分析服务站点。

（1）Threat Miner（https：//www.threatminer.org/index.php）提供域威胁情报分析。

（2）Urlquery（http：//urlquery.net）用于在线检测和分析基于 Web 的恶意软件。

（3）URLVoid（www.urlvoid.com）提供网站声誉检查工具。

（4）Threat Crowd（https：//www.threatcrowd.org）是一个针对各种威胁的搜索引擎。

（5）Reputation Authority（www.reputationauthority.org/index.php）可以查看一个域名的行为评分。

（6）Sucuri SiteCheck（https：//sitecheck.sucuri.net）提供对网站中的恶意软件和安全问题的扫描，它还显示网站中包含的链接清单和脚本清单。

（7）Joe Sandbox（https：//www.joesandbox.com）检测和分析潜在的恶意文件和 URL。

（8）Safe Browsing（https：//developers.google.com/safe-browsing/?csw＝1）提供编程接口（API）以访问 Google 安全浏览（Google Safe Browsing）列表列出的不安全 Web 资源。

（9）abuse.ch ZeuS Domain Blocklist（https：//zeustracker.abuse.ch/）提供域名黑名单。

（10）Malware Domain Blacklist（http：//mirror1.malwaredomains.com/files/domains.txt）列出了已知的利用网络传播恶意软件的域名名单。

（11）MalwareURL（https：//www.malwareurl.com/index.php）可以检查可疑的网站或 IP 地址。

（12）Scumware（https：//www.scumware.org）列出了恶意网站的清单。

> ⚠️ **注意！** 要查看以前被黑过的网站列表，请访问 http://zone-h.org/archive 并搜索目标域名。如果网站被攻击过，它将显示被攻击后的页面（攻击者用来替换原来的主页）、负责此次攻击的黑客团队（如有）以及发生攻击的日期/时间。

8.2 被动技术侦察活动

对技术信息进行被动侦察意味着调查员试图识别子域和 IP 地址，进行 DNS 跟踪并获取目标域的 WHOIS 信息。

8.2.1 WHOIS 查询

通过 WHOIS 查找，可以发现谁注册了目标域名和其他信息（如域名所有者和个人信息、账单联系人和技术联系人地址），如图 8-5 所示。该信息是公开的，ICANN 组织要求此信息公开以便对域名系统进行监督。关于每个域的 WHOIS 信息存储在被称为"WHOIS 数据库"的公开中央数据库中，可以查询这些数据库来获取关于任何注册域名的详细信息。请注意，一些域名注册者会将他们的域名注册信息设为私密（每个域名注册者对这项服务的称呼各不相同，并需额外付费使用，但最常见的术语是域名隐私或 WHOIS 保护）。在这种情况下，域名注册者的个人信息在 WHOIS 数据库中可以被隐藏。

```
Domain Name: DARKNESSGATE.COM
Registry Domain ID: 1765860924_DOMAIN_COM-VRSN
Registrar WHOIS Server: whois.enom.com
Registrar URL: www.enom.com
Updated Date: 2017-12-12T23:50:05.00Z
Creation Date: 2012-12-12T16:51:31.00Z
Registrar Registration Expiration Date: 2018-12-12T16:51:00.00Z
Registrar: ENOM, INC.
Registrar IANA ID: 48
Domain Status: clientTransferProhibited
https://www.icann.org/epp#clientTransferProhibited
Registry Registrant ID:
Registrant Name: NIHAD HASSAN
Registrant Organization: DARKNESSGATE
```

图 8-5 从 https://whois.icann.org 中检索出 DarknessGate.com 域名的 WHOIS 报告的部分内容

许多网站提供 WHOIS 信息。然而，负责提供这项服务的主要是 ICANN。ICANN 及其地方 Internet 注册中心负责管理全球 IP 地址和域名的分配及注册。

（1）ICANN(https://whois.icann.org/en)是负责协调 Internet DNS 和 IP 地址的最高组织。

（2）AFRINIC(https://www.afrinic.net)负责非洲地区 IP 地址和域名的分配及注册。

（3）APNIC(https://www.apnic.net)负责亚太地区 IP 地址和域名的分配及注册。

（4）LACNIC(www.lacnic.net)负责拉丁美洲和加勒比地区 IP 地址和域名的分配及注册。

有许多其他服务可以提供更多有关域名注册的信息，详情如下。

（1）Domain History(www.domainhistory.net)显示已存档的域名信息。

（2）Whoisology(https://whoisology.com/#advanced)是一个域名所有权的档案库。

（3）Robtext(https://www.robtex.com)包含了关于域名的各种信息。

（4）Who(https://who.is)提供了 WHOIS 搜索，可以搜索域名、网站以及 IP 工具。

（5）Operation Framework(https://github.com/graniet/operative-framework)可以找到所有注册了相同电子邮件地址的域名。

（6）URL Scan(https://urlscan.io)显示了关于目标网站的各种信息，如 IP 细节信息、子域、域树、链接、数字证书和用于构建它的技术。

在找出谁负责目标域名之后，现在可以开始调查目标公司如何通过 Web 主机和子域组织其网络资源。

8.2.2 子域名发现

子域是在当前域名地址下创建的 Web 地址，它通常被网站管理员用于在线组织他们自己网站内容。例如，www.darknessgate.com 可以使用子域 http://shop.darknessagte.com 提供购物功能，使用子域 http://blog.darknessgate.com 放置博客。

许多网站管理员会在一些网站新技术应用到主站点之前创建子域进行测试，这些子域可能是不安全的，因为它们是开发阶段时使用的且可能忘了关闭并受到攻击。发现这些不安全的子域可以获得关于目标的重要信息（例如，它可能会暴露遗忘在服务器上的网站代码或泄露的文档）。

以下是最受欢迎的用于子域发现的工具/技术。

1. 使用 Google 搜索操作符

使用 site：target.com-inurl：www，Google 将显示目标的所有子域名。例如，输入 site：yahoo.com-inurl：www，将会使用 Google 搜索页面来显示目标域名 yahoo.com 的所有子域名，如图 8-6 所示。

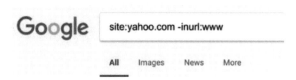

图 8-6　使用 Google 高级搜索操作符发现子域名

2. 使用 VirusTotal.com

VirusTotal 服务会检查可疑文件和 URL 中的恶意代码，此服务也可用于子域发现。请转到 https://www.virustotal.com/#/home/search（确保选择 search 选项卡），输入目标域名并按 Enter 键,滚动到页面的末尾,找到 Observed Subdomains 部分,如图 8-7 所示。

```
Observed Subdomains
www.apress.com
microsoft.apress.com
springrecipes.apress.com
sprcom.apress.com
images.apress.com
checkout.apress.com
login.apress.com
cdn.apress.com
app1.apress.com
qa.apress.com
mis.apress.com
support.apress.com
extras.apress.com
```

图 8-7 使用 VirusTotal 显示 Apress.com 的 Observed Subdomains 部分

2. DNSdumpster

使用 DNSdumpster(https://dnsdumpster.com)可以找到关于子域、DNS 服务器和 MX 记录的域名信息。以下是可以用于子域发现的其他工具和服务。

(1) Dnsmap(https://tools.kali.org/information-gathering/dnsmapcomes)预先安装在 Linux Kali,能发现子域名并找到每个子域名关联的 IP 地址。

(2) Certificate Search(https://crt.sh)可以发现目标域名的子域名。

(3) Gobuster(https://github.com/OJ/gobuster)发现目标网站上的子域名和文件/目录,可应用于主动侦察技术来收集信息。

(4) Bluto(https://github.com/darryllane/Bluto)可以通过 Netcraft 以被动方式收集子域名。

(5) PenTest Tools (https://pentest-tools.com/information-gathering/find-subdomains-of-domain)可以发现子域名、找到虚拟主机,并对目标网站进行网站侦察和元数据提取。

(6) Sublist3r(https://github.com/aboul3la/Sublist3r)可以使用被动和主动侦察技术发现子域名。

> **提示!** 使用多个服务进行子域搜集,因为有些服务限于其子域名发现的方法可能只能返回部分结果。

8.2.3 DNS 侦察

在收集了有关 WHOIS 记录和目标子域名的信息后,还可以获得关于目标域的更多被动信息。本节将介绍用来收集有关 DNS 服务器和 DNS 记录信息的被动侦察技术。再下一个阶段将是端口扫描和其他主动侦察技术,那些就超出本书应该介绍的开源情报采集活动了。

1. 路由映射

要想确定到达目标的网络路径,需要使用 tracert 命令。请注意,当信息通过网络时,并不是每次都经由相同的路径,在到达目的地之前,它要经过不同的路由器、防火墙和其他计算机。对于高价值的网站,tracert 命令会被禁用,但是对目标网站测试它并没有什么坏处。有很多工具可以进行路由跟踪,在 Windows 操作系统上,可以打开命令行提示符并输入 tracert,后跟目标域名,如图 8-8 所示。

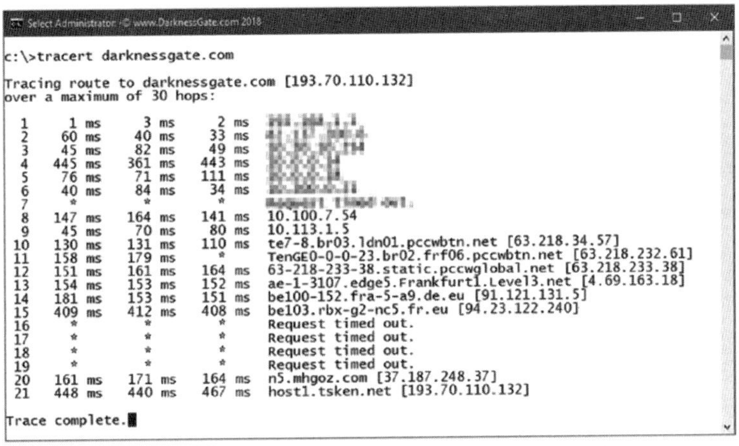

图 8-8 对目标网站执行 tracert

2. 常用 DNS 记录类型

在从目标网站的 DNS 收集信息之前,需要了解主要的 DNS 记录类型。域名系统有许多相关的记录,每个都给出了一组有关域名的不同信息,以下是最常见的 DNS 记录。

(1) A 通常用于将主机名映射到主机的 IP 地址上,它用于 IPv4 记录。

(2) AAAA 与记录类型 A 相同,但用于 IPv6 记录。

(3) CNAME 是规范名称记录。由于它将别名映射到规范名称,所以这个记录通常被称为别名记录(alias record)。

(4) MX 是邮件交换记录。它将域名映射到负责为该域传递消息的邮件服务器。

(5) NS 是名称服务器记录。它处理与主域名相关的不同服务的查询。

(6) TXT 是文本记录。它将任意文本与域名关联起来。

3. nslookup 命令

除了域名解析的 IP 地址之外,该命令可以发现目标域名的各种 DNS 信息。该命令在 Windows 和 Linux 上都可用,这里从查找目标域名的 A 记录开始,如图 8-9 所示。

要查看与目标域名关联的 MX 记录(邮件服务器记录),请输入图 8-10 中所示的命令。

通过输入 set type=A,从目标域名的任何邮件交换服务器中提取 IP 地址,然后输入邮

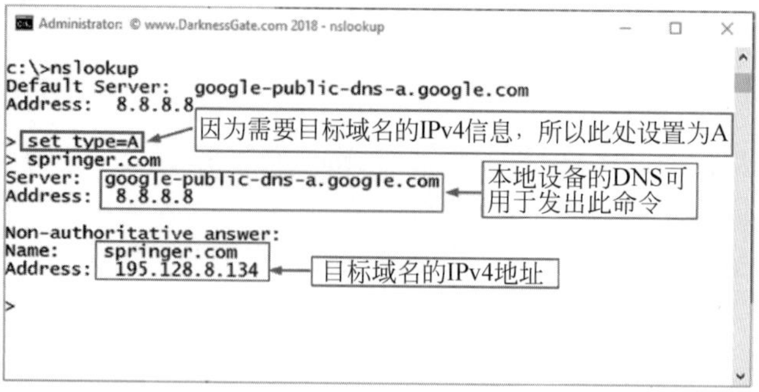

图 8-9 使用 nslookup 查找目标域名的 A 记录

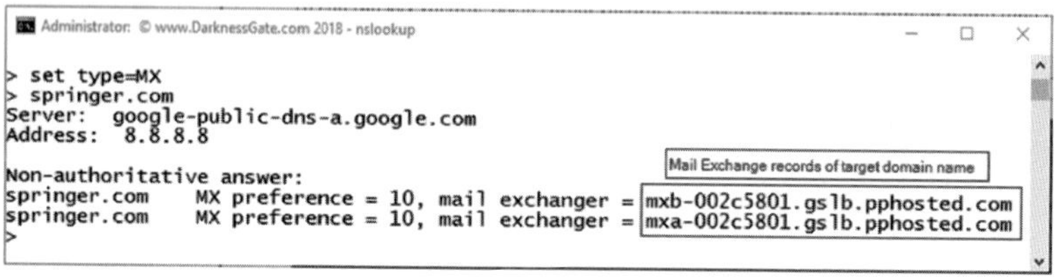

图 8-10 显示目标域名相关联的 MX 记录

件服务器地址将其解析为一个 IP 地址,如图 8-11 所示。

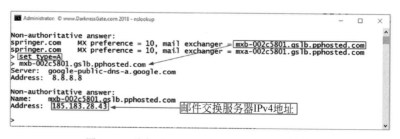

图 8-11 将邮件交换服务器解析为 IPv4 地址

知道了邮件交换服务器的 IP 地址,就可以对这个 IP 地址进一步应用 IP 搜索技术,以找到关于它的更多信息(将在下面看到)。可以像使用 Web 工具一样使用 nslookup,并可以使用 MXtoolbox 网站进行练习。

转到 https://mxtoolbox.com 并在搜索框中输入目标域名。该站点提供有关目标域名的 DNS 信息,如 DNS 查找、MX 查找、WHOIS 查找、发件人策略框架(SPF)查找和 DNS 传播。所有这些信息都显示在图形用户界面中。此站点的一个重要特性是,它提供目标域名的权威域名服务器,如图 8-12 所示。权威意味着该 DNS 服务器是保存目标域名的实际 DNS 记录(A、CNAME、MX 等)的服务器。注意在之前的 nslookup 测试中,查询目标域名时收到的是"非权威答案"(nonauthoritative answer)。这是因为当时接收的响应是来自缓存版本或本地 DNS 服务器(ISP 的 DNS 服务器)。

以下是其他提供 DNS 和网络搜索工具的有用网站。

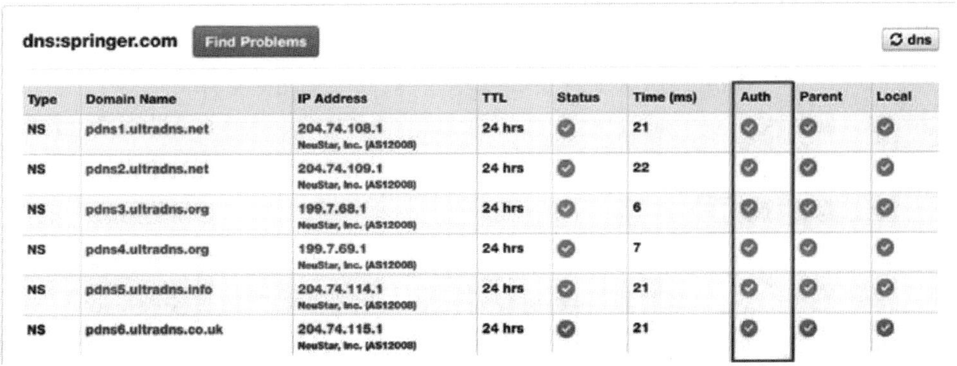

dns:springer.com Find Problems dns

Type	Domain Name	IP Address	TTL	Status	Time (ms)	Auth	Parent	Local
NS	pdns1.ultradns.net	204.74.108.1 NeuStar, Inc. (AS12008)	24 hrs		21			
NS	pdns2.ultradns.net	204.74.109.1 NeuStar, Inc. (AS12008)	24 hrs		22			
NS	pdns3.ultradns.org	199.7.68.1 NeuStar, Inc. (AS12008)	24 hrs		6			
NS	pdns4.ultradns.org	199.7.69.1 NeuStar, Inc. (AS12008)	24 hrs		7			
NS	pdns5.ultradns.info	204.74.114.1 NeuStar, Inc. (AS12008)	24 hrs		21			
NS	pdns6.ultradns.co.uk	204.74.115.1 NeuStar, Inc. (AS12008)	24 hrs		21			

图 8-12 目标域名的权威域名服务器

(1) W3DT(https://w3dt.net)提供各种 DNS 查询服务和其他网络及基于网页的工具。

(2) DNS Stuff(https://www.dnsstuff.com/tools)提供各种 DNS、网络和电子邮件分析工具。

4. Netcraft

Netcraft 是一个流行的网络安全扫描器站点,提供关于任何网站的详细安全信息。要使用它,请转到 https://searchdns.netcraft.com,在文本框中输入目标域名,然后单击 lookup 按钮。如图 8-13 所示,Netcraft 生成一个关于目标网站的详细安全报告,其中包括

Site report for www.darknessgate.com

Lookup another URL: Enter a URL here Share:

Background

Site title	DarknessGate.com - DarknessGate.com | Your Ultimate source for computer security & forensic science	Date first seen	February 2013
Site rank	547286	Primary language	English
Description	""		
Keywords	Not Present		
Netcraft Risk Rating [FAQ]	0/10		

Network

Site	http://www.darknessgate.com	Netblock Owner	Failover Ips
Domain	darknessgate.com	Nameserver	ns1.tsken.net
IP address	193.70.110.132	DNS admin	mhgoz@report.gmail.com
IPv6 address	Not Present	Reverse DNS	host1.tsken.net
Domain registrar	enom.com	Nameserver organisation	whois.enom.com
Organisation	DARKNESSGATE, LEBANON , BEIRUT, BERIUT, LB	Hosting company	OVH
Top Level Domain	Commercial entities (.com)	DNS Security Extensions	unknown
Hosting country	IE		

Hosting History

Netblock owner	IP address	OS	Web server	Last seen Refresh
Failover Ips	193.70.110.132	Linux	Apache	30-Mar-2018
HostDime.com, Inc. 2603 Challenger Tech CT Suite 140 Orlando FL US 32826	162.221.188.133	Linux	Apache	5-Jul-2016
Rightside Group LTD 5808 Lake Washington Blvd Ste 300 Kirkland WA US 98033	69.64.156.39	F5 BIG-IP	Microsoft-IIS/6.0	5-Jul-2014

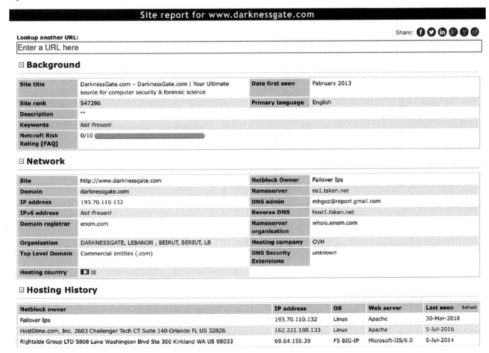

图 8-13 Netcraft 提供关于任何网站的详细安全信息

但不限于如下内容：网络信息(IPv6、域名注册商、域名服务器、DNS 管理联系人、网站托管公司等)、网站托管历史记录、发件人策略框架(SPF)、基于域的消息认证、报告和一致性记录、与此站点相关的 Web 跟踪器(如社交共享小工具、JavaScript 文件和图像)、站点的技术和广告网络。

8.3 IP 地址跟踪

第 2 章详细介绍了 IP 地址的概念以及如何利用 IP 地址跨网站跟踪用户。本节将列出一些最流行的免费工具，这些工具可以查找关于任何 IP 地址或域名的详细信息。

以下是提供 IP 地理位置信息的工具。

(1) Ipverse(http://ipverse.net)按国家代码显示 IPv4 和 IPv6 地址块列表。

(2) IP2Location(www.ip2location.com/demo.aspx)是一个免费的 IP 地理位置信息服务。

(3) Ipfingerprints(www.ipfingerprints.com)是一个 IP 地址地理位置查找器。

(4) DB-IP(https://db-ip.com)显示 IP 地理定位和网络情报。

(5) IPINTEL(https://ipintel.io)在地图上显示 IP 地址，并显示 ISP。

(6) IP Location(https://www.iplocation.net)显示 IP 地理定位数据。

(7) UTrace(http://en.utrace.de)可以定位 IP 地址和域名。

下面是获取有关 IP 信息的工具。

(1) Onyphe(https://www.onyphe.io)。

(2) CIDR REPORT for IPv4(www.cidr-report.org/as2.0)。

(3) IP to ASN(https://iptoasn.com)显示 IP 地址到 ASN 数据库的每小时更新。

(4) Reverse DNS Lookup(https://hackertarget.com/reverse-dns-lookup)是针对目标 IP 地址的反向 DNS 搜索。

(5) Reverse IP lookup(https://dnslytics.com/reverse-ip)。

(6) Same IP(www.sameip.org)显示托管在相同 IP 地址上的网站。

(7) ICIDR REPORT for IPv6(www.cidr-report.org/v6)。

(8) IP Address Tools(www.ipvoid.com)。

(9) ExoneraTor(https://exonerator.torproject.org)可以查看一个指定的 IP 地址以前是否被作为 Tor 中继节点使用。

下面是用于发现有关边界网关协议(BGP)信息的工具。

(1) BGP4(www.bgp4.as/tools)。

(2) Hurricane Electric BGP Toolkit(https://bgp.he.net)。

(3) BGP Ranking(http://bgpranking.circl.lu)。

(4) BGP Stream(https://bgpstream.com)。

以下是查找 IP 地址黑名单信息的工具。

(1) Block List(www.blocklist.de/en/index.html)可以把被滥用了的 IP 地址报告给受害服务器的运营者,使他们可以制止攻击或关闭被攻破的服务器。

(2) FireHOL(http://iplists.firehol.org)可以收集有网络犯罪的 IP 以创建一个 IP 地址黑名单,这个黑名单可以被各种网络设备利用以屏蔽恶意访问和恶意网站。

(3) Directory of Malicious IPs(https://www.projecthoneypot.org/list_of_ips.php)是恶意 IP 地址的目录。

8.4 总结

收集目标网站及其网络系统的技术信息被称为技术踩点(technical footprinting)。本书聚焦在被动侦察技术上,因为开源情报搜集的本质是获取无须许可就可以采集的公开信息。本章介绍了相关工具和技术,这些工具和技术可以用于以被动方式搜集目标网站及网络基础设施的开源情报。

第 9 章将讨论开源情报的未来发展以及 Internet、移动通信和社交媒体平台的广泛使用将对开源情报采集技术的未来发展产生什么影响。

第9章 开源情报的未来

开源情报已经成为世界各地情报机构收集信息的首选方法。传统上,情报机构依靠其他渠道获取信息,其可靠性和有用性各不相同。然而随着计算技术的不断发展,Internet和社交网络在全球范围内的普及,情报机构已经将很大一部分情报收集活动转移到了开源情报领域。一些情报专家估计,未来将有超过90%的情报信息来自开源情报。

开源情报不仅限于情报机构、执法机构和军事机构。开源情报已经成为政府、商业公司、联合国机构、非政府组织、学术界、媒体以及公民团体和工会等社会民间团体在决策过程中不可或缺的组成部分。如今企业使用开源情报来调查内部数据泄露、收集竞争对手的情报、预测海外市场的趋势。黑帽黑客和犯罪组织也使用开源情报来发现数据,这些数据被用于升级网络攻击和对目标的社会工程学渗透。

9.1 开源情报将来会走向哪里

信息时代带来了爆炸性的潜在情报来源,这也决定了开源情报的未来。在情报领域,预计将会越来越多地将通过网络收集的情报用于反恐和打击犯罪。此外,开源情报将继续提供一种低成本的方法来获取全球任何领域的情报。许多研究表明,西方安全机构通过分析阿拉伯国家的用户在社交平台上的活动,预测了阿拉伯国家最近的抗议活动。

在民用领域,企业将更愿意发展自己的开源情报能力以获得竞争优势并确保它们在这个瞬息万变的世界里的投资的安全。大型组织将努力建立自己的开源情报团队,而商业开源情报供应商将继续为中小型企业提供服务,因为这些企业支付不起建立自己独立的开源情报搜集部门的费用。

⚠ **注意!** 许多公司已经使用开源情报进行风险预测,该行为被称为竞争情报或商业情报。

从信息安全的角度来看，开源情报收集将继续成为大多数渗透测试评估的垫脚石，以评估系统弱点并快速修复它们。各机构努力将开源情报整合到机构的整体网络防御战略中，保护其资产并加强其安全框架。

开源情报搜集的主要障碍是需要处理大量的数据。的确，移动计算的巨大进步及 Internet 网速的迅速提高使得人们更加愿意在 Internet 上发布大容量的内容。庞大的公共数据流将使分析变得极其耗时，政府和大型企业正在不断测试新技术来克服这一障碍。对分析技术的投资已经成为许多政府和大型 IT 公司的优先事项，因为它将使得巨量数据得以处理，以便将其转换为可以查询和建模的数据，从而快速得出结论。

> ⚠ **注意！** 从物联网设备中收集的数据也被认为是一个主要挑战。在不久的将来，我们将拥有数十亿个物联网设备。这些设备产生的数据和元数据相当庞大，因此要求更加高精尖的分析工具才能从中获得有用的情报。

开源情报收集的另一个挑战是网络上"假新闻"的增长。目前，像 Facebook 和 Twitter 这样的主要社交网络平台都面临着应对此类活动的挑战。应该开发新的算法并使用策略来自动验证新闻来源，然后才能把这些新闻作为有效的开源情报来源。

计算技术的进步必将创建有效的算法来处理海量数据，以将不相关的数据从目标数据中分离出来。未来几年，人工智能和机器学习技术的进步将会再次引起开源情报的变革。

9.2 开源情报工作流程

本书没有明确讨论搜集开源情报所应遵循的过程或标准步骤。开源情报的搜集活动可以是没有特定顺序的，一般根据情况或调查目的而定。然而，按照本书的章节的顺序组织 OSITN 搜索活动也可以被考虑为一种不错的选择。

一般来说，任何开源情报搜集都有 5 个主要阶段。

（1）标识数据源，确定被收集数据的来源（例如，Internet、报纸、杂志、商业数据库等）。

（2）采集数据，使用不同的工具和技术从目标数据源收集数据。请记住，应该采用被动模式的技术来收集数据。

（3）处理并验证数据，处理收集到的数据，对于不确定的数据，尽可能通过来自多个数据源数据来进行验证。应该识别当前和过时的数据，并在下一步分析之前排除无关数据。

（4）分析数据，分析数据并试图从中找到数据之间的联系，形成一个关于目标的完整画像。

（5）交付结果，向委托方提交一份结果报告。这一步很重要，但却通常被许多开源情报采集者所忽视。必须要以一种易于理解的形式向最终用户展示主要发现。

9.3 结束语

综上所述,本书认为开源情报的前景极其光明!公共和私营机构都在努力将开源情报搜集工作集成到它们的整体决策过程中,新兴产业渴望利用信息革命带来的海量数据支持它们的商业战略及商业情报。

作者希望本书成功地阐明了一个从古至今以不同的名称被广泛使用的重要概念。